Recorriendo la Memoria
Touring Memory

Edited by

Jaime Almansa Sánchez

BAR International Series 2168
2010

Published in 2016 by
BAR Publishing, Oxford

BAR International Series 2168

Recorriendo la Memoria / Touring Memory

ISBN 978 1 4073 0712 1

BAR Publishing is the trading name of British Archaeological Reports (Oxford) Ltd.
British Archaeological Reports was first incorporated in 1974 to publish the BAR
Series, International and British. In 1992 Hadrian Books Ltd became part of the BAR
group. This volume was originally published by Archaeopress in conjunction with
British Archaeological Reports (Oxford) Ltd / Hadrian Books Ltd, the Series principal
publisher, in 2010. This present volume is published by BAR Publishing, 2016.

Printed in England

BAR
PUBLISHING

BAR titles are available from:

BAR Publishing
122 Banbury Rd, Oxford, OX2 7BP, UK
EMAIL   info@barpublishing.com
PHONE   +44 (0)1865 310431
FAX   +44 (0)1865 316916
www.barpublishing.com

TABLE OF CONTENTS

Chapter 11

Introduction / Introducción

Touring Memory – Recorriendo la Memoria

Jaime Almansa Sánchez
Editor, almansasanchez@gmail.com

During the JIA 2009 I had the opportunity to co-organize (with David García from UAB) a session devoted to Memory and Archaeology. Although it was a great success, mostly thanks to the rich discussion we enjoyed after the papers, we could not have all the ones we expected due to different circumstances.

This volume compiles these and other contributions with the scope that the elapsed time has given. The thread of the contributions focuses on two concepts: Memory and Archaeology (as the title points out).

The word "Memory" refers to the past, our individual memories and the collective ones. "Wander around memory" (Recorrer la memoria) is a Spanish phrase that means "to think in order to remember what happened". Now that retrieving (historical) memory is changing from being a commitment to being a fashion, it is more needed to "wander around memory" to set our position as professionals in archaeology.

All the contributions in this volume share a common idea: the analysis of "memories" generated from conflict. Too frequently, collective memory brews around different traumatic events framed in armed conflicts. Conflict generates memory, but memory generates conflict too, feeding a vicious circle manifested in some of the processes to retrieve historical memory that are still open today.

There is a series of contributions in this volume that analyse the implications between memory and archaeology, mainly focusing on the Spanish experience (Civil War and Franco's dictatorship), but also on other experiences besides the Second World War.

This route starts in Chile and Argentina. First of all, Carlos Carrasco tries to show us the valuable inputs of archaeology in the process to retrieve the memory lost during the dictatorship of Augusto Pinochet in Chile (1973-1990). As one of the most recent events that will be analysed in this volume, the participation of archaeologists in Chile has been fundamental, not only for the families of the repressed, but also for the prosecution of the military dictatorship. Crossing the border to Argentina, Soledad Biasatti and Gonzalo Compañy come with a reflexion about our position as archaeologists from the study of clandestine detention centres in the times of the Junta Militar (1976-1983).

On the other side of the Pacific Ocean, Jin Soo Park takes us to Korea and the building of a new national identity in which the Japanese occupation is 'forgotten'. The controversy of using archaeology as a tool for identity building faces now the planning of Korean national museums.

Finally we arrive to Europe, were recent conflicts keep open wounds in several countries. Firstly, Kristina Penezić and Jovana Tripković approach ethnic conflict in postwar Balkans with the Serbian example. The emergence of new ethnic identities after a conflict that dismembered completely former Yugoslavia, makes archaeology face the challenge of setting up an identity away from resentment and ultranationalism.

Then, ariving to the Iberian Peninsule, Sergio Gomes anlayzes, from an anthropological point of view, the ideologic indoctrination processes in Italy and Portugal during their respective regimes.

As an introduction to the remembrance process occurred in Spain especially during the last years, Ignacio Fernandez's contribution analyzes the last decade of events around the retrieving of the historical memory and the new conflict that this has generated in the country due to the reinterpretation of a past lived by most of the population. Laura Muñoz and Francisco Javier García present the case of Llerena (Badajoz, Spain), where archaeology helps to recover more than bodies, the memory of the repressed. But this retrieving of memory does not meet yet some of the basic requirements that have already been got in other countries. Juan Montero analyzes how, besides laws and protocols, exhumations do not complete the restitution process from a legal point of view. As part of the protocols, physical anthropology has become an essential tool for the recovery of the bodies. Alba Aran, David García and Iván Sánchez analyze the contributions of this discipline for the excavation of mass graves while they ponder the situation of archaeologists in a process that, beyond research, has strong social implications.

But the retrieve of memory in Spain is not limited to the exhumation of mass graves of the repressed. It goes beyond. There are several projects currently taking place for the study of historical landscapes of the war and the repression. The last two contributions focus more in this aspect. Firstly, Verónica García and Pascual Ortega analyze the 'destruction of memory' form one of the most emblematic places for Francoise repression, Carabanchel prison (Madrid, Spain), which was recently demolished even though the strong social claim for its preservation. And to finish, Beatriz del Mazo brings an analysis of contemporary amateur photography about the war, highlighting that the conflict s still alive and photography is an exceptional resource for the study of collective memory.

The present volume contains an interesting set of contributions that offer a wide scope of ideas and points of view about the concepts of Memory and Archaeology. This is only small sample of all the processes that took, or are taking place, all around the world. However, it is a representative sample, not maybe in quantity but in the variety of approaches to the topic.

Finally, I cannot finish this introduction without thanking everyone involved in this volume for their commitment and support. I am personally satisfied with the result of the present volume and I am sure it will be a major contribution to the subject.

* * *

Durante el pasado JIA 2009 tuve la oportunidad de co-organizar (con David García, de la UAB) una sesión dedicada a los conceptos de Memoria y Arqueología. Si bien la sesión resultó un auténtico éxito, sobre todo gracias al enriquecedor debate que sucedió a las comunicaciones, éstas quedaron mermadas por las circunstancias y no contamos con toda la variedad que teníamos prevista.

El presente volumen recoge esas y otras colaboraciones con la reflexión a la que ha dado oportunidad el tiempo transcurrido. Y el hilo conductor de las participaciones gira en torno a dos conceptos: Memoria y Arqueología (como el propio título bien indica).

La palabra "Memoria" alude al pasado, a nuestros recuerdos individuales y colectivos. Recorrer la memoria, es una locución verbal que significa "reflexionar para acordarse de lo que pasó". Y en estos tiempos en los que recuperar la memoria (histórica) está pasando de ser un compromiso a ser una moda, resulta cada vez más conveniente hacer un recorrido por la memoria que nos sitúe en nuestra posición como profesionales de la arqueología.

Una nota común que comparten todas las contribuciones del presente volumen es el análisis de una serie de "memorias" generadas desde el conflicto. Con demasiada frecuencia, la memoria colectiva se gesta en torno a hechos traumáticos que suelen relacionarse con conflictos armados de distinta índole. El conflicto genera memoria, pero la memoria también genera conflicto, alimentando un círculo vicioso que se manifiesta en muchos de los procesos de recuperación de la memoria que permanecen abiertos hoy en día.

A continuación, se presentan una serie de contribuciones que analizan la implicación que existe entre arqueología y memoria, principalmente con el caso español (Guerra Civil y dictadura) pero también con experiencias en otros países sin la repercusión de la Segunda Guerra Mundial.

El recorrido comienza en Chile y Argentina. En primer lugar, Carlos Carrasco nos presenta una visión de las aportaciones de la arqueología a la recuperación de la memoria perdida durante la dictadura de Pinochet en Chile (1973-1990). Como uno de los casos más recientes que se analizarán en el presente volumen, la aportación de la arqueología en el proceso de recuperación de la memoria en Chile ha sido fundamental, no solo para las familias de los represaliados, sino también para el enjuiciamiento de la dictadura militar. Cruzando la frontera hacia Argentina, Soledad Biasatti y Gonzalo Compañy nos presentan una reflexión sobre la posición del arqueólogo en la recuperación de la memoria histórica a través del estudio de centros clandestinos de detención de la Junta Militar (1976-1983).

Cruzando el Pacífico, Jin Soo Park nos traslada a Corea y el problema que se presenta al intentar construir una memoria propia en la que se elimina la influencia de la ocupación japonesa. El uso de la arqueología como herramienta para la construcción de la identidad nacional, resulta peligroso y los museos coreanos se encuentran hoy ante esa encrucijada.

Así llegamos a Europa, donde los conflictos recientes mantienen heridas abiertas en muchos países. En primer lugar, Kristina Penezić y Jovana Tripković se acercan a los problemas étnicos en los Balcanes con el caso de Serbia. El surgimiento de nuevas identidades étnicas tras un conflicto que desmembró por completo la antigua Yugoslavia, pone a la arqueología ante el reto de conseguir forjar una memoria alejada del resentimiento y el ultranacionalismo.

Por su parte, acercándonos a la Península Ibérica, Sergio Gomes analiza desde el punto de vista antropológico los procesos de adoctrinamiento ideológico en Italia y Portugal durante sus respectivos regímenes fascistas.

Como introducción al proceso que ha generado la recuperación de la Memoria Histórica en España, el trabajo de Ignacio Fernández analiza el transcurso de los acontecimientos durante la última década y el nuevo conflicto creado en el país con la relectura de un pasado vivido por la mayoría de población. Laura Muñoz y Francisco Javier García exponen el caso concreto de la localidad de Llerena (Badajoz, España) donde la arqueología permite recuperar la memoria de los represaliados. Pero esta recuperación de la memoria sigue sin cumplir con algunos de los requisitos básicos que se han conseguido en otros procesos fuera de España y así Juan Montero analiza cómo, a pesar de leyes y protocolos, las exhumaciones no terminan de completar ese proceso de restitución desde el punto de vista jurídico. Como parte de los protocolos, la antropología física se ha convertido en una herramienta esencial en la recuperación de cuerpos. Alba Aran, David García e Iván Sánchez analizan las aportaciones de esta disciplina a la excavación de fosas además de reflexionar sobre la posición del arqueólogo en todo el proceso, que más allá de la investigación, tiene unas fuertes implicaciones sociales.

Pero la recuperación de la memoria en España desde la arqueología no se ciñe (o no debería ceñirse) solo a la exhumación de los restos de los represaliados, sino que puede ir más allá. Hoy existen varios proyectos analizando paisajes históricos de la guerra y la represión. Los dos últimos trabajos se dirigen hacia ese ámbito.

En primer lugar, Verónica García y Pascual Ortega analizan la "destrucción de la memoria" desde uno de los lugares más emblemáticos de la represión franquista, la cárcel de Carabanchel (Madrid, España), que fue recientemente demolida a pesar del clamor popular por su conservación. Y por último, Beatriz del Mazo nos presenta un análisis de la fotografía contemporánea amateur sobre la guerra, poniendo de manifiesto que el conflicto sigue vivo y que la fotografía representa un recurso excepcional para el estudio de la memoria colectiva.

En definitiva, contamos con un interesante conjunto de trabajos que ofrecen un amplio espectro de ideas y puntos de vista en torno a los conceptos de Memoria y Arqueología. Por supuesto, esto es solo un pequeño ejemplo de todos los procesos que se han llevado o se están llevando a cabo a lo largo y ancho del mundo. Sin embargo, se trata de una muestra representativa, no ya en la cantidad, sino en la variedad de aproximaciones al tema.

Finalmente, no puedo terminar esta introducción sin agradecer a todas las personas que han participado su esfuerzo y apoyo. Personalmente estoy contento con el resultado de este volumen y estoy seguro de que representará una aportación importante al tema.

CHAPTER 1

LA CONSTRUCCIÓN DE MEMORIA ARQUEOLÓGICA EN CASOS DE DETENIDOS DESAPARECIDOS EN CHILE DURANTE LA DICTADURA MILITAR (1973-1990)

THE CONSTRUCTION OF ARCHAEOLOGICAL MEMORY EN THE CASES OF MISSING ARRESTED IN CHILE DURING THE MILITARY DICTATORSHIP (1973-1990)

Carlos Carrasco González
Arqueólogo. c_acg@yahoo.com

Resumen: El trabajo que presentaremos discute la importancia de la arqueología para la construcción de una memoria social acorde con lo realmente acaecido en casos de relevancia social, tomando como ejemplo importantes casos de detenidos desaparecidos en Chile durante la dictadura militar de Pinochet. En tales casos, los acuerdos entre militares y gobierno han sostenido una sucesión de eventos determinada, pero la arqueología ha logrado identificar otras, imposibilitado a los actores involucrados mantener la versión oficial. Esto ha derivado en el conocimiento y esclarecimiento de sucesos desconocidos, gracias a lo cual han podido ser incorporados a las causas judiciales que se siguen al respecto.

Palabras claves: Arqueología, memoria, detenidos desaparecidos, dictadura militar, Chile

Abstract: The importance of archaeology for the construction of a social memory based on real facts is herein discussed drawing from different cases of detained-disappeared during the military dictatorship of Pinochet in Chile. In these, the agreements between the military and the government have held one version and archaeology has discovered another, making the official version unsustainable and clearing up unknown events which have been since incorporated to judicial causes.

Key Words: Arqueology, memory, detained-disappeared, military dictatorship, Chile.

Introducción

Las ejecuciones y la desaparición forzada de personas por motivaciones políticas fueron hechos recurrentes durante las dictaduras militares instauradas en Latinoamérica desde al menos 1960, en un contexto histórico internacional marcado por la guerra fría, actuando éstas tanto de manera independiente como concertada (p.e. Plan Cóndor) con expreso apoyo de EEUU. Estas prácticas represivas ampliamente aplicadas para contener a los adversarios políticos y, en general, cualquier intento de organización ciudadana que exigiese derechos sociales, estuvieron acompañadas por la negación sistemática de las mismas por parte de los gobiernos militares y sus agentes, así como por la distorsión premeditada y alevosa de los detalles de estos acontecimientos, en un intento por construir realidades convenientes al nacionalismo y las ideologías dominantes de los grupos sociales que se hacían proteger mediante estas dictaduras.

En Chile, con el advenimiento de las administraciones civiles a partir de la década de 1990, los acuerdos entre los nuevos y antiguos gobernantes establecieron versiones oficiales en torno a las desapariciones forzadas de opositores políticos a partir de compilaciones de nombres de víctimas y tipos de victimización, mas no de los detalles y circunstancias de éstas últimas (p.e. Informe Rettig). Sin embargo, la participación de arqueólogos en causas judiciales ha permitido precisar algunas versiones oficiales y

en muchos casos descartarlas, identificando y describiendo acontecimientos que de otro modo habrían pasado al olvido bajo el relato de la historia y la documentación oficial. En este sentido, la arqueología destaca como un importante instrumento para la construcción de memoria social o colectiva, aquella que se entiende como el recuerdo de aquello que se vivió como grupo social, sociedad o nación (*sensu* Fentres y Wickham 2003) Proporciona desde el registro arqueológico, la evidencia empírica y categórica contenida en la materialidad derivada de las relaciones sociales y conductas de los protagonistas de una historia en curso, contraponiendo un resultado científico a una versión política, en el sentido de un contra-memoria (*sensu* González Ruibal 2008)

El trabajo que presentamos discute la importancia de la arqueología en el proceso de construcción de una memoria social o colectiva afín con lo realmente acaecido en casos de relevancia social y política, tomando como referente empírico importantes casos de detención y desaparición forzada por motivación política en Chile durante la dictadura militar de Pinochet (1973-1990). En tales casos, los acuerdos entre militares y gobierno civil han sostenido la ocurrencia de una sucesión de eventos que a partir de la incorporación de nuestra disciplina a los procesos judiciales han sido desacreditados mediante la construcción de narrativas diferentes a los discursos dominantes (Belleli y Tobin 1985). Como resultado de ello se ha imposibilitado a los actores involucrados de mantener la versión oficial, pudiéndose de ésta forma aportar al esclarecimiento de las circunstancias de victimización y a la identificación de delitos ignorados por la sociedad y ampliamente negados por el Estado.

Arqueología, memoria y política.

La arqueología, a través del estudio de los vestigios materiales derivados de cualquier actividad humana, es capaz de construir una memoria material de aquellos períodos en donde la documentación escrita es escasa, fragmentaria o inexistente, más aun en aquellos casos en donde de manera deliberada se intenta negar la existencia de acontecimientos de carácter histórico (Criado 2001). El principio mismo de estudio de la disciplina arqueológica o su dominio objetual (Haber 2006) como son los restos materiales, permite la generación de narrativas alternativas a las de la historia oficial, lo que en muchos casos hace visible lo que la parcialidad o arbitrariedad de la documentación escrita u oral niega, oculta u omite. En este sentido, la arqueología no rescata memoria, sino que la construye, transformándose en una tecnología de la memoria (Criado 2001).

La orientación arqueológica hacia el estudio de las consecuencias de la violencia política, en franca divergencia con la arqueología tradicional (aquella orientada a la solución de problemáticas prehistóricas), puede ser enmarcada dentro de distintas perspectivas teóricas: arqueología histórica, arqueología pública o arqueología del pasado contemporáneo (Buchli y Lucas 2001) son algunos lineamientos al interior de los cuales podríamos incluir el trabajo arqueológico en el ámbito político contingente, proporcionando un argumento teórico que valida nuestra competencia en tales temas. Estos lineamientos pueden ser agrupados dentro de las llamadas arqueologías interpretativas o posprocesuales surgidas desde la década de 1980 a partir de la arqueología contextual o simbólica (Hodder 1982), la que a su vez se observa como producto de los cambios epistemológicos ocurridos en las ciencias sociales desde la segunda mitad del siglo XX. Tales cambios vienen influenciados por los movimientos sociales surgidos después de la segunda guerra mundial y se traducen en un mayor acercamiento de las ciencias sociales a los grupos y comunidades locales (Funari y Sarankin 2006), poniendo de manifiesto la existencia de historias e identidades hasta ese momento excluidas de los discursos dominantes.

Cabe destacar, de que a pesar de que en este dominio las preguntas y/o problematización arqueológicas están más bien fuera del ámbito académico, los resultados obtenidos no son menos científicos ni menos verdaderos. Por el contrario, la relevancia del proceso de investigación radica precisamente en la inclusión de intereses subjetivos extraacadémicos en la definición de sus objetivos y condicionamientos (Habber 2006).

No obstante, la sola argumentación teórica para justificar el acercamiento de la arqueología en temáticas socialmente contingentes no es suficiente para la construcción de una memoria alternativa a la oficial, sino que se requiere además de una posición expresa por parte de los investigadores. Es necesario dejar de lado la neutralidad académica y asumir un compromiso social y político en el rol de investigadores sociales (Funari y Sarankim 2006), asumiendo como propia la necesidad de instalar y promover la atención pública en el relato emergente desde la rigurosidad metodológica de la arqueología.

El compromiso social y la posición política que debe asumir un investigador ya eran temas fundamentales entre arqueólogos latinoamericanos de principios de la década de 1970, quienes preconizaban al interior de la "Arqueología Social Latinoamericana" un compromiso social practicante de los arqueólogos en los conflictos sociales que acontecían durante aquellos años, bajo un sustento ideológico materialista histórico (Lumbreras 2005, Tantaleán 2004). Y no menor es hoy cuando McGuire (2008) asume que la arqueología siempre es una acción política, que si bien no puede cambiar los sistemas dominantes, posibilita una crítica al mundo. Así mismo, los arqueólogos pueden utilizar su oficio para evaluar las interpretaciones del mundo real y construir historias significativas para las comunidades (McGuire 2008).

Arqueología y detenidos desaparecidos en Chile

Aunque los cuerpos de los detenidos desaparecidos comienzan a ser descubiertos desde el año 1978, en Chile, la búsqueda de estas personas por parte de arqueólogos comienza a desarrollarse a partir del año 1985 (Jensen y Cáceres 1997), cuando algunos colegas del Museo Chileno de Arte Precolombino son solicitados por un ministro del poder judicial para llevar a cabo excavaciones de búsqueda de personas en el lugar denominado Cuesta Barriga, ubicado a las afueras de la ciudad de Santiago. Esta indagación judicial se inicia a partir de las confesiones hechas por un agente represivo del Estado a una periodista, quien posteriormente entrega los datos a la Vicaria de la Solidaridad, entidad eclesiástica que inicia las acciones judiciales respectivas (González y Contreras 1991).

Posteriormente a este hecho, son varios los arqueólogos y antropólogos que han integrado equipos de investigación orientados a la búsqueda, excavación y rescate de osamentas de personas víctimas de la violencia política. Entre los casos más emblemáticos destacan las excavaciones realizadas en Pisagua en 1990 (localidad del norte de Chile que sirvió de campo de concentración de opositores políticos) y en el Patio 29 del Cementerio General de Santiago desde 1991, en donde se registraban innumerables cuerpos sepultados como NN desde el día mismo del golpe Militar encabezado por Pinochet. Entre los equipos de investigación más activo de la década de 1990 en la búsqueda de personas desaparecidas destaca el Grupo de Antropología Forense (GAF) conformado por profesionales de nuestra disciplina junto a médicos, dentistas, antropólogos y sicólogos entre otros, quienes se dedican a la problemática desde el año 1989, en coordinación con agrupaciones de familiares y organizaciones no gubernamentales de derechos humanos nacionales e internacionales (Jensen y Cáceres 1997).

A pesar de esta activa participación, cabe señalar que las instancias para hacer posible la participación de arqueólogos en los procesos judiciales asociados a los casos mencionados, son propiciadas por el mismo Estado: primero porque son jueces quienes solicitan la experticia de los arqueólogos en labores de búsqueda y rescate de osamentas; y segundo, porque son los acercamientos políticos entre militares y nuevas autoridades civiles los que permiten una tenue aproximación judicial a estos casos.

Una de estas instancias propiciadas por los acuerdos entre militares y autoridades civiles correspondió a la denominada "Mesa de diálogo" instaurada en Chile el año 2000 y conformada por 24 personeros destacados, representantes de los ámbitos religioso, social, político y académico del país. Esta instancia promovía de manera prioritaria la entrega de información relativa al paradero de los detenidos desaparecidos, de forma anónima en cualquier iglesia u oficina eclesial y cuarteles militares, durante un plazo restringido de seis meses. El llamado se hacía a la sociedad completa, pero principalmente a los ex agentes represivos, quienes bajo el anonimato podrían entregar información sin ser necesariamente expuestos a la justicia.

Entre los resultados de la Mesa de diálogo atingentes a este trabajo destacan dos datos que serán falseados mediante metodología arqueológica en el marco de las investigaciones judiciales que se sucedieron una vez hecha pública la información recopilada por esta instancia. En primer lugar, una lista de 180 personas entregadas en un *"Informe conjunto de las Fuerzas Armadas a la Mesa de diálogo"*, a las cuales se les asigna un paradero, que en más del 80% de los casos corresponde al mar, frente a las diferentes costas de Chile a lo largo de sus más de 4.000 km (Quiroga 2001). Entre estas personas se encuentra el nombre de Juan Luis Rivera Matus, que al igual que la mayoría de los mencionados, figura como lanzado al mar- en su caso, a 40 millas frente al puerto de San Antonio en la zona central de Chile-(Quiroga 2001). El segundo caso es una información proporcionada por la Corte Suprema para el proceso judicial que se siguió con posterioridad a la Mesa de Diálogo que sostiene: *"A 8 km. al Este de la ruta 57, frente a la NASA hacia la precordillera, en una caverna 20 cadáveres sin identificar..."*. No obstante, esta no sería la información real aportada por los organismos que integraron esa instancia, ya que las diligencias judiciales tendientes a ubicar y analizar la fuente original daban cuenta de algo diferente: *"A 5 km. del recinto de campaña frente al sector cordillerano NASA, en una caverna 20 cráneos, verano de 1975"* (Carrasco et al. 2006). La importancia de esta última información, a pesar de su distorsión e imprecisión, radica en que el lugar señalado correspondía a predios militares, lo que abrió la posibilidad de ingresar allí con el propósito de verificar los datos aportados por la Mesa de Diálogo en el marco de diligencias encargadas a una ministra de la Corte de Apelaciones de Santiago en Visita Extraordinaria,

autoridad judicial que solicitó los peritajes arqueológicos en el marco de la causa rol 25- 2001.

Aun cuando los antecedentes obtenidos de la Mesa de Diálogo eran vagos e imprecisos, tras dos meses de trabajo arqueológico sistemático documental y de terreno, se encontraron los restos óseos de una persona que más tarde sería identificada como Juan Luis Rivera Matus y posteriormente, después de cuatro meses de comenzada la investigación, se logró identificar el lugar de inhumación primaria de los cuerpos de personas detenidas y desaparecidas desde La Moneda, edificio de la administración de gobierno de Chile. Luego de excavaciones que se extendieron por más de un año, se logró recuperar elementos óseos y culturales fundamentales para la identificación de las personas asesinadas en el lugar, proveyendo al tribunal de elementos probatorios para esclarecer las circunstancias de los hechos, a partir de la construcción sistemática de un relato divergente a las versiones oficiales mediante procedimientos disciplinarios estándares.

Nuestros casos de estudio se remontan al 11 de septiembre de 1973, día en que las fuerzas armadas chilenas en conjunto se toman el poder luego de bombardear La Moneda. En este lugar se encontraban 49 personas cercanas al presidente socialista Salvador Allende (su guardia personal- G.A.P.-, asesores, médicos y colaboradores), intentando una débil resistencia que culminaría con el suicidio de la autoridad máxima y la detención del resto de estas personas. Luego de la toma del lugar por parte de los efectivos militares, estas personas fueron trasladadas al Regimiento Tacna de Santiago, desde donde se pierde la pista de más de veinte de ellos el día 13 de septiembre. Si bien estas personas siguen desaparecidas, a partir de esta investigación se logró establecer un conjunto de acontecimientos vinculados con las circunstancias de su desaparición.

Por su parte, Rivera Matus –destacado dirigente sindical militante del Partido Comunista de Chile- fue apresado el 6 de noviembre de 1975 en plena vía pública, cuando salía de las oficinas de su trabajo, por cuatro desconocidos quienes lo suben por la fuerza a un vehículo. Los organismos de seguridad negaron sistemáticamente su detención, no teniéndose noticias de él hasta que su nombre fue publicado por el informe conjunto de las fuerzas armadas a la Mesa de Diálogo, en donde sus captores dicen haberlo lanzado al mar.

El proceso de construcción de la memoria arqueológica: la búsqueda y los hallazgos

La escueta información con la que se inició la investigación obligaba a realizar la búsqueda en predios de propiedad del ejército de Chile ubicados en la Comuna de Colina, a escasos kilómetros al norte de la ciudad de Santiago. Cabe destacar que a los arqueólogos no se les proporcionó ningún otro tipo de información más que se trataba de búsqueda de detenidos desaparecidos. Estos predios cuentan con una extensión de más de 35.000 hectáreas y se ubican en un ambiente de precordillera con significativos accidentes geográficos como cumbres, laderas, quebradas y rinconadas. La imprecisión de los datos originales y la amplia extensión de terrenos generaron un problema de escala que se transformaría en el primer obstáculo que desafiaba nuestra metodología. Para salvarlos, se diseñó un plan de prospecciones que contó con varias etapas y que permitió acotar los espacios de búsqueda.

En un primer momento se realizaron detallados análisis de fotografías aéreas y cartas geográficas a partir de los cuales se seleccionaron los posibles lugares a prospectar. En esta etapa se emplearon cartas geográficas 1:50.000, y principalmente fotografías aéreas de variada escala tomadas antes y después del año 1973 por el servicio aerofotogramétrico de la Fuerza Aérea de Chile, con el fin de tener un primer acercamiento a lugares con evidentes alteraciones antrópicas en los años posteriores al golpe militar, así como para determinar la presencia y/o ausencia de elementos culturales antes y después de la fecha indicada. La identificación en papel de estas alteraciones permitió reducir el problema de escala a aquellos lugares con posibilidades reales de ser ocupados para actividades destinadas al ocultamiento de personas.

Una vez seleccionadas algunas áreas, se hicieron prospecciones localizadas con el objetivo de acotar aun más los espacios: auxiliados por un navegador satelital se realizaron recorridos longitudinales y transversales a las quebradas y laderas, posicionando eventuales alteraciones del paisaje producidas por actividad humana. Cabe mencionar la participación en esta etapa de profesionales geólogos y botánicos quienes desde sus particulares visiones disciplinarias aportaron en la determinación de elementos de alteración en el paisaje y en la vegetación existente en la extensa área de búsqueda. Posterior a ello, y como tercera etapa, se procedió a aplicar una prospección más específica consistente en la construcción, con ayuda del navegador, de cuadrículas de 100 x 100 metros dentro de las cuales se realizaron recorridos cada 10 metros, lo que permitió definir lugares específicos para ser sondeados.

Sobre los rasgos de alteración detectados en las prospecciones, se dispusieron pozos de sondeo que en este caso correspondieron a unidades de distintas dimensiones de acuerdo con las características de tales rasgos. Se llevaron a cabo sondeos con herramientas ligeras de entre 0,5 x 1 metro y 1,5 x 1,5 metros, que permitieron caracterizar el comportamiento estratigráfico del área, que resultó ser de una homogeneidad beneficiosa para el estudio, por cuanto permitió apurar la búsqueda bajo la realización de sondeos con maquinaria pesada controlados, equivalentes a trincheras de entre 0,5 y 1 metro de ancho por varios metros de largo, identificándose aquellos lugares con alteración en la composición de los estratos o en el depósito de las capas de naturales. De este modo, se pudo ubicar dos lugares que presentaban alteración superficial y/o estratigráfica y que prontamente darían como resultado el hallazgo de una fosa de inhumación que contenía los restos óseos de una persona (que posteriormente sería identificada como Rivera Matus)

y más tarde de un pozo de varios metros de profundidad con evidencias de inhumaciones y exhumaciones ilegales de varias personas (Carrasco et al. 2004, Carrasco et al. 2006). Una vez definidos los sitios, se procedió a excavar siguiendo el procedimiento habitual de excavaciones arqueológicas, con utilización de mallas de 5 mm.

Juan Luis Rivera Matus

En el caso de la fosa que contenía los restos de Rivera Matus, el lugar del hallazgo fue denominado "Sitio Los Ratones – 1" por encontrarse en una quebrada homónima. El sitio presentaba una ligera depresión de superficie parcialmente cubierta por vegetación herbácea y clastos angulosos de tamaño regular, a los pies de unos ejemplares de litre (*Lithrea caustica*). Este lugar se hallaba a aproximadamente 35 metros al sur oeste de una fosa en donde se encontraron tres esqueletos humanos en 1995, también correspondientes a personas detenidas y desaparecidas, situación que fue investigada en su oportunidad por la segunda Fiscalía Militar de Santiago.

Para los efectos de la excavación se trazó una cuadrícula de 3 x 2 m, con una orientación N-S en su eje menor. La exposición del esqueleto comenzó desde el sector Este de la unidad a aproximadamente 50 cm desde el punto de nivel 0 en superficie (vértice NW de la unidad) despejándose primero la cintura escapular y la cabeza ósea, lo que permitió definir la posición del cuerpo para luego proceder a su excavación completa.

Una vez definidos los límites de la inhumación y teniendo claro que se trataba de un solo cuerpo, se excavó el sector sur de la unidad hasta un nivel por debajo del cual descansaba éste, hasta una profundidad de 70 cm. Este procedimiento tuvo por finalidad dejar los restos óseos sobre un pedestal para lograr una excavación rigurosa y posterior exhumación. Una vez expuesto completamente el esqueleto, se constató que se encontraba completo y en posición decúbito dorsal, con el cráneo levemente inclinado hacia su izquierda y los brazos semi extendidos junto al cuerpo. Las piernas estaban extendidas paralelas y levemente flexionadas.

Algunas observaciones preliminares efectuadas en terreno permitieron determinar algunos rasgos anatómicos y lesiones pre y peri mortem de importancia para la individualización del esqueleto y de las circunstancias de su deceso e inhumación. Entre estas observaciones destacan fracturas peri mortem en el manubrio del esternón, cuello de la primera costilla derecha, extremo distal del húmero derecho, diversas fracturas en metacarpianos y falanges de la mano izquierda, cresta ilíaca derecha y ramas superiores de ambos pubis. El esqueleto también presentaba fracturas cicatrizadas en el húmero izquierdo y en la segunda falange de la mano derecha. Las diversas fracturas peri mortem permiten sostener que Rivera Matus habría muerto debido a las distintas lesiones potencialmente provocadas por tortura. Además se pudo observar carbonización de metacarpianos y falanges, lo que permitió identificar los intentos por hacer desaparecer el cuerpo mediante combustión con bencina o petróleo.

Una vez exhumado el cuerpo, se realizaron sondeos de rigor en profundidad y en extensión por debajo de la fosa y hacia el noreste y noroeste de la unidad de excavación, donde se observaron sectores de tierra más suelta. La excavación determinó que la fosa tenía un largo máximo de 2 m, un ancho máximo de 0,60 m y una profundidad máxima de 0,76 m (ref. vértice NW=0).

Directamente asociados al esqueleto se encontraron fragmentos de material textil de diferentes tipos, parcial o severamente carbonizados por la acción del fuego compatibles con prendas de vestir: tela de trama gruesa, de color café compatible con chaqueta; b) tela blanca con cuadriculado tejido en la misma trama compatible con camisa; tela de color café claro compatible con pantalón (esta pieza fue encontrada justo debajo de la zona de los coxales, y tela sintética carbonizada de color azul marino o negro, compatible con medias.

En la extensión oeste, a 48 cm del límite de la unidad original (cuadrícula 1), y a una profundidad de 35cm desde el nivel 0, se registró una vainilla correspondiente a un proyectil de 7mm, el cual no presentó asociaciones contextuales.

Al interior de la excavación se identificaron cuatro zonas con residuos de combnustión.La primera compromete la mano izquierda del individuo; la segunda está situada alrededor del antebrazo derecho y al área asociada a éste en un diámetro de 20 cm, incluyendo telas y ramas carbonizadas; la tercera se ubicó bajo los coxales e inmediatamente bajo la tela identificada como pantalón, y la cuarta debajo del pie derecho.

Los desaparecidos de La Moneda

En otro sector de los mismos predios denominado Regimiento Tacna, se detectó rasgos de alteración estratigráfica sobre un área que presentaba una leve depresión superficial. Sobre estos rasgos de alteración se trazaron dos trincheras transversales en sentidos N-S y E-W, con el fin de determinar la profundidad de los mismos, definiéndose a su vez cuatro cuadrantes denominados de acuerdo a su posición cardinal. En superficie, sobre el extremo E del eje E-W y fuera de los cuadrantes se posicionó un nivel de referencia "0" con el objeto de registrar los niveles de excavación. Cada uno de estos cuadrantes fue dividido en cuadrículas de 1 x 1 m. Durante la excavación se logró determinar dos unidades claramente diferenciadas, las que se denominaron Fosa y Pozo, las que fueron excavadas.

La primera unidad (Fosa) incluida en los cuadrantes NE y SE, tuvo dimensiones de 6 x 20 m concentrándose material de interés a la pericia en un área de 6 x 12 m, entre una profundidad de 3y 3,70 m aproximadamente. La segunda unidad o Pozo quedó incluida en la intersección de las trincheras iniciales y tuvo un diámetro de 1,30 m en el fondo, estimándose una proyección de su diámetro original de hasta 2 m en superficie.

En la unidad Fosa se identificaron tres Capas de depositación estratigráfica y algunos rasgos. La Capa 1 estaba compuesta por una matriz de arcilla negra de composición orgánica que alcanzó de manera irregular y variable profundidades hasta los 3,70 metros (piso de la fosa). Se presentó altamente removida conteniendo basuras subactuales de distintas materialidades y tipos, aunque no registró restos óseos humanos. Se interpretó como el depósito utilizado como relleno para tapar la Fosa. La Capa 2 resultó ser un depósito lenticular de entre 8 y 5 cm, compuesto por un sedimento inorgánico de color ocre con algunos depósitos de arena altamente compactada. Contenía restos culturales subactuales y restos óseos humanos. Se interpretó como el depósito de tierra suelta derivada de la erosión producida por el trabajo de una máquina excavadora, compactado por el peso de la Capa 1. La Capa 3 correspondió al piso de la fosa, estéril en términos de restos óseos y culturales.

En cuanto a los Rasgos se definieron los Rasgos 1 y 2, correspondientes a espacios subrectangulares semidepresionados con distintos niveles de profundidad, apisonados y de superficie bruñida con orientación N-S. Fueron interpretados como las huellas producidas por los estabilizadores de una máquina excavadora. El Rasgo 3 fue denominado Acopio y se ubicó en el cuadrante NE. Correspondió a una acumulación de tierra de la misma consistencia y matriz de la Capa 2. Presentó un diámetro máximo de 6,50 m y un alto de 1,05 m, desde el piso de la fosa hasta lo que se logró conservar de su cumbre. Contiene innumerable restos materiales culturales y una gran cantidad de restos óseos humanos. Se ha interpretado como el acopio de material sacado del Pozo y depositado fuera de este durante el proceso vaciado de éste realizado por la excavadora. El Rasgo 4 es un conjunto de tres surcos paralelos de superficie bruñida de 1,0 m de largo por 0,08 m de ancho cada uno, ubicados bajo el Acopio a una profundidad de entre 3 y 3,25 m. Se interpretó como las huellas dejadas por las puntas o dientes del balde de una máquina excavadora. El Rasgo 5 es similar al anterior, pero fue ubicado hacia el sector NE del acopio.

Dentro de la unidad denominada Pozo fue posible identificar dos Capas y un Rasgo. La Capa 1 es de similares características que la Capa 1 descrita para la unidad Fosa, se extendió hasta los 8,30 m. de profundidad. Hasta los siete m. presentó una compactación regular y desde los 7,0 hasta los 7,8 m. una compactación baja. Desde los 7,8 a los 8.2 m se registraron restos óseos humanos en alta densidad mezclándose desde los 8,15 m y hacia el fondo con una concentración de basuras de carácter doméstico. La Capa 2 correspondió al piso original del pozo, estéril en términos de restos materiales.

Por su parte, el Rasgo 6 fue ubicado hacia la pared SE del Pozo a una profundidad de 3,3 hasta 7,0 m. Corresponde a una muesca vertical de la pared del Pozo bastante regular con un ancho de 0,70 m y una profundidad lateral de 0,50 m. Se interpretó como las huellas dejadas por el balde de una máquina excavadora que vació el Pozo apegando el balde a la pared del mismo.

Entre los restos materiales recuperados se consignaron restos óseos humanos y de materialidad cultural, rescatando entre estos últimos sólo aquellos que estuvieran en directa relación con los primeros. Se recuperó un total de 319 piezas óseas o fragmentos de piezas óseas humanas, en su gran mayoría huesos de pequeño tamaño como falanges, carpianos, metacarpianos, tarsianos y metatarsianos. En menor proporción se encontraron fragmentos de huesos del cráneo, algunas vértebras y rótulas. También se recuperaron 81 elementos correspondientes a piezas dentales, fragmentos de piezas dentales, fragmentos de prótesis dentales o fragmentos óseos que conservan elementos dentales.

Asociadas a las piezas óseas humanas, entre los restos materiales culturales se hallaron fragmentos de prendas de vestir y efectos personales destacando restos de calzado, telas, botones, anteojos, peinetas, entre otros. Tales restos son interpretados como parte de las posesiones de las personas inhumadas en el lugar. Un segundo grupo de estos elementos correspondió a basuras cuyo análisis permitió una aproximación temporal, a partir de la identificación de éstas con particulares épocas como parte de nuestras propias biografías. Entre éstas destacan envases y contenedores de productos alimenticios (leche, arroz, azúcar) entre una gran diversidad de objetos. Estos elementos permiten interpretar eventuales rangos temporales entre los que se pudieron desarrollar los hechos. Otro conjunto de restos lo conforman casquillos de proyectiles, restos de granadas del tipo Poith además de tapas con la inscripción "Pisco Control" y restos de cigarrillos, en directa asociación a los restos óseos. Esto permitiría la reconstrucción de situaciones particulares desarrolladas durante los acontecimientos.

La memoria construida: el esclarecimiento arqueológico en torno a la desaparición forzada

Son varias las situaciones que a través de los peritajes arqueológicos contenidos en esta investigación han podido ser esclarecidos en torno a los casos tratados, contraponiendo al discurso oficial una memoria basada en la materialidad rescatada desde los sitios donde se desarrollaron los crímenes. A partir de ello, se construye una verdad científica meritoria para ser utilizada como medio de prueba en un eventual ejercicio de justicia.

El hallazgo de un cuerpo en el sector de quebrada Los Ratones y que sería identificado como el de Juan Luis Rivera Matus falsea las negativas en torno a su desaparecimiento por parte de las autoridades militares, por cuanto es en terrenos del Ejercito de Chile en donde aparecen sus restos, siendo sus agentes y funcionarios los únicos que tendrían acceso a estos terrenos durante toda la dictadura militar y hasta el momento de nuestro ingreso en el marco

de la investigación judicial. Así mismo, también falsea los resultados de los acuerdos entre militares y gobierno civil dado que éstos aseveran que su cuerpo fue lanzado al mar. Por otra parte, se esclarecen las circunstancias de su muerte y desaparición: el lugar de hallazgo es de fácil acceso vehicular, por lo que Rivera Matus habría llegado muerto al lugar, siendo cargado por sus victimarios al lugar de su enterratorio final (proximidad entre llegada del vehículo y fosa). La fosa es de baja profundidad y su cuerpo apenas entraba en ella, por lo que los agentes actuaron con ligereza minimizando los esfuerzos de sepultación. Así mismo, se roció su cuerpo con algún tipo de combustible en un intento por hacerlo desaparecer completamente. Las lesiones óseas atestiguan sometimiento a malos tratos, violencia o tortura, lo que finalmente le habría provocado la muerte.

En el caso del sitio Tacna, las labores arqueológicas permitieron determinar la inhumación de personas en un Pozo (Unidad 2) de una profundidad de 8.30 metros y la posterior remoción de los restos humanos correspondientes a tales personas. La remoción de los cuerpos se advierte por la presencia de fragmentos óseos diseminados sin continuidad anatómica. Tal remoción se llevó a cabo con una máquina excavadora de tamaño mediano. Para alcanzar el fondo del Pozo se construyó una "cuña de aproximación" (Fosa, Unidad 1). La máquina se ubicó en el centro de esta cuña o Fosa (Rasgos 1 y 2), hacia el costado Este del Pozo; evacuó el Pozo (Rasgo 6) acumulando material hacia el Norte de la Fosa (Rasgo 3, Acopio), desde donde se levantaron los restos humanos para ser cambiados de lugar. La disposición, así como el origen anatómico de las evidencias encontradas, permite suponer que corresponden a elementos dejados caer por la máquina en el momento de la remoción de los cuerpos, los que no estaban aún completamente esqueletizados.

La presencia de basuras de orden doméstico en el fondo del Pozo permite afirmar que éste existía con anterioridad a las ejecuciones e inhumaciones y que no se construyó de manera específica para su enterramiento. Por otra parte, aquellas basuras posteriores a 1973 depositadas en la Capa 1 de ambas Unidades dan cuenta que el evento de remoción pudo ocurrir desde fines de la década del 70 o principios de los 80 con una eventual reiteración en la década del 90. La presencia de restos de cigarrillos y tapas de botellas de bebidas alcohólicas (pisco Control) dentro de la Capa 2 de la Fosa (asociadas directamente a los restos óseos), evidencia algunas conductas particulares de envalentonamiento alcohólico de quienes participan en el evento de exhumación ilegal. Estas conductas serán posteriormente confirmadas por agentes que participaron de los eventos descritos (Diario LUN 30 junio 2003).

En este último caso, de mayor importancia aun resultó la evidencia recopilada en torno a la realización de exhumaciones clandestinas. Los trabajos en el Regimiento Tacna dejaron de manifiesto la remoción sistemática de los cuerpos, configurándose un nuevo delito hasta ese momento omitido por todos los actores sociales involucrados en todas las instancias de acuerdo político. A partir de la información generada en la investigación, se logró el reconocimiento por parte de los victimarios de la existencia de una operación programada denominada "Operación retiro de televisores", nombre otorgado en virtud de la llegada a Chile de los televisores a color el año 1978 como promoción del mundial de futbol de Argentina, país que también soportaba la represión de una dictadura militar. Fue ese año que debido a las presiones de organizaciones internacionales de derechos humanos, el gobierno militar chileno decide una segunda desaparición de las víctimas de violencia política, exhumando los cuerpos para hacerlos desaparecer definitivamente. Estos hechos sólo quedaron al descubierto a partir de estas investigaciones.

Palabras finales

A pesar de los intentos por ocultar los cuerpos y distorsionar los acontecimientos de represión por parte de quienes participaron en los gobiernos militares, los resultados obtenidos a partir de las pericias arqueológicas, permiten formular narrativas diferentes y de mejores concordancias con la realidad. El tratamiento de la materialidad cultural como memoria de un pasado sin voz ni letras y en cuanto registro arqueológico dinámico y presente, confiere a la arqueología la posibilidad de interpelar a los actores sociales para que asuman las responsabilidades correspondientes. La construcción de un relato disidente al discurso oficial a partir de un registro presente, rompe con el silencio cómplice de la sociedad acrítica que aspira a mantener el estado quieto y devuelve la identidad y presencia a los que se intentó eliminar no sólo con la muerte, sino con la negación de su existencia misma. En este sentido la arqueología construye y reconstruye la memoria de los silenciados, de los marginados, de los ausentes, de los que no están en los documentos escritos (o lo están en condiciones convenientes para los dominadores) o de los que no se habla.

La materialidad cultural está presente en cualquier actividad que se desarrolle, por lo que representa las relaciones sociales y las conductas de quienes las desarrollan. Estas relaciones y conductas pueden ser negadas, distorsionadas u olvidadas, pero la materialidad queda; a veces completa, a veces incompleta o fragmentaria, pero presente aquí y ahora. Se puede ocultar, pero sigue existiendo. De este modo, la materialidad se transforma en la memoria fundamental construida desde la arqueología.

Reconocimientos

Las pericias arqueológicas se desarrollaron en el marco de la causa rol 25-2001 de la Corte de Apelaciones de Santiago, en Visita extraordinaria. Esta causa fue lleva por la Ministra Amando Valdovinos Jeldes quien depositó toda su confianza en los resultado que la arqueología le pudiera entregar. También participaron en esta investigación el antropólogo Kenneth Jensen y los arqueólogos Iván Cáceres, José Berenguer, Miguel Saavedra y Patricio De Souza. Además se contó con la invaluable ayuda en terreno de los asistentes Francisco Pino, Juan Chamorro, Patricio

Madrid y Nelson, funcionarios del Cementerio General de Santiago cuyo trabajo resultó fundamental en el desarrollo de esta investigación que se extendió por cerca de un año y medio.

Bibliografía

Buchli, V. y G. Lucas 2001. The absent present: archaeologies of the contemporary past. En *Archaeologies of the contemporary past*, editado por Buchli, V. y G. Lucas, pp 3- 18. Routledge, London and New York.

Cáceres, I. 1992. Arqueología, Antropología y Derechos Humanos. *Boletín de la Sociedad Chilena de Arqueología* 15: 15-18.

Carrasco, C.; Cáceres, I.; Berenguer, J.; Jensen, K. 2003. Excavaciones Arqueológicas en el Fuerte Artega, Comuna de Colina: Exhumación de un Caso Detenido-Desaparecido. *Actas del IV Congreso de Antropología*, tomo I: 630-632, Santiago.

Carrasco, C.; Jensen, K.; Cáceres, I. 2006. Arqueología y Derechos Humanos. Aportes desde una Ciencia Social en la Búsqueda de Detenidos-Desaparecidos. *Actas del XVI Congreso de Arqueología Chilena*: 665-673.

Criado F. 2001. La memoria y su huella. Sobre arqueología, patrimonio e identidad. Claves de la razón práctica: 115: 36-43

Fentres J. y C. Wickham 2003. *Memoria Social*. España, Ediciones Cátedra.

Funari, P.; Zarankin, A. 2006. Arqueología de la Represión y la Resistencia en América Latina (1960-1980). En *Arqueología de la Represión y Resistencia en América Latina (1960-1980)*. P. Funari y A. Zarankin, eds., Brujas, Córdoba: 11-15.

González M. y H. Contreras 1991. *Los secretos del Comando Conjunto*. Ornitorrinco, Santiago.

González Ruibal A. 2009. Arqueología y memoria histórica. *Patrimonio Cultural de España* 1: 103-122

Haber A. 2006. Tortura, verdad, represión, arqueología. En *Arqueología de la Represión y Resistencia en América Latina (1960-1980)*. P. Funari y A. Zarankin, eds., Brujas, Córdoba: 11-15.

Hodder I. 1982 *Interpretación en Arqueología*. Critica, Madrid

Jensen K. y I. Cáceres 1997. El peritaje antropológico forense en relación con la problemática de los detenidos desaparecidos y los ejecutados políticos. La experiencia del grupo chileno de antropología forense-GAF-. *Actas II Congreso Chileno de Antropología*. Tomo I: 137-141, Valdivia.

Lumbreras L. 2005. *Arqueología y Sociedad*. Instituto de Estudios Peruanos. Lima

McGuire R. 2008. *Archaeology as political action*. University of California press. California.

Quiroga P. 2001. *Compañeros. El GAP: la escolta de Allende*. Aguilar, Santiago.

Tantaleán F. 2004. L'arqueologia social peruana: mite o realitat? *Cota Zero* 19: 90-100, España.

Zarankin A. y M. Salerno 2008. Después de la tormenta.

Arqueología de la represión en América Latina. *Complutum*. 19/2: 21-32

CHAPTER 2

¿RESTITUCIÓN O REINSTITUCIÓN? ACERCA DEL PAPEL DE LA ARQUEOLOGÍA EN EL PROCESO DE RECUPERACIÓN DE LA MEMORIA HISTÓRICA EN ARGENTINA (1976-1983)

RESTITUTION OR REINSTITUTION? ABOUT ARCHAEOLOGICAL'S ROLE ON HISTORICAL MEMORY RECOVERING PROCESS IN ARGENTINA (1976-83)

Soledad Biasatti
solebiasatti@yahoo.com.ar
Universidad Nacional de Rosario-CONICET, Argentina

Gonzalo Compañy
zalocvive@yahoo.com.ar
Universidad Nacional de Rosario-EIMePoc, Argentina / AECID

Resumen: Nos proponemos reflexionar acerca del papel de la Arqueología en la recuperación de la memoria histórica a partir del trabajo en lugares que funcionaran como Centros Clandestinos de Detención (CCD) durante la última Dictadura Argentina (1976-1983).

Desde fines de 2001, se ha ido dando en Argentina y la región un proceso de reapertura de estos lugares emblemáticos, lo que llevó a la conformación de Equipos de Investigación que incluyeron arqueólogos. Esta inclusión implicó repensar y definir cuál sería o era el papel de la Arqueología frente a las demandas de la comunidad en la reconstrucción de la "Memoria Histórica". En el presente trabajo discutimos algunos aspectos teórico-metodológicos, y por ende políticos, que actualmente se están poniendo en juego.

Palabras clave: Arqueología – Memoria Histórica – Centros Clandestinos de Detención y Desaparición – Dictadura Argentina.

Abstract: Here, we propose to think over Archaeology's role on historical memory recovering process in places that worked as Clandestine Centres of Detention and Disappearance of people during last Dictatorship in Argentina (1976-83).

Since 2001, has been an "opening" process of this emblematic places in Argentina and it's region, which led to the formation of research teams that includes archaeologist. This inclusion implied re-think about this role concerning community's questions. In this work, we discuss some theoretical and methodological (as well as political) aspects that are playing actually.

Keywords: Archaeology – Historical Memory – Clandestine Centres of Detention and Dissapearance – Argentinian Dictatorship.

El golpe de Estado de 1976 en Argentina se inserta dentro del contexto de una serie de golpes similares también en Argentina y otros países de Latinoamérica: Argentina (1966-1973 / 1976-1983), Brasil (1964-1985), Uruguay (1973-1985), Chile (1973-1990), Panamá (1968-1989), Perú (1968-1980) y Honduras (1963-1971) (1972-1982), entre otros. Muchos de los militares y policías que protagonizaron estos levantamientos fueron instruidos en la Escuela de las Américas.

Establecida por la administración EE.UU. en 1946 en Panamá y especializada desde la década de 1960 en lo que se denominó "lucha antisubversiva", la Escuela de las Américas potenciaba la experiencia francesa originada en Argelia (e Indochina) a través de una metodología de allanamientos con "escuadrones de la muerte", de la tortura como procedimiento de interrogatorio, sumado a la "desaparición" y la compartimentalización del país en zonas; entre otras. Dichas técnicas fueron transmitidas por militares franceses a militares estadounidenses y latinoamericanos a través de prácticas, libros o manuales impresos, e incluso a partir de material como "La Batalla de Argelia" (paradójicamente, esta película italo-argelina del año 1965, dirigida por Gillo Pontecorvo, había sido creada para denunciar los abusos cometidos en la "batalla" sin embargo fue utilizada para adiestrar a militares en este tipo de "metodología" represiva). En líneas generales, este "nuevo" tipo de guerra se caracterizaba por tener poner el foco en un enemigo interno, es decir, con la idea de la necesidad de restaurar el orden nacional frente a amenazas extranjerizantes o, cuanto menos, desestabilizadoras.

Cabe mencionar que meses antes de retirarse del gobierno, la Junta Militar promulga una Ley de auto-amnistía (Ley 22.924). Luego se publicaría el "Documento Final" o "Acta Institucional" donde declaraban que todas las acciones militares habían sido en "servicio a la patria", y por lo tanto no debían ser punibles:

"Art.1: Declárense extinguidas las acciones penales emergentes de los delitos cometidos con motivación o finalidad terrorista o subversiva, desde el 25 de mayo de 1973 hasta el 17 de junio de 1982. Los beneficios otorgados por esta ley se extienden, asimismo, a todos los hechos de naturaleza penal realizados en ocasión o con motivo del desarrollo de acciones dirigidas a prevenir, conjurar o poner fin a las referidas actividades terroristas o subversivas, cualquiera hubiera sido su naturaleza o el bien jurídico lesionado. Los efectos de esta ley alcanzan a los autores, partícipes, instigadores, cómplices o encubridores y comprende a los delitos comunes conexos y a los delitos militares conexos".

Así como también que "los jueces ordinarios, federales, militares u organismos castrenses ante los que se promuevan denuncias o querellas fundadas en la imputación de los delitos y hechos comprendidos en el Art. 1 las rechazarán sin sustanciación alguna" (Art. 12). Con esto se preparaba una plataforma legal que permitiría "cerrar" ese período de la historia como un fragmento encapsulado, con sus propias leyes y lógicas de sobreseimiento.

Posteriormente, el "advenimiento" de las democracias latinoamericanas sigue un curso más o menos similar tomando la forma de una oleada de "retornos" del orden constitucional en cada país. Así, la democracia emerge como algo que va y viene desde afuera o al menos con cierta independencia respecto de los ciudadanos y la población en general.

En diciembre de 1983, el primer presidente electo post-dictadura en Argentina, Raúl Alfonsín aprueba dos decretos que darán cuenta en buena medida del carácter de la transición: en el primero se afirmaba la necesidad de "afianzar la justicia; con este fin, corresponde procurar que sea promovida la persecución penal que corresponda contra los máximos responsables de la instauración de formas violentas de acción política, cuya presencia perturbó la vida argentina" (Decreto 157/83); en el siguiente se establece la necesidad de enjuiciar a las Juntas Militares: "Sométase a juicio sumario ante el Consejo Supremo de las Fuerzas Armadas a los integrantes de la Junta Militar que usurpó el gobierno de la Nación el 24 de marzo de 1976 y a los integrantes de las dos juntas militares subsiguientes" (Decreto 158/83).

Ese mismo año se aprueba la creación de la Comisión Nacional sobre la Desaparición de Personas (CONADEP), la cual se encargaría de investigar las violaciones a los derechos humanos cometidas durante la dictadura militar. El relevamiento publicado por esta comisión llevó el nombre de "Nunca Más" y recopila una gran cantidad de denuncias de ex detenidos-desaparecidos, familiares y víctimas; dando cuenta de los abusos cometidos así como de las dimensiones del dispositivo represivo estatal desplegado: entre 300 y 400 Centros Clandestinos de Detención y Desaparición (CCD) que habían funcionado tanto en espacios oficiales (comisarías y dependencias policiales, cuarteles de las

FF.AA., edificios públicos) así como privados (fincas particulares, fábricas, predios rurales).

Paralelamente es fundado el Equipo Argentino de Antropología Forense (EAAF) con la finalidad de contribuir a la recuperación de los restos óseos de *detenidos-desaparecidos* de la dictadura, apoyándose fundamentalmente en la información proveniente de estos mismos testimonios judiciales. Si tenemos en cuenta que el objetivo del EAAF era y es "devolver un nombre y una historia a quienes fueron despojados de ambos" (Cohen Salama 1992: 13), estos constituyeron un fin concreto para las búsquedas familiares, así como aportes fundamentales para develar el destino de los desaparecidos en tanto contradecían fehacientemente la versión de que éstos estaban realmente "en el exterior" probando que habían sido asesinados y ocultados sistemáticamente. En esta lógica de legalidad donde se envuelve la discusión social, histórica y política acerca de este período, el EAAF estaba proporcionando el "cuerpo del delito", instalando la prueba judicial por excelencia, los cuerpos con aquello que implicaban.

El histórico Juicio del año 1985 a las tres Juntas Militares del "Proceso de Reorganización Nacional" constituye un antecedente único para América Latina (así como también para las transiciones de Sudáfrica o España) en tanto proceso civil a un régimen que había interrumpido el orden constitucional. Aunque, tiempo después, la "Ley de Punto Final" (1986) detendría todo proceso o causa judicial presentada contra los responsables del terrorismo de Estado y la "Ley de Obediencia Debida" (1987) eximirá a los militares con grados inferiores al Coronel, proceso que desembocará en el indulto presidencial de 1990.

Sin dudas este desprocesamiento guardaba más relación con la profundización de un aparato político-económico que constituía la continuidad de un modelo. Así, la oleada de privatizaciones y el desguace del Estado comenzado años antes (si no desde su nacimiento) seguirían libremente su camino con las políticas impartidas desde la administración pública: concesiones de las principales carreteras, puertos y flota mercante, ferrocarriles, telefonía, recursos naturales, entre muchas otras.

Las conocidas movilizaciones de 2001 constituyeron una grieta por donde se visibilizó la lucha por *lo político*. Estos *encuentros con otros* en las calles significaron, al mismo tiempo, una ruptura de la cadena del terror (Rozitchner 2002) y un cuestionamiento al tipo de socialización/ dispersión pretendido desde la Dictadura. La consigna "que se vayan todos" era un mensaje de disputa por *lo político* en tanto apuntaba a que esto había quedado en manos exclusivas de una clase política: *lo político* reducido a *lo político partidario*. En este contexto se da una avanzada por la recuperación de *lo político* como son las asambleas barriales para debatir y resolver problemas concretos, los mercados de trueque, etc. De muchas de estas iniciativas populares surge la preocupación por recuperar también espacios de Memoria Histórica, recuperación que sin dudas estaba dotado de un carácter colectivo y popular. En el mismo sentido, comienzan a retomarse las acciones judiciales a partir de la apertura de causas que no habían sido consideradas durante los juicios de 1985 (y por ende no indultadas). Estas causas tenían que ver con la apropiación de menores nacidos en cautiverio y/o con padres desaparecidos.

En distintas partes del país comenzaron a surgir numerosos proyectos dedicados a la recuperación de la Memoria Histórica desde lugares que habían funcionado como centros clandestinos de detención así como sitios asociados a éstos: "Pozo de Vargas" (Tucumán), "La Perla" (Córdoba), "La Calamita" y "El Pozo" (Santa Fe), "Ex R.I.B.A.", "Vesubio", "Mansión Seré" (Buenos Aires), "ESMA", "Club Atlético" "Automotores Orletti" (Capital Federal), entre muchos otros. Estos equipos de trabajo estuvieron conformados por investigadores de diferentes disciplinas entre los que se contaban numerosos arqueólogos.

En muchos casos, estos proyectos, bien surgen o son luego son viabilizados a partir del impulso oficial de una clase política y un gobierno que requerían limpiar su desgastada imagen. Frente al "irse" planteado en la popular consigna, la resolución de la crisis (así como de gran parte de las movilizaciones) desde la administración pública tendrá que ver con reencauzar un proceso desde *lo colectivo* hacia *lo gubernamental*. Reconfiguración eficaz para recuperar las posiciones y el mando puestos en duda. Pasaje de *lo colectivo* a *lo gubernamental* en cuanto comienza a emerger la pregunta por *lo político*, frente a la cual se procura reafirmar la delegación, a reafirmar *lo delegativo*.

La anulación de las leyes que hasta entonces habían interrumpido el proceso judicial que se da en 2004 no debería ser separada abiertamente de este proceso. En cierta medida, la justa reapertura de las causas judiciales a los represores tendría también que ver con una delegación, con un reencauce hacia *lo judicial*. Pasaje de la esfera de *lo social (lo político)* a *lo judicial* que podría estar limitando la discusión al exclusivo ámbito de *lo judicial*. Del mismo modo que la puesta en duda del mando no significa "golpe de Estado" sino que apunta a la exclusividad de la delegación, nos estamos refiriendo a la utilización de estos planos en tanto dicotómicos, en tanto términos excluyentes. En otras palabras, no estamos refiriéndonos precisamente a la necesidad o no de juzgar a los responsables, sino más bien al proceso por el cual *lo judicial* se constituye ámbito por oposición a *lo social*.

Ahora bien, cabe preguntarse, ¿qué es lo que se delega? ¿Con qué nos quedamos luego de delegar? ¿Desde dónde delegamos? Quizás la delegación tenga más que ver con aunar los esfuerzos que con despojar al individuo de la capacidad de acción y decisión. Entender el impulso que tomó la necesidad de recuperar la memoria histórica en este contexto de crisis de legitimidad de la clase dirigente, es hablar fundamentalmente de la irrupción de nuevas voces que se preguntan por *lo político* a partir de la puesta en duda de la noción de "política" imperante. El proceso de

reducción de *lo político* a *la clase dirigente*, primero; y el pasaje de *lo social* a *lo judicial*, luego, podrían estar operando con cierta eficacia para evitar o, cuanto menos, encauzar la reproducción de la reflexión colectiva.

En el ámbito científico podría hablarse, a su vez, de un pasaje de la *investigación* al *peritaje* (peritos arqueólogos o historiadores, tras la reconstrucción de datos que pudieran servir de "pruebas"). Nos preguntamos pues acerca de cuáles son los límites de la justicia si parte de este tratamiento de *lo colectivo*. El nuevo campo que se le ha abierto a la arqueología ha cobrado gran relevancia a nivel internacional, sentando precedentes desde una "arqueología del horror", "arqueología de la represión", "arqueología de la resistencia" o bien desde una "arqueología del confinamiento", entre otros nombres; mientras que lo que no ha sido quizá suficientemente planteado con el mismo énfasis es: ¿qué es ir *tras* las huellas del horror, tras las huellas de la represión? ¿Qué hay detrás del horror?

En otras palabras, ¿de qué hablamos cuando hablamos de "recuperación"? ¿Qué implica una "recuperación de la memoria histórica" a partir de lugares que materializan la represión estatal? Si partimos de la idea de que tras las huellas de la *represión* están las claves de un *Sistema* que la utilizó para consolidarse, debemos reconocer que la *represión* sería un *mecanismo*, visión que reinstala la duda acerca de las rupturas y las continuidades: concretamente nos conduce a preguntarnos acerca de las bases sobre la que se ha impuesto la dualidad Democracia / Dictadura.

Trascender esta dicotomía nos llevaría tras el rastro de aquellas contradicciones y solapamientos con los que pareciera instalarse la idea de que "aquella historia" pasó y esto que estamos viviendo es algo nuevo y completamente diferente. Si bien esto no significa que no haya diferencias entre ambas, cabría preguntarse si estas diferencias responden a la libertad (conquistada o retornada) o más bien a que los modos del *Sistema* han cambiado y cambian constantemente como estrategia de consolidación.

En otras palabras, si sostenemos la noción de la *represión* en sí misma, estamos reduciendo algo como el "Golpe de Estado" a *lo militar*, así como oponiendo sin más *lo democrático* a *lo militar*. Si por el contrario concebimos *lo militar* en tanto mecanismo de neutralización de un movimiento político instrumentado por un sector, vemos que *lo militar* no es precisamente autónomo. En el caso argentino, el rol de las fuerzas armadas es inseparable de la configuración del Estado liberal de fines del siglo XIX.

Si el gobierno funciona como "mediador" entre *lo público / lo privado*, el Ejército Nacional operará cual brújula orientadora de gobiernos: la clave en la que nace, se expande y consolida el Estado argentino no es sino ésta pues el gobierno deviene "administrador" de los intereses privados en el campo público.

¿Qué relación se va estableciendo entre "orden" y "corrección"? ¿qué términos determinan la alianza gobierno

/ elite? ¿cuál es la noción de Estado en relación a *lo público* y *lo privado*? ¿es el Estado necesariamente el equilibrio entre lo público y lo privado sumado a la delegación? Hemos estado sugiriendo –vale aclarar– que si el gobierno se apropia de la idea de *lo público*, o de *lo público* mismo mediante la delegación, la alianza gobierno / elite toma la forma de *lo público* / *lo privado*. El Ejército Nacional (punta de lanza estatal) será quien corrija el rumbo de los gobiernos nacionales. Sin ir más lejos, el primer Golpe de Estado en Argentina (1930) se dará precisamente al primer mandatario elegido popularmente; y la figura misma del golpista, conocida como la del "normalizador".

En el proceso de reducción de *lo político* a *lo partidario*, como hemos estado sugiriendo, si *lo público* tiene que ver con la "legitimidad", ésta deberá acompañarse necesariamente con la "delegación". La lucha por *lo político* constituye, como mencionáramos, la lucha por la expropiación de *lo público*: la administración de *lo público* mediante la delegación. Libre albedrío que, en estos términos, le da la forma y el necesario contenido estatal al gobierno en la alianza con los grupos de poder.

Si los golpes de Estado tienen el objetivo de "devolver el orden" que se está poniendo en juego tras el peligro representado por aquellos sectores que ponen en duda el "orden establecido", no podemos separar los "Golpes de Estado" del establecimiento del "orden establecido". Del mismo modo, también deberíamos sospechar acerca de cuál es el sector interesado en que precisamente este tema se aborde descontextualizado, es decir, que los Golpes de Estado y a la represión sean considerados como algo en sí mismo. Aquí surgen nociones como las de "el mal", "la locura" o "la monstruosidad" (Calveiro 2001), asociadas al Golpe de Estado y a los golpistas en tanto grupo de desequilibrados que un día asaltan el poder y esparcen el terror fieles a su exceso intrínseco.

Si se parte de la base de que los Regímenes Dictatoriales se instalan en el poder o son mecanismos de un Sistema que los trasciende, abordar las consecuencias que con éstas se instalan en la sociedad implicaría entonces ir ya tras aquello que concretamente representan, ya tras aquello que se instala con el fin de perdurar: tanto los mecanismos concretos de estos Regímenes (nivel sincrónico), como el proceso que los posibilita y los excede (nivel diacrónico). Nos preguntamos acerca del por qué de este clima que de repente se vuelve "favorable". Nuevamente, ¿cuál era (es) el sector más interesado en quebrar las "causas" de las Dictaduras? Si partimos de las contradicciones (de lo sumergido) del presente, de la idea de que las dictaduras fueron un *mecanismo funcional a un sistema* que lo antecede y que lo sucede, pensamos acerca de cuáles son los límites de las democracias actuales.

Dictadura tal vez no se oponga sólo a Democracia, sino fundamentalmente a Libertad, libertad que sin dudas está desde entonces debidamente (a)condicionada. En otras palabras, si Dictadura se opone a politización, deberíamos abordarla como engranaje fundamental del proceso de despolitización, desmovilización, fragmentación de la sociedad.

Si la obra que concentra la lógica de la transición democrática en Argentina es el "Nunca Más", ¿qué implica el "Nunca Más"? Debidamente nunca más muertes, nunca más interrupción del orden constitucional, aunque también (y quizás fundamentalmente) nunca más luchar por intentar cambiar el orden de las cosas concentrado en la lógica del "no te metas", pues la política es cosa de políticos. En el mismo sentido, desde entonces y paradigmáticamente tras la década de 1990, la política será además aquello esencialmente viciado y necesariamente corruptor.

Para finalizar

La recuperación de la memoria histórica a partir de aquellos lugares que funcionaron como Centros Clandestinos de Detención tiene que partir del análisis del sistema de represión que materializan, pero necesaria y fundamentalmente con revertir el proceso de despolitización de la sociedad que lo trasciende. Estos espacios materializan pues, al mismo tiempo, los quiebres (el quiebre de *lo político*, el quiebre generacional, la imposibilidad de pensar lo colectivo, el quiebre de la transmisión intergeneracional) y la posibilidad de revertirlos. Dentro de este mismo proceso, al trascender la *represión* se pasa de la *víctima* al *sobreviviente* (Equipo de Investigación por la Memoria Político Cultural 2008). La historia de vida del sobreviviente contiene la historia de su confinamiento, pero también contiene aquella historia previa y posterior, historia de una generación enmarcada en un proceso histórico en el cual se puso en duda el *orden establecido*.

Los más de 500 Centros Clandestinos de Detención que se conocen hasta el momento en Argentina dan cuenta de la magnitud del mecanismo, tanto como del estado en que nos encontramos los argentinos desde entonces; dan cuenta de 500 posibilidades de revertir el mismo proceso en tanto espacios de encuentro y reencuentro histórico; así como de 500 posibilidades de reinstitución.

Restitución o reinstitución tiene que ver con reactualizar las diversas dicotomías planteadas al partir de lo que desde ellas se propuso. La "reinstitución" concretamente tiene que ver con continuar –aún sin proponérnoslo– el camino de la "institucionalización". ¿Cuál fue la institucionalización? Si el Sistema idea los CCD como materialización del horror y la represión, limitarse al estudio del horror sin ver sus causas (ni la necesidad de su imposición), no trascender y, aún más, aportar o mantener esta descontextualización en el análisis de la represión implicaría, en pocas palabras, volver a instalar aquello propuesto: la institucionalización de la represión *per se*, la represión como algo autónomo.

¿Cómo abordar la materialidad de estos espacios desde lo patrimonial? ¿Cuáles son las implicancias de los museos del horror? ¿De qué manera pueden convertirse en espacios culturales o en espacios de la vida más allá de la noble sombra de un *ginkgo biloba*? ¿Cómo intervenir, cómo abordarlos sin anclar el sentido que representan tal como están? Estos lugares de la represión constituyen, por ello y mucho más, una de las pocas instancias a partir de las cuales se pueden evidenciar estas contradicciones clave. Como arqueólogos podríamos rastrear las huellas de la represión de modo que emerjan como huellas del Sistema que la utilizó y la sigue utilizando, abordarlos como huellas dejadas para borrar otras huellas.

Bibliografía

Calveiro, P. 2001. *Poder y Desaparición. Los campos de concentración en Argentina*. Buenos Aires, Colihue.

Cohen Salama, M. 1992. *Tumbas anónimas. Informe sobre la identificación de restos de víctimas de la represión ilegal*. Equipo Argentino de Antropología Forense. Buenos Aires, Catálogos.

Equipo de Investigación por la Memoria Político Cultural. 2008. *El Pozo (ex Servicio de Informaciones) Un centro clandestino de detención, desaparición, tortura y muerte de personas de la ciudad de Rosario. Antropología política del pasado reciente*, Rosario, Prohistoria

Rozitchner, L. 2002. La ruptura de la cadena del terror. *19 y 20. Apuntes para el nuevo protagonismo social*. Colectivo Situaciones. Buenos Aires, De mano en mano.

CHAPTER 3

ARQUEOLOGÍA DE LA POLÍTICA: PRESENTANDO LA INTERPRETACIÓN DEL PASADO
NACIONAL

THE ARCHAEOLOGY OF POLITICS: PRESENTING INTERPRETATION OF THE NATION'S
PAST

Jin Soo Park

Abstract: This paper will address what has become a vastly debated issue for many museums, especially national museums; the representation of national identity and the promotion of nationalism. The widening debates on national identity have opened up new investigations for the museum profession and academics, particularly in western world. For Korea, this challenge becomes that of reconciliation and of nurturing national harmony, whilst eliminating the legacy of Japanese occupation by promoting the establishment of the nation state during 1970-80s. The national museum of Korea, in conjunction with government, has authenticated and presented national identities with an emphasis on the archaeological presentation. Narrating the nation's history within the archaeological framework, in particular, has progressively become a central task of the museum profession in the last two decades. Therefore, the main functions of the museum and Korean archaeology is closely related to the political agendas of the post-colonial period, which obviously shaped a particular response to identity of the museum and archaeology among the general populace. As this essay indicates, museum had taken on such a role in an attempt to shape the public understanding of the past. The author will examine a backdrop of archaeological investigation and its interpretation by carrying out critical interrogation on archaeologist activities in the post-colonial period. In addition, this essay will also attempt to delineate some possible problems as a consequence. Such as the negotiating process that what story is to be presented and constructed by the archaeological curatorship within the museum. This investigation will appear as a vital question to public archaeology and museum studies at international level.

Key words: Museum, Archaeology, Politics, Nationalism, and Public

Resumen: Este trabajo se acercará a un debate abierto por muchos museos, especialmente museos nacionales: la representación de la identidad nacional y la promoción del nacionalismo. Los debates sobre la identidad nacional han dado lugar a nuevas investigaciones, principalmente en occidente, desde la academia y otros profesionales. Para Corea, el proceso comienza al intentar conciliar el nacionalismo con la armonía nacional, a la vez que se elimina el legado de la ocupación japonesa promoviendo la creación del estado nacional durante los años 70 y 80. El museo nacional de Corea, junto con el gobierno, han legitimado y presentado identidades nacionales con un énfasis en la arqueología. Narrar la historia de la nación desde el marco de la arqueología se ha convertido en una de las actividades principales desde el sector museístico en las últimas dos décadas. Por ello, la principal función, tanto de museos, como de profesionales de la arqueología ha estado ligada a la agendia política postcolonial, que obviamente marcó la imágen que se da al público desde los museos y la arqueología. Como este trabajo apunta, los museos han supuesto un punto fundamental para la formación de una imagen del pasado por parte de la sociedad. Por ello, en este trabajo se van a examinar de foram crítica las investigaciones arqueológicas del periodo postcolonial. Además, se intentarán marcar una serie de problemas y sus consecuencias como los procesos de negociación para determinar la historia presentada y construida desde el museo. El presente trabjo apunta a una pregunta vital para la museología y la arqueología pública en un marco internacional.

Palabras clave: Museo, Arqueología, Política, Nacionalismo, Público

Introduction

Recently, there are many debates on the role of archaeology in a process of creating and defining a national identity and history within museum studies and archaeology. Especially this issue is quite frequently found where the colonial interpretations and indigenous narratives on the archaeological and historical past are collided (Rowland 1997, 134). However, through the archaeological development in the post- colonial era, the role of archaeology and its presentation to the society has been addressed in the context of material culture. It is because, as Swain cites (2006:9), the study of material culture is associated with ongoing archaeological negotiation between past and present. And material culture is indeed collected, preserved, classified, interpreted and lastly displayed upon the gaze of public eyes through curating processes (Crowther 1989:42; Pearce 1999; Swain 2006:11). In this sense, museum can be seen as a mediator or translator between archaeology and public and this relationship has been established for a long time in western world. However, although the history of Korean archaeology is relatively short, its political contribution has been great in a sense of harmonising and representing the national identity since nation's independence from the Japanese colonial occupation. This achievement was only possible through the intermediary role of the National Museum of Korea, for it undertook a task 'making history' (Kavanagh 1996) within a process of reinforcement of historiography from nation state and indeed most significant archaeological material culture found in Korean peninsular housed and presented at this national institution. The patterns in which construction of national identity and historical legitimacy is addressed through the didactic vehicle of the museum, which gives an idea how archaeological material culture is appropriated into the nationalistic movement during the post-colonial period, how general public received its presentation at the museum visit, and how people establish the image of archaeology and the museum as a consequence. This paper will divided into three sections; firstly a theoretical framework for making an analysis of archaeological discourse in Korean context will be developed; secondly the impact of nationalistic presentation through the archaeological material culture on the museum display; and finally the public image of archaeology and the museum will be discussed.

Reception of Nationalist archaeology

Academic research on the presentation of nationalism, as a political ideology and its popular reception from the general public, and its cultural and social impact on the society has scarcely been the subject of study in its own right in Korea. In addition to that, although nationalism is identified in some aspects of archaeology and its presentation, it also has rarely been put onto academic scrutiny. So far few academic endeavours has been made on the theme of historical representation of Korean archaeology (Nelson 1993; Yi Seonbok 1998; Pai 2000; Barnes 2001) and politic of display in the National Museum of Korea (Choi 2001, 2005, Jeon 2005) that explore the subject of nationalistic archaeology (Trigger 1984) or alternative archaeology (Schadlar-Hall 2004), without specifically abstract the nationalistic component of the government discourse. Archaeological presentation during the colonial period has been the subject of detailed museum studies in Korea (Mok 2000; Choi 2001; and Guk 2002), which heavily relied on archive material and literature sources. However, exploration and analysis of the post-colonial patterns are relatively scarce. This paper is designed to demonstrate the way in which how the military government developed historiography in an attempts to build 'nation state' in post colonial period, uncover their expression in archaeological interpretations at the museum display, and investigate what image of archaeology has been made by the public in consequence.

Most prominent political figure who advocated strong nationalism in post war period of Korea was General Park Jeonghee (presidency term from 1963-1979). Most scholars on Korean modern history agreed on the notion of constructing a strong and independence nation in legitimising its authoritarian politics (Gyun 1996; Shin Giwook 1998; Gang naehee 2003). Most frequently appeared catchphrase regarding this process was perhaps 'Creation of New History'.

First of all, Park and his followers vision for creating a new and strong Korea in many ways was informed by the self-strengthening ideology of Korean nationalist at the turn of the century, while it rejected behaviour pattern of decomposed old regime Yi Dynasty. This nationalist treatment of the effete and effeminized *yangban* (noble class during the Yi Dynasty Korea from 1392-1915) as symbolic of all that was wrong with traditional Korea also formed the basis for Park's efforts to transform Korea into an "enlightened" and "civilized" nation (Kim1976).

Secondly, General Park insisted that South should hold the legitimacy of national identity, and urged South Koreans should help 'northern brethren' under Communist control to recover their national identity. He stressed that "the legitimate national identity belongs to us Republic of Korea and that we have a historic mission of preserving and enhancing this legitimate national identity (Lee Insoo 1988:130)." Such a political legitimacy was apparently begun with form of new republic government in South Korea, which assumed communism at the North based on the idea of Lenin-Marxism treats Korean history and culture into exceedingly cliquish and manipulative way of interpretation (1988a:130, Gang naehee 2003:139). Thirdly, in order to overcome historical failure to accomplish modernisation of the country due to the Japanese colonial occupation, he gave salience to the heroic moments when historical figures who strove to save the nation such as Admiral Yi Sunshin whose story articulates with the lost "masculine" past of a erased martial tradition, superiority over neighbour Japan and forgotten ancestral lineage (1988b: 108-110, Jager 2003).

It could almost be seen as completion of Park's cultural policy, his predecessor Jŏn Doohwan (1980-1988) accomplished an unprecedented task of creating an article within the national constitution regarding national culture; "The nation is ought to promote national culture and develop and accede to traditional culture", and according to the article sixty nine new president must vow to develop 'national culture' at the official oath of presidency (The constitution of Republic of Korea). One of core part of Jŏn's government regarding the cultural policy was to reform national spirit through educational renovation and cultural promotion, in doing so his regime imposed restriction on many aspects of cultural activity such as artistic freedom, and it certainly extended to cultural organisations such as national museums.

Park's another military successor, Roh Taewoo (1989-1993), yet who was inherited the notion of his predecessors' on national culture, clarifies his attitude toward national culture;

"We should preserve and develop our original national culture in order to make rapid progress on to culturally a strong nation. ..... As we are inherited glorious culture and tough national spirit, so we must promote autonomous culture where national spirit is vividly flourished. To do so, I will support to promote Korean studies......... Also I promise that there is a government support on discovering, collecting, and preserving of historical record, especially focus on history of anti-Japanese movement in order to bring it to the rest of world and set forth independent spirit and national legitimacy (Roh Taewoo 1987, 180-182)."

His statement is not necessarily discrepancy to two previous political leaders, while using same political slogans such as 'national spirit', 'glorious Korean culture', 'national identity', and 'resistance to colonialism'. This political rhetoric was elucidated on formal educational curriculum 'Korean history' (Cho 2001). However, through this period, Korean archaeology achieved eye-opening progress at quantitative growth with the institutional and financial aid of government, consequently archaeological works often led by government initiative (Yi Seonbok 1998, 231). On the other hand, Korean archaeology was occasionally used to be a drastic measure for the political issue (resistance to colonialism and defeat communist force) of the military regimes (Jeon 2005, 135), alongside with construction of a new 'national identity'. It was quite often linked to present a founder and formation of ancient state, which was a core part of constructing the Korean history. Not great number of research has dealt with this subject so far as this should perhaps be a sensitive issue at politics or it may simply not be capable of attracting academic attention (Choi 2000, 36).

Few foreign painstaking researches have been made in the context of critical aspects of Korean archaeology. In brief, Nelson's insightful diagnostic evaluation on Korean archaeology in her article 'The politics of ethnicity in prehistoric Korea' suggests that Korean archaeology is viewed as a branch of history while it is involved with answering ethnic questions, and mythical theories on written texts (Nelson 1995, 218). Thus, key issue of Korean archaeologists was apparently associated with the question of immigration (Portal 2000, 29). In dealing with this question, Barnes points out there are certain shiftiness and inconsistencies on the ancient states, particularly in periodisation of early states formation, with regards to the inadequacy at archaeological knowledge and evidences and historical narration (Barnes 2001, 80-82). In domestic level, too, some archaeologists have expressed scepticism over the lack of archaeological evidences with regards to the process of ancient states formation and its dependence on written historical text (Choi 2000; Park 2007). On the contrary, major task of archaeological research in Korea focused on the perfection of chronology by the dating of artefacts and sites during military era (Lee Yungjo 1978, 33). However, it is not the only phenomenon at the Korean counterpart, but these archaeological features are more-or-less universal trend where the issue of national state (Rowlands 1994, 141) and the rise of nationalist resistance against to colonialism and racism are involved (Trigger 1989, 277). With brief examples, Jones went down the list of nationalistic archaeology at the East European and Germany during the early twentieth century by explain how archaeologists took the lead in trying to frame up the ethnical boundary and nationalistic movement (Jones 1997). And also Trigger identified some of characteristics of 'nationalist archaeology' as it reinforce the pride and morale of nations, and also it's activity fostered patriotic sentiment with substantial government patronage (Trigger 1984,

358-360). However, there has also been a great academic scarcity in dealing with theoretical research or scrutiny of archaeology in Korea (Kang 2008).

The museum presentation with fused archaeology

Recent debates on political purposes and uses of archaeological remains and its multivalency interpretation are particularly made through museum studies as a topic of academic interest in its own right, and it also breathe vivid discussion into museum studies (Merriman 2000; Swain 2007). According to Swain, museums and public have been largely taken peripheral and passive role in archaeology since the former being merely a final repository for the archaeological findings while the later being treated distantly by any archaeological process (Swain 2007, 12). On the same token, Merriman urges that museum curators must not be restricted to the viewpoints of others, and also discard its authority figure or a source of knowledge in relation to the public (Merriman 1999, 8). He also suggests that traditionally displayed authoritative version of the past had been challenged by alternatives such as socialist, feminist, or anti-colonialist literatures in western world, as a result the politically correct version of museum presentation could be attained in the expense of traditional curatorial certainties where interpretive anarchy reigns (1999a, 4). On the other hand, while he admitted bias in the interpretation and presentation of archaeological object, Saville (1999), with standpoint view of museum initiative, argues that putting the idea of post modernist relativism and its plurality in interpretation on permanent display or adopting this post-processual deconstructionist tendencies in archaeology is injudicious practice because it may lead curatorial confidences in danger and also intrusion of repulsive interpretation (Saville 1999). These particular debates, as far as my concern, will certainly bring up insightful and alternative view on political, sociological and historical aspects of Korean national museum. At the same time, it will be quite useful to open up a new museological perspective on alternative and public archaeology in Korean context. This is because the role of museum, as Shanks and Tilley argue, very convincingly, that the archaeological museum is considered as a public manifestation for presenting archaeological finds, which probably the main institutional connection between archaeology and public society (Shankes and Tilley 1987). The National Museum of Korea is the public institution where the most important and vast archaeological collections are presented, and it is without doubt the museum has been charged to take an intermediary role between Korean archaeology and the public. The former direct of the museum Choi Sunwoo remarks that: "no one can deny that the museum substantially took central role to development of Korean archaeology and art history. Every single archaeology lecturers and professors within Korean universities are virtually from the museum, and both quantity and quality of their academic achievement demonstrates their leading role on Korean archaeology. Particularly the national museum of Korea is unprecedented in its kind which carried out numerous archaeological survey and excavations (Choi Sunwoo 1975)." Thus, by analysis of the archaeological presentation of museum and the image and attitude of the public toward archaeology, it will deliver a much clear fact about the social role of museum and its relation to the public under authoritative totalitarian regimes.

The collection and its presentation

Permanent exhibition and nature of collection at the national museum of Korea is divided into two major subject; archaeology and art history. The former collections are originally based on the collection of Jŏson Government General Museum displayed at archaeological galleries and the latter one was mainly from the collection of Yi Wangga Museum at art history galleries at the museum. Most of the objects in Yi Wangga Museum's collection are classified as fine arts, representing various aspects of royal family and upper class's (*yangban*) culture. For the most part, the objects are displayed in the Fine Arts I and II gallery using an exhibition style similar to western arts museum's i.e. Victoria & Albert Museum, whereby objects are grouped thematically and shown in a reconstructed cultural and historical context. For instance, one exhibition leads visitors through the routine of their life by presenting objects used in practicing Jŏson scholar's morality or perhaps enjoying taste. In the archaeological galleries, visitors are led into the chronological order line which is precisely matching with the historical time table of Korea. Particularly, from the Bronze Age material culture is described in wall panels with major historical events. For example, as I mentioned earlier, archaeologically unverified and much academically contended issue of the establishment of first state 'Gojoseon', as an official history, is clearly elucidated in the introductory panel coupled with related stories;

'The founding of the first Korean state, *Gojoseon*, was based on bronze culture. Judging from the distribution of relics such as dolmens, Liaoning type bronze daggers and Misong-ri type earthenware, its realm embraced the north-western region of the Korean peninsular and Liaoning region of Manchuria. It became stronger and more prosperous with the introduction of iron culture in the third century BC. The growing kingdom established a system of governance and an eight-article law to maintain social order. *Gojoseon* thrived through transit trade, growing into such a formidable power as to threaten Han China's supremacy before ultimately perishing in 108 BC.'

There are two issues should be raised here for the sake of archaeological and museological debate; firstly, how we can judge and interpret a particular culture belong to a ancient state by presenting and comparing few material evidences. Most Korean archaeologists have very sceptical view on existing state level society in the Korean peninsular during the Bronze era (Kang 2008, 124). He also argues that rank order between the sites and a political solidarity and unity in between them should be proved by archaeological evidences, if someone can maintain existence of state level society within the sites. Importantly, neither archaeological

reference for average size of villages nor a vestige of large scale village have not been identified as those of city intersite in the Neolithic and Bronze era (Kang 2008,126-127). However, the question is that if the materials displayed in the Bronze/*Gojoseon* culture can adequately prove the process of developing to Iron culture and also identify a substantial reconstruction on transit trade history of the ancient society.

If we accept this statement as contextual archaeology, as Owen suggested (1996) this is a method of making histories from archaeological material culture, in which the purpose and uses of the material culture within the nature of social context could be comprehended. For the sake of argument, however, those material objects cannot simply be understood within the *Gojoseon's* social context, because there is a great shortage of archaeological evidence of its social, political and cultural background (Choi 1998; Barnes 2003; Nelson 1995; Park 2006; Kang 2008). As a result, the display is failed to construct a real sense of the past (story of *Gojoseon*), and people are not be able to envisage the possibility of any connection to such remote society to present sense within this archaeological frame. Secondly, as museum label has a crucial role than the actual object since it re-constructs reality of the archaeological past (Pearce 1999), wall panels or explanatory notes are, too, playing important role at constructing people's image on the museum pieces. Any fixed idea or monolithic interpretation presenting on panel, which often stem from as Shankes and Tilley (1992) described author's epistemological prejudice, could restrict visitors view from exploring alternative past. The actual contents of statements were not derived from any archaeological research results, but rather mere text copy of old historical record '*Samguk-Sagi*'. It would be useful to quote Kang's (2008a, 130-131) remark on the complex society in the Korean history:

"There has been a tendency to identify the state stage society and complex society based on a superficial and fragmentary material within the Korean archaeology. This is because Korean archaeologists are still heavily influenced by the mythical story of the first nation written in *Samguk-Sagi* and *Samguk- Yusa*."

Similar presentations are apparently repeated through out the archaeological galleries, and even throughout the entire museum display. In short, the overall method of presentation of the archaeological material, as Swain points out the characteristic of classical archaeology display (Swain 2006, 218), seems to be displayed as art objects or even master pieces and decontextualised from the socio-cultural context of their creation and uses. No real sense of how people's lives and culture would have been like in the past is, therefore, still at large. But instead displayed objects including archaeological materials are something able to present 'glorious civilisation'. Importantly, such formality of the museum archaeological presentation should perhaps be derived from in sympathy with the government policy when the military regimes ruled (Joen 2005), as Skeates (2007, 90) diagnosed such a political imperative as ruler's interpretation within archaeology. However, it seems to be incompatible with Trigger's assumption on nature of general archaeology which suggests archaeologist should not relied on written text in an attempt to tracing human behaviour, unlike historians, but rather infer it from the material evidences of fragments of human beings (Trigger 1989, 277). In a gallery of archaeological museum, visitors are engaged themselves in communicating to unearthed dead objects which cannot demonstrating anything about themselves. For visitors, it is absolutely necessary to seek any methods of making communication with objects, thus, a crucial role of museum curator can be described as evocator who conjures up memories and meaning from dead or doomed objects upon the viewer seems to be an unavoidable substance. In this way, since the archaeological objects within the museum display blurred with fixed historical narration, visitors are not only constantly experiencing passive consumption at given information but they are subjected to fall into utter confusion for whose culture and lives being presented at each different sections. Although Korean society is relatively less diversified in ethnic, cultural and social values than western counterpart, it is by no means that there aren't any particular groups or societies presenting their own version of interpretation on the material evidence of the past.

Archaeology and its image

As I examined so far the nature of collection and its presentation of the museum within the context of museum archaeology theories, now it would be quite useful to employ an empirical investigation on how 'archaeology' has been received by the public, and what value actually do people put on knowing about archaeology. In fact, this would be a crucial point to delineate more accurate and detailed characteristics and socio-political functions of Korean archaeology during the dictatorship periods or perhaps its influence on present day. Because it was rather ambiguous that what is archaeology as an academic discipline in Korea within last two decades. There might be an implied consent among Korean professional archaeologists who regarded Korean archaeology as ancillary branch of historical science, which only seeking to contents and chronological transformation issue of prehistoric material culture, that is, they recognised it as one of methodology of historical science (Lee Seonbok 1998, 223). Such a characteristic of Korean archaeology has closely intertwined with its academic process, growth, and development within the social, political and cultural contexts in Korea as I discussed it above. However it may be an intricate issue to understand an origin and sensible solution to this fundamental problem and intrinsic attribute Korean archaeology embraced, nevertheless, it may become clear that how this archaeological orientation reflects on the theme of exhibition and cognition of its visitors if we put this matter on the public's general thought on archaeology and its interpretation and display at the National Museum of Korea. The survey result will be shown here is a part of the survey the writer carried out in 2007. The priorities of this survey is to obtain a representative sample of the

whole of the Korean public, that is, the sample has to include individuals who were not the national museum (including its 11 regional branch museums) visitors as well as who were. In addition, widening potential interviewees and respondents on the survey is vital for the work to be representative of the total population. To obtain quality respondent the number of randomly selected interview has to achieve 500 respondents, and also it will be anticipated to conduct on each interview in 15 to 20 minutes.

Survey result

First of all, specifically selected answers were given to the respondent in order to find out what people's image of 'Archaeology', which indicates that most respondents are not necessarily engaged with image of archaeology with digging persists, but they are more likely associated it with historical past and academic research. This question is specifically designed to demonstrate how people associated with general image of archaeology, and then it might be possible to verify an assumption that Korean archaeology was engaged in the method of historical science.

Table 1-1 : The public image of archaeology

Q1: What is archaeology?		Total (%)
1	Historical past	36.2
2	Relics or Old things	24.4
3	Excavation	9.2
4	Study or Research	28
5	Discovery	1.6
6	Nothing	4
		99.8 % no answer 2%

As with the most frequent answer by 36.2 per cent, the image of archaeology is primarily connected to 'historical past' by most respondent, thus it may confirm that archaeology has a strong connection with the history in some extent, and also see the relative importance of 'historical archaeology' in Korea in a new light. On the other hand, interestingly, only 13.2 per cent of respondents associate it with digging or discovery, this particular answer is received far more frequency at Merriman's survey among the British public (Merriman 1991:98). Thus, the popularised image of archaeology among the public tends to be oriented to object and related interpretation than its core works. In order for more accurate verification of the relationship between archaeology and historical science, the next question set for direct response concerning role of archaeology on it.

Table 1-2 : Importance of Archaeology in interpreting history and tradition

Q4		Total (%)
1	Strongly Agree	34.8
2	Agree	52.6
3	May Be	11.2
4	Disagree	1.2
5	Strongly Disagree	0.2
		100%

This was discovered that 34.8 per cent respondent believe that archaeology definitely plays crucial role in interpreting history and tradition, and 52.6 per cent give positive answer to that. Thus, this is no doubt that the public image on the role of archaeology may not be dissociated itself from the history and tradition. It is largely expected from the public that an archaeological presentation within museum display might be combined with historical interpretation or traditional understanding. A significant fact is that over 30 per cent of respondent assumed the tepid attitude on individual relation to archaeology, and 8 per cent indicates negative sign on relation to archaeology. The rest of remained populations considered archaeology are a familiar thing in their life. Paradoxically, although given that such a popularity of knowing about the past and the value of archaeology, as we've seen the result above, people yet to be hesitated accepting archaeology as part of their life. Perhaps because of relatively short history of its establishment as an academic discipline or the process of developing its image within a context of national history, limited scope of development on its image has been largely anticipated. Another important fact should be addressed here is the 'bureaucratic driven culture' in many aspect of archaeological works and interpretation. In fact, the education and management bureau in the government general of Jŏseon has led almost every aspect of archaeological researches, excavation works, constructing interpretations and even arrange them into museum displays under the Japanese colonisation (Aramachi 1996). With the liberation, this role was transformed into American military administration, during the time major excavation works commenced under supervision of newly inaugurated national museum (Kim Jaewon 1992, 96). Since then findings at major excavation works obviously flow into the NMK, which enhanced the alternative idea of nation (Jeon gyungsoo 2005, 135). Thus, archaeological remains and its display at the museum always been encapsulated in the symbolical title at its name, if we put this into chronological order, 'government general' (1915-1945), 'national' (1945-1975), and 'central' (1975-). Each symbolical terminology expression represents different subject of political power; firstly colonial power, secondly liberation government, and lastly military regime. There is an explanation notes on changing its name into the National Central Museum of Korea (officially term 'central' is always omitted in English); "With re-title of its name, the museum will merge all regions to central part of Korea and become truly 'national' (The National Museum of Korea 2005, 50)." In this statement, the image of 'official' and 'representativeness' is vividly demonstrated, in consequence such an image disseminated into people's cognition which created the image of the museum as 'legitimacy'. Archaeology has always been placed in this governmental frame, with thanks to being the most visited museum; the general public has less variety of choice at establishing an image of archaeology but assimilated themselves to the given configuration of archaeology. Yet, most of the writers in Korea seem to be failure to bring out the public image of archaeology, through which they might be in a better position to understand the public's comprehension of the role of archaeology, and also both the museum curators and archaeologists would take benefit from assessing the validity of their professional suggestions to the public in archaeological display.

Conclusion

Through demonstrating the representations of archaeological construction to national history in the National Museum of Korea, this paper attempts to show the relationship between Korean archaeology and political imperatives, highlight the intermediary role of the museum within the relation, and finally discuss current view on the public image and attitude of archaeology and some possible suggestion for the future. The need to re-construct history for the purpose of both justifying the military rule and building national identity is apparently materialised in the archaeological presentation at the national museum. As a result, the major function of archaeological objects at the national museum is only limited to the spokesman of national history and culture. In addition to that, method and research of Korean archaeology on reconstructing ancient history is still largely relied on classical approach while few Korean archaeologists made efforts to bring processual or post - processual method into their works.

There should not be a single history or an archaeological interpretation, but it could be diversified or pluralised in order to bring out fascination and excitement of our audiences in the future. This conclusion may echo the following statement by Nick Merriman:

'The challenge must now be for museum archaeologists not only to broaden the demographic profile of their audiences, but also to broaden their minds. ....Perhaps it is time to listen more to the views of our potential visitors, and take a few more risks in what we (museum archaeologist) do' (Merriman 2004, 102-104).

Bibliography

Aramachi (1996). My Experience in 1945-46. *Korean Journal of Archaeology*, 7-27.

Barnes, L.G. 2001. *State formation in Korea : historical and archaeological perspectives*. Richmond, Surrey: Curzon.

Cho, JW. 2001. *A Study on the 'Making History' in the National Folk Museum of Korea.* Unpublished MA Thesis. Seoul National University.

Choi, SR. 1998. *Method and Theory in Korea Archaeology.* Seoul: Hakyoun Munhwasa.

Choi, SR. 2000. Korean Archaeology in 21th century: Research Method. *24th Korean archaeology Conference paper* 29-47.

Choi, SW, 1973. 'Some development of national museum: with opening new gallery at Gyungju national museum' *The Museum Newspaper*, 1.

Choi, SY. 2001. *Museum and Exposition in Modern Korea.* Seoul: Seogyung Muhwasa.

Choi. SY. 2004. *Modern Legacy of Korean Museum.* Seoul: Seogyung.

Gang, NH. 2003. *The Cultural Politics and Changes of Korea.* Seoul: Munhwa Gwahanksa.

Guk, SH. 2002. *The Educational Significance of the Museums under Japanese Colonisation.* Unpublished PhD Thesis. Yeonsei University.

Jager, S.M. 2003. *Narratives of nation building in Korea : a genealogy of patriotism.* Armonk, New York: M.E. Sharpe.

Jeon, GS. 2005. *Korean Museum: Yesterday and Tomorrow.* Seoul:Iljisa.

Jones, S. 1997. *The Archaeology of Ethnicity: Constructing Identities in the Past and Present.* London: Routledge.

Kang, BW, 2008. *The Work of Korean Archaeology.* Seoul: Hakyeon Munhwasa.

Kim, J.A, 1976. *Divided Korea: The Politics of Development.* Cambridge and Massachusetts: HUP.

Kim JW. 1992. *My life and the Museum.* Seoul: Tam Gu Dang.

Lee, IS. 1988. *The history of establishment of Republic of Korea.* Seoul: Chotbulsa.

Lee, YJ. 1978. A New Interpretation of the Prehistoric and Historic Chronology of Korea archaeology: The Application of MASCA Theory. *Korean Journal* l, 18, 33-38.

Merriman, N. 1999. Introduction. In Merriman, N (Ed). *Making Early Histories in Museums.* London and New York: Leicester University Press.

Meriman, N. 2000. *Beyond the Glass Case: The Past, the Heritage and the Public.* London: Institute of Archaeology.

Merriman, N. 2004. Involving the public in museum archaeology. In Merriman, N (Ed), *Public Archaeology.* London and New York: Routledge.

Mok, SH. 2000. The *Genesis of the Museums of Korea during the Japanese Imperialism.* Unpublished MA Thesis, Seoul National University.

Nelson, M.S. 1993. *The Archaeology of Korea.* Cambridge: Cambridge University Press.

Nelson, S.M. 1995. The Politics of Ethnicity in Prehistoric Korea. In Philip L.K. and Clare Fawcett (Eds). *Nationalism, Politics, and the Practice of Archaeology.* Cambridge: Cambridge University Press.

Pai, HI. 2000. *Constructing "Korean" Origins: A Critical Review of Archaeology, Historiography, and Racial Myth in Korean State-Formation Theories.* Cambridge, Massachusetts, and London: Harvard University Press.

Portal, J. 2000. *Korea: Art and Archaaeology.* London: British Museum Press.

Park, SB. 2007. The archaeological Approach to the formation of nation. *31th Korean archaeological conference paper* 9-16.

Pearce, S.M. 1999. Presenting Archaeology. In Merriman, N (Ed). *Making Early Histories in Museums.* London and New York: Leicester University Press.

Roh, TW. 1987. *The era for Common People: Plan and Practice for 90s.* Seoul: Eulgi Munhwasa.

Rowlands, M. 1994. The politics of identity in archaeology. In Bond, C.G. & Gilliam, A (Eds). *Social Construction of the Past: representation as Power.* London and New York: Routledge.

Saville, A. 1999. Thinking Things Over: aspects of Contemporary Attitudes Towards Archaeology, Museums and Material Culture. In Merriman, N (Ed). *Making Early Histories in Museums.* London and New York: Leicester University Press.Schadlar-Hall, T. 2004. The Comports of Unreason. In Merriman, N (Ed). *Public Archaeology.* London and New York: Routledge.

Shanks, M and Tilley, C. 1987. *Re-Constructing archaeology : theory and practice.* Cambridge: Cambridge University Press.

Shin, GW. 1988. Nation, History, and Politics: South Korea. In Pai, HI and Tangherlini, T.R. (Eds). *Nationalism and the Construction of Korean Identity.* Seoul: Korean research Monograph.

Skeates, R. 2000. *Debating the Archaeological Heritage.* London: Duckworth.

Swain, H. 2007. *An Introduction to Museum archaeology.* Cambridge: Cambridge University Press.

The National Musuem of Korea. 2005. *Sixty Years of the National Museum.* Seoul: The National Museum of Korea.

Trigger, B.G. 1984. Alternative Archaeologies: Nationalist, Colonialist, Imperialist. *Man*, 355-370.

Trigger, B.G. 1989. *A History of Archaeological Thought.* Cambridge: Cambridge University Press.

Yi, SB. 1988. *The Study of Archaeology.* Seoul: Theory & Practice.

CHAPTER 4

TERGIVERSANDO EL PASADO: EJEMPLOS DESDE SERBIA

MISCONSTRUCTING THE PAST: EXAMPLES FROM SERBIA

Kristina Penezić and Jovana Tripković

Abstract: There is a lot to cover when talking about the relationship of Archaeology and interpretation of the past. In this article we will be concentrating on the situation in Serbia. The end of 20th century, which was by itself very turbulent, was marked with the series of conflicts that resulted in the breakup of Socialist Federal Republic of Yugoslavia. The unstable political and economical situation that had a great impact on the everyday lives of citizens was somewhat reflected in misconstruction of the past and forming new pseudo-archaeological myths. Archaeology, as well as archaeologists in Serbia, found themselves under the same pressure as everybody else. But the position of Archaeology remained the same as in the decades before the war, certain exceptions aside, - it had no greater influence on the public and it did not succeed to engage with the public in any more significant way. The stressful situation, in which the public found themselves, especially after the conflicts, was suitable for the occurrence of new mythologies based on old motifs. In a society between political ideologies and regimes with no established normative framework, ethnonationalist myths gained popularity. Passive as before, Serbian archaeology did not provide any answers, or comments. This gap provided a fertile ground for many pseudo theories about the recent and more distant past and one of the prime examples of that misuse is the construction of a myth about Neolithic script, that originated from the Vinča culture which once covered the territory of modern-day Serbia (among other countries). This pseudo theory is only a part of a greater sociological problem that needs solving. Even though the archaeologists had no strong influence on the creation and the rise of ethnonationalism, their inactive role needs to change in order to change the position of Archaeology in Serbia, and not only Archaeology but culture and science as such. One of the possible ways to deal with the occurrence of such ideas with dangerous nationalistic connotations is presented in this article. It is a program that was presented to the children in several different forms. One of them is a workshop where they could learn the basic principles of scientific thinking, thus forming a critical opinion, and realizing that a Neolithic population even though not representing their direct ancestors, does represent an important part of their and world heritage.

Keywords: pseudo-archaeology, national identity, Vinča culture, children workshops

Resumen: Hay muchas cosas que ocultar cuando se habla de arqueología e interpretación del pasado. En este artículo nos vamos a concentrar en la situación de Serbia. A finales del siglo XX, unos años muy turbulentos, una serie de conflictos terminaron con la República Socialista de Yugoslavia. La inestable situación política y económica que tuvo un gran impacto en la vida diaria de la gente, se vio reflejada de algún modo en la formación de nuevos mitos pseudoarqueológicos. La arqueología, al igual que los arqueólogos, se encontró inmersa en la misma presión, pero se mantuvo al margen con el mismo discurso anterior a la guerra. Esta posición la llevaba a no tener la menor influencia en la sociedad y ser incapaz de atraer al público de una forma significativa. Por ello, especialmente tras la guerra, la gente encontró cobijo en los mitos basados en antiguas creencias. En una sociedad gobernada por regimenes ideológicos, el etno-nacionalismo cobró fuerza. Con la misma pasividad de siempre, la arqueología Serbia no aportó respuestas ni crítica al respecto. Esta pasividad promovió un caldo de cultivo para os nuevos mitos, sobre el pasado reciente, y el más antiguo, donde la cultura neolítica de Vinča jugó un papel importante al concentrarse en el area de la actual Serbia (entre otros países). Esta teoría es solo una pequeña parte de una serie de problemas sociales que necesitan solución. Aunque los arqueólogos no han jugado un papel importante en la creación y expansion del etno-nacionalismo, su rol debería cambiar para mejorar la posición de la Arqueología serbia, al igual que la cultura y la ciencia en general. Una de las posibles vías para enfrentar la aparición de estas teorías con peligrosas connotaciones nacionalistas, se ofrece en el presente trabajo. Se trata de un programa presentado a niños en diferentes formas. Una de ellas eran talleres en los que podían aprender los principios básicos del pensamiento científico, lo cual además de fomentar el pensamiento crítico, ayudaba a entender que las poblaciones neolíticas no solo no representaban a sus ancestros directos, sino que son simplemente parte de su patrimonio y el patrimonio de toda la humanidad.

Palabras Clave: pseudoarqueología, identidad nacional, cultura Vinča, talleres para niños

Disclaimer

It was hard to imagine writing this article without stirring up personal emotions. Therefore we would like to emphasize that our stance is biased in more than a few ways. Paper presented is an effort to speak about things we know or at least we think we know.

Historical Frame

In order to get a view of the current situation of Archaeology in Serbia, one needs to focus more attention to recent past and its impacts on forming the archaeological position. Modern day state of Serbia was a part of the Socialist Federal Republic of Yugoslavia (SFRY) which fell apart at the beginning of the 1990s, provoking the war.

Yugoslavia, in the geographic form that it was known during its seven decades of existence, was created at the end of the First World War. The first country founded as union was the Kingdom of Serbs, Croats and Slovenes, established on 1 December 1918. (Meier 1999, 25). In the year of 1929 it changed its name to the Kingdom of Yugoslavia. The state of Yugoslavia was complex and diverse, historically, politically and culturally, as were many of the new states of central and eastern Europe. The second country with this name was the Democratic Federal Yugoslavia, proclaimed in 1943 during the World War II. It was renamed to the Socialist Federal People's Republic of Yugoslavia in 1946 (Meier 1999, 89).

What needs to be said is that both times Yugoslavia was constituted out of previously conflicted nations. That was and still is important factor in construction of national identities of Balkan nations. Differences are further underlined with religious affiliations, to Orthodox, Catholic or Muslim confessions that also play a major part in construction of national identities. Yugoslavia solved the national issue of nations and nationalities (national minorities) in a way that all nations and nationalities had the same rights, and additionally communist party reinforced politics of energetic suppression of every form of nationalism in Serbs, Croatians, Slovene, Bosnian Muslims, Albanians, and Hungarians. The nations of Yugoslavia were the six officially recognized groups with national homes in one of the federal republics: Serbia, Croatia, Slovenia, Montenegro, Macedonia and Bosnia. These six 'nations' were distinguished from the other nationalities in that they did not have a national homeland outside Yugoslavia. Category 'nationalities' also included those who defined themselves as Yugoslav (Lampe 2002, 181).

Starting in 1991, the SFRY disintegrated in the Yugoslav Wars which followed the secession of most of the country's constituent entities. Prior to disintegration of former SFRY nationalistic ideologies gained prominent political affirmation and led to current state of affairs. The breakdown of communism, as well as Yugoslavian state and identity was followed by re-emergence of nationalistic identities in all of the former republics (Lovrenović, 2008, 23). Rise of new adaptations of historical and political mythologies was evident and widespread and in that way political struggles extended, revived and encircled historical conflicts (Girardet, 2000, 98). These circumstances of negating and reinventing national identities gave room for specific political interest in the ways of interpreting the past.

Archaeology in Serbia

The current position of Archaeology in Serbia is such that the interest and curiosity in archaeology needs to be resuscitated. S. Babić in her paper on the state of Serbian archaeology argues that over the last couple of decades Serbian archaeology has failed to engage with public which led to unfavorable outcome (Babić 2006, 656). One of the reasons noted in that same paper is that this was because archaeology did not have much to contribute to identity construction primarily because recent history as well as medieval history had much more to offer. Many of the most prominent Serbian archaeologists (Vasić, Garašanin, Srejović, Tasić) focused most of their research on the

prehistoric periods of the region. As a result, archaeology has been rendered politically useless (Babić 2002, 314).

Painstaking is every effort to reach moderate objectiveness coming from a place where history plays a vital role in every and all occasions. It is not that much relevant whether it is being used to promote certain affirmative values or provide an outlet for frustration or simply make a case against someone politically different. Interesting thing is, Archaeology is not relevant in such a fashion. Rarely present in the media, it raises surprise. Which is not completely true, that being defied by the fact that significant number of citizens has no moral dilemma with digging and selling cultural heritage.

One of the ways to interpret this political uselessness of archaeology is to review it from a psychological or even anthropological perspective. B. Trigger (Trigger 1996, 615-631) divides the archaeological practice into nationalist, colonialist and imperialist, depending on many factors that influenced the development and institutionalization of archaeology in the world. Trigger argues that the nationalist archaeology is most developed in countries that are politically or militarily endangered and in which the collective rights of citizens are denied (Trigger 1996, 620). He also states that occurrence of typical form of nationalist archaeology is caused by the need for national unity in difficult political position (Trigger 1996, 620). This is not true of Serbian archaeology, if anything can be said it's that it is politically as well as publicly absent. One of the main reasons for this public absence, that must not be neglected, is that in the last decade of the twentieth century, the area and society of what was once Yugoslavia experienced immense changes in the political, social, and economic life. Little remained as it had been in the mid-1980s. It can not be ignored that crash of subsequent ideologies as well as forced reinvention of identities reflected on archaeologists as individuals who were affected by these new circumstances as much as anyone else. In harsh economical and political climate, first thing sacrificed was any sort of culture or science related funding. From any number of possible and valid reasons, science subsided from public life.

Scholarly reconstructions of the past, primarily scientific efforts toward connecting ideas of identity and presence of the past in the contemporary world (Hall 2000, 7), were and still are not available to the broader public. In their place rose new conspiracy theories and national mythologies that cast a shadow of disbelief towards anything that stands for scholarly approach. Abundance of different pseudo-scientific theories has not only pushed aside archaeologists and historians, who were supposed to be involved in the formation of the general public notions of origins and identity, but branded them as fallacious. Archaeology, as many other sciences is not immune to certain number of popular myths that occur, and that need to be dispelled immediately. The fundamental rules, as well as fundamental responsibility, exist in every science. Application of those rules and taking responsibility is not optional - and underlines the difference between scientists and dilettantes.

Archaeological site Vinča – Belo brdo

The site of Vinča – Belo brdo is located on the right bank of the river Danube, about 14 km downstream of the capital of Serbia, Belgrade. The main occupational span of this settlement is from Middle to Late Neolithic, and dates to ca. 5300-4200 years B.C. The long uninterrupted occupational sequence of this settlement, produced a detailed chronology for the culture named after this site – the Vinča culture. From the first excavations that started more than hundred years ago, the number and wealth of recovered finds and settlement remains, made Vinča – Belo brdo one of the most significant sites of the European Neolithic. It became a type-site for the Vinča culture, and Vinča culture itself became one of the main and dominant Neolithic cultures in Europe. Among a great variety of material remains, one that is currently famous to broader Serbian public is the occurrence of incisions on clay objects and ceramic vessels. Due to false interpretations from different non-archaeologists, they gained more significance in public.

The occurrence of such incisions is well documented on several sites of Vinča culture. They are not lonesome findings, and from archaeological point of view, as a result of studious research the conclusion is quite similar among archaeologists. On the Vinča culture site of Divostin in central Serbia, such incisions on vessels were also found, and published, together with interpretation of such findings. Quote: "Some vessels have marks incised on their exterior bottoms, conventionally described as "ownership marks". At Divostin such marks appear exclusively on Class IV vessels – more precisely, on bowls of variants IVa/2 and IVa/3 ... No two identical signs were found so far, and therefore it does not appear that they should be interpreted as "potter's signatures" or "signs of ownership". Although their meaning is unclear, it seems possible that they had a deeper, perhaps an apotropaic significance – that is, to ward off evil" (McPherron and Srejovic (eds.) 1988, 149).

This incisions, although representing a very interesting archaeological question, represent an even more interesting topic for non-archaeologists. Solely the possibility of existence of something "mystical" that occurs in prehistory for what a unified detailed scientific explanation could not be found presents a great starting point for imaginative dilettantes. Alternative interpretations of Vinča and especially of the found incisions have been proposed by individuals. Those interpretations can be tied to Serbian nationalistic ideology and have nationalistic undertones, which have negative political implications, and are firmly denied by archaeologists.

Nationalist - Pseudo - Archaeology

One of the most prominent pseudo-archaeological theories in Serbia is the myth of "Vinčan script" (also known as Vinčansko pismo). Vinčan script presents a set of incised symbols that occur on a number of ceramic vessels and figurines that belong to the Vinča culture, allegedly deciphered by Serbian linguist Radivoje Pešić in the mid 1980s. In his most prominent book titled "Vinčansko pismo" he writes: "...even if we accept c14 for Vinčan site of Banjica, 3473 BC, that belongs to the latest phase of Vinča culture, we will immediately realize that Vinčan script is 373 years older than protosumerian pictographic script, that was considered the oldest known script so far. This fact implies the need for the change of the first world script dating, as well as its original location. According to what documented archaeological finds show... Banjica could be regarded as the first literary school, from where the written word spread to the rest of the world" (Pešić 2003, 10). For this particular statement Pešić cites dates provided by Todorović and Cermanović's book "Banjica - Vinčan Neolithic settlement", but the book in question does not cite any carbon dates. Also, latest phases of Vinča culture could be dated to 4200 BC (Nikolić (ed.) 2008, 22).

Next, Pešić elaborates the comparison of now already classified signs with other scripts and claims "From the Serbian Cyrillic alphabet 20 letters match Vinčan script,... and the most interesting result came from comparison with Etruscan script where the complete Etruscan alphabet is identical with Vinčan script." (Pešić 2003, 11) and concludes that "..From all of the above it can be concluded that all other peoples to lesser or greater extent took Vinčan signs and incorporated them into their own scripts. Some signs were transferred identically, some were stylized and some were just used as an inspiration. Vinčan script was source of literacy for many civilizations or under its influence many other scripts emerged - given its early appearance. Anyhow, Vinča and Banjica are so far the oldest centers of world literacy" (Pešić 2003, 12).

Pešić goes on, after presenting two of three central hypothesis of his book as proven facts - first being the Vinčan script as the oldest in the world and widely copied and second being the sameness of Vinčan and Etruscan script, and therefore the language. The third hypothesis he presents in his book is the idea of Etruscans being of Slavic origin. He never states that Etruscans are Serbs, but he indirectly implies it. Not once he states that Etruscans called themselves Rasci (Pešić 2003, 30-40). The city of Ras, was one of the first capitals of the medieval Serbian state of Raška (Rascia), and the most important one for a long period of time. The city was right in the centre of the early medieval state that started to spread in all directions. It was founded between 8th and 10th centuries and got deserted sometime in the 13th century. Ras bears a special meaning in Serbian tradition (Popović 1999, 1-46). Pešić, stating that Etruscans called themselves Rasci in that way provides the link between Vinčan population via Etruscans to the first Serbian state. This book, as all of his books, maintains an appearance of scientific approach while presenting speculative hypotheses as proven facts. For anyone faintly familiar with Serbian history, and that would be a majority of population, these hypotheses are outrageously inconsistent. First of all Vinča culture has never been related to any ethnic group, and more importantly, Slavic peoples settle on Balkans some 5000 years after. Obviously these claims are preposterous, and anyone thinking logically can deduce their fallacy. In spite all of the above these pseudo-archaeological claims remain widespread and virtually impenetrable for public disapproval.

Archaeologists have recognized Vinčan incisions as a part of a larger symbolic system, but firmly reject Pešić's interpretation, not only because of the strong evidence against it, but also because of the suspicious references that could not be proved or are never published. Pešić's work can be classified under larger phenomenon described as ideological system "Serbs, the Oldest Nation". This ideological system associates different ideas characteristic for this phenomenon, such as conceptions about the Serbs as the oldest and the most important nation, with the special historical mission and Serbia as a sort of metaphysical center of the world (Todorović 1999, 25). Number of occurrences that could be labeled this way, based on variety of criteria, is in constant growth and it is becoming exceptionally difficult to count all the published work that in direct or indirect way fits the frame of this phenomenon. Concerning the political situation and ethnic relations in the Balkans, one could understand why such extremist misinterpretations are potentially dangerous.

This situation is not exclusive to Vinča; it is just a part of the broader relationship between archaeology and society in Serbia, due to a non-active role that archaeology has in public. Serbian archaeology has played a minimal role in the general public's perception and understanding of the past (Babić 2002). On the other hand such mythologies even though obviously improbable have supporters. Since the times in which we live are ruled by the ethnonational collective (Kecmanović 2002, 41), the intensity with which someone states and advocates these views and beliefs resembles some sort of mass religious hysteria. Controversy of this phenomenon is even greater given the fact that cultural heritage as itself is not regarded important. The site of Vinča Belo brdo has enormous problems with illegal construction, insufficient funding, wild digging and similar difficulties that extremely damage the site. This discrepancy between actual heritage and idea of heritage clearly demonstrates that only notions of possessions, in a national sense, or more commonly loss, pass the test of true significance.

Prehistory teaches us lot of things – cultures are not intact creations, they change, borrow from one another, but also develop and decline rapidly, and as Kohl (1998, 240) notices that nationalist interpretations of the past are, at best, problematic and should be so recognized. Peoples' sense of themselves continuously changes. Ethnicities and the past have changed, have been modified and developed. Large historical processes had their impact on ethnicities and they cannot be held constant over centuries, much less millennia (Kohl 1998, 239-240). The situation can be assessed as an uneven battle between archaeology that

is an almost publicly invisible science on one side, that denied everything that had anything to do with popular mythological or ideological systems emerged during 1990s on the other side. Consequently, imaginary history was politically acceptable because it focused on a variety of different national identity markers mixed together in a non-logical and chronologically impossible fashion that somehow made sense and appealed to broader public. Nationalism requires the elaboration of a real or invented remote past (Kohl 1998, 223).

But then the ideal pseudo-linkage was constructed. Deviant, non accurate and completely fictional, it provided the much needed use of archaeology. But now, archaeology was deprived of a chance to speak up since it had nothing affirmative to say regarding this matter. These false mythologies perfectly complement newly formed social and political situation where many see themselves as a victims of numerous circumstances and rely on faith (that is by definition turned toward future and goes beyond grim reality) while bestowing their belief upon values that were part of the past (Kecmanović 2002, 17-20). This situation correlates with the state of *imprisoned history*, as Stefan Auer defines it (Auer 2004, 12, 22), and endangers the present. It could be argued that this state of imprisoned history goes exceptionally good with collective victim psychology. Reason for this is that the victim is a prisoner of the past, and does everything for the sake of the future. Being a victim means having a long memory, sometimes several centuries long (Kecmanović 2002, 18). This provides vast opportunity for political agendas to shift the focus from themselves and their own mistakes to historical enemies in a society in which conflicts never fade, but they get accumulated over time. These dangerous mythologies do not advocate a *"noble lie"* but deliberately and meaningfully distort historical events for purposes of praised political agendas (Lovrenović 2008, 20-21). Image of the past that results from such behavior is constructed out of current political needs and delivers the notion of history that was supposed to happen. In this way the new contents are being written into already established archaeological theories so that players of historical ongoing can act according to the presented script (Lovrenović 2008, 24). Forging the myths of a *"better past"* necessitates the denial of all other pasts. Old national myths, especially common during civil wars, suddenly re-emerge as instruments of harsh political struggle for a greater mass manipulation. And so, theories recklessly ignored by scholars, that were never openly declared untrue gain credit and become incorporated into new ethnonationalistic mythologies. The wrong hypotheses get life of their own and damage they spread grows everyday, reaching enormous dimensions wrongfully labeled as historical consciousness.

Constructing one's own identity is an individual process. Knowing the history and the past is as common as being an expert in football. Not everybody can do it properly, and that's why some people spend years studying laws and mechanisms of the research of the history, critical thinking and reconstructing the past. Still, everyone has the right to choose the way to construct and perceive identity. In times of isolation from the world, unstable economic and political situation, surrounded by war, the grasp towards self-identification is even greater. Different disadvantages create a fertile ground for self-glorifying ideas.

This is by no means a sole occurrence; neither is it something that could be dated into the "recent" past. This is something that started to occur long time ago, but unfortunately expanded and received attention by the broader public under specific circumstances and difficult economical and political situation, under isolation and war. The "critical" situation lasted long enough, so that ideas of greatness and greater value could find their place among broader public. Of course, this phenomenon is one of the key elements of ethnonationalism in Serbia. The culmination of such processes occurred in a specific situation and in time of economical and political instability in the country and in the region. Last 30 years have been a time of self-reflection towards the rest of the European cultures, and an political attempt to find a position in relation towards others, try to belong "more" to the western / European world where it geographically and historically belongs, but it has also been a search for social and cultural affiliation, and implications that could occur from such political decisions. Emphasizing the European roots is just a testimony of the occurrence of cultivating different identities in different situations. The point in time when such ideas obtained a certain degree of popularity among broader public in Serbia was turbulent. During the 1990s they were sometimes used to argue for a deeper Serbian ancestry in the modern-day Balkan region. Such non-scientific interpretations promoted several ideas about the origins of Serbians from modern-day region of Serbia and that this ethnic group was one of the main founding civilizations in Europe. Placing a pure Serbian settlement in the Neolithic period in the eyes of ethnonationalists only strengthens the significance and the position of Serbia in Europe.

In former Yugoslavia, in a state that was to a lesser extent subjected to political pressures from outside, there was no need to strengthen the patriotism and national pride in relation to any threat "from inside or outside" (which was certainly the case during the 1990s in Serbia). The inner state politics was created in order to promote the strengthening of brotherhood and unity, but also in order to obstruct any occurrence of local nationalism from any of the "Yugoslavian" nations. This kind of politics certainly influenced archaeological interpretations and processes that took place during this period of establishing itself in the scientific community of Yugoslavia.

Archaeological evidence of the past could find its way to appear on state symbol such as flags and currency, or stamps or other brands such as postcards or cigarette names and packages. If is put into this use, it is susceptible to manipulation for national purposes, and this shows how national identity is continuously constructed by commemorating remote past that is recognized by archaeology (Kohl 1998, 240).

Workshop for children

As seen, the point of view among Serbian archaeologist is very alike. The archaeology in Serbia is not influenced, due to the non-popular position created during a stream of years, and, more presently, due to a very rare involvement of archaeologists in public life. This paper can only conclude the previous observations and statements made by several other authors (Babić 2002; Matsunaga and Tasić 2004). We will briefly present some more recent actions taken by archaeologists in Serbia, in order to present archaeology to the broader public. The main focus groups in these several projects were children. Children represent a very good target group for embracing the non-politically colored knowledge that is offered by archaeology. Some of these projects are workshops and practical demonstrations held at archaeological sites. Also a program "archaeology in schools", which was a pilot program from the Serbian Ministry of Education. This pilot-program was conducted in several schools in different cities in Serbia, and had a purpose of getting the school children familiar with the basic principles of archaeology. Here, we will pay our attention to the workshops for children:

One of the examples is a special program for children as part of the manifestation European Heritage Days. The workshops were held on the archaeological site of Vinča - Belo Brdo near Belgrade, in September 2007. Children from local community were motivated to participate and explore the possibilities of local cultural heritage. Program was designed and realized in an illustrative and practical manner so that children could comprehend archaeological process, cultural heritage, as well as to get to know tourist potentials of their neighborhood.

Realization of numerous different activities through educational games and appropriate entertaining research resulted in satisfying children's needs for knowledge, developing individual and collective identity and developing heritage consciousness. Engaging children this way bridges the gap between complex archaeological "language" and comprehensible, interesting and stimulating means of cultural education. Our experience has shown that working on an authentic archaeological site can give important results and produce aspirations of the local community to participate in their heritage with gaining new information, knowledge and experience. Involving children in promoting local heritage can have a wide impact on the rest of the community.

One of the things that should be noted is that Vinča culture is not in any other way except geographically related to that community today — there are no ethnical, national, historical correlates and there is a couple thousand year gap between the two populations. Children were taught that even though Neolithic population does not represent their ancestors it still is an important part of the past. Focus was on embracing cultural heritage that is not nationally linked to the present and to the life in prehistory that took place in their own backyards.

Possible action worth pursuing to benefit all is archaeology for children. One of the major benefits of working with children is no structured preconceptions about past. If one could understand a Neolithic person from any given culture group without imposing modern-day biases, one can understand any other person in the same manner. Challenging conceptions of heritage that is locally but not historically linked to the present day population opens the door for challenging conceptions of locally but not ethnically linked monuments. Cultural heritage workshops are interesting way of making a public presence not only in terms of promoting material culture as a dead display item but rather as means of returning to basic principles of archaeology as a science - that is providing and opportunity for self re-evaluation as well as promoting beauty of cultural diversity. Rendering a notion that all cultural heritage is equally important whomever it may belong to and whatever time of past it comes from, and at the same time nurturing critical thinking helps children and adolescents appreciate the differences among themselves as well as toward other culturally different people.

Bibliography

Altermatt, U. 1996. *Das Fanal von Sarajevo. Ethnonationalismus in Europa.* Zürich, Paderborn.

Armstrong, K. 1993. *A History of God.* Ballantine Books.

Arnold, B. 1999. The Past as Propaganda: Totalitarian Archaeology in Nazi Germany. In Preucel, R. W. and Hodder, I. (eds.) *Contemporary archaeology in theory, a reader*, 549-569. Blackwell Publishers.

Auer, S. 2004. *Liberal Nationalism in Central Europe.* London and New York, Routledge.

Babić, S. 2002. Still Innocent after All These Years? Sketches for a Social History of Archaeology in Serbia. In Biehl, P., Gramsch, A. and Maciniak, A. (eds.), *Archaeologies of Europe: Histories, Methods and Theories*, 309-321. Berlin, Waxman Munster.

Babić, S. 2006. Archaeology in Serbia - A Way Forward?. In Tasić, N. Grozdanov, C. (eds.), *Homage to Milutin Garašanin*, 655-659. Belgrade, Serbian Academy of Sciences and Arts.

Benson, L. 2001. *Yugoslavia: A Concise History.* Hampshire and New York, Palgrave.

Braudel, F. 1972. Mediterranean and the Mediterranean World in the Age of Philip II, volume 1. London, Collins.

Chapman, J. 1994. Deconstruction of a Common Heritage: The Archaeology of War in Croatia, Bosnia and Hercegovina. Antiquity 68 (258), 120-126.

Curta, F. 2001. *The making of the Slavs, History and Archaeology of the Lower Danube Region, c. 500–700.* 36-94, Camebridge University Press.

Deretić, J. I. 1998. Serbi - narod i rasa. Banja Luka, Glas srpski.

Fawcett, C., Habu, J. and Matsunaga, J. M. (eds.) 2008. *Evaluating Multiple Narratives: Beyond Nationalist, Colonialist, Imperialist Archaeologies.* Springer.

Fawcett, C., Habu, J. and Matsunaga, J. M. 2008. Chapter 1, Introduction: Evaluating Multiple Narratives: Beyond Nationalist, Colonialist, Imperialist Archaeologies.

In Fawcett, C., Habu, J. and Matsunaga, J. M. (eds.), *Evaluating Multiple Narratives: Beyond Nationalist, Colonialist, Imperialist Archaeologies.* Springer.

fon Kroko, K. 2001. *O nemačkim mitovima: retrospektiva i perspektiva.* Novi Sad, Svetovi.

Gero, J. and Root, D. 1999. Public presentations and private concerns: archaeology in the pages of national Geographic. In Preucel, R. W. and Hodder, I. (eds.) *Contemporary archaeology in theory, a reader*, 531-548. Blackwell Publishers.

Girardet, R. 2000, *Political myths and mythologies.* (Serbian edition), Belgrade, XX vek.

Hayden, B. 1993. *Archaeology, the science of once and future things.* New York, W.H. Freeman and company.

Hodder, I. 1991a. Reading the past: current approaches to interpretation in archaeology. Cambridge University Press.

Hodder, I. (ed.). 1991b. Archaeological Theory in Europe: the Last Three Decades. London, Routledge.

Hudson, K. 2003. *Breaking the South Slav Dream.* London, Pluto Press.

Johnson, M. 1999. *Archaeological Theory an Introduction.* Oxford, Blackwell Publishers.

Jones, S. 1998. The Archaeology of Ethnicity. London and New York, Routledge.

Kohl, Ph. L. 1998. Nationalism and Archaeology: On the Constructions of Nations and the Reconstructions of the Remote Past. Annual Review of Anthropology 27, 223-246.

Lampe, J.R. 2002. Yugoslavia as History. Twice There was a Country. Cambridge.

Lovrenović, D. 2008. Povijest est magistra vitae. Sarajevo.

Lucy, S. 2005. Ethnic and Cultural Identities, *The Archaeology of Identity.* Routledge, London and New York.

Matsunaga, J. M. and Tasić, N. 2004. *Multiscalar Approaches to Multivocality: A Case Study from Serbia.* Paper presented at the 2004 Society for American Archaeology meeting in Montreal.

McPherron, A. and Srejovic, D. (eds.) 1988. *Divostin and the Neolithic of Central Serbia.* Narodni muzej Kragujevac, Department of Anthropology, University of Pittsburgh.

Meier, V. 1999. *Yugoslavia: a history of its Demise.* Routledge.

Meskell, L. (ed.) 1998. Archaeology Under Fire – Nationalism, politics and heritage in the Eastern Mediterranean and Middle East. London.

Nikolić, D. (ed.) 2008. *Vinča praistorijska metropola. Istraživanja 1908-2008.* Belgrade.

Nikolić, D. and Vuković, J. 2008. Od prvih nalaza do metropole kasnog neolita. In Nikolić, D. (ed.), *Vinča praistorijska metropola. Istraživanja 1908-2008*, 40-85. Belgrade.

O'Keefe, R. 2006. *The Protection of Cultural Property in Armed Conflict.* Cambridge University Press.

Pešić, R. 2003. *The Vincha script.* Belgrade, Pešić and Sons.

Popović, M. 1999. *The Fortress of Ras.* Beograd, Arheološki institut.

Preucel, R. W. and Hodder, I. (eds.) 1999. *Contemporary archaeology in theory, a reader*. Blackwell Publishers.

Preucel, R. W. and Hodder, I. 1999. Representations and Antirepresentations. In Preucel, R. W. and Hodder, I. (eds.) *Contemporary archaeology in theory, a reader*, 519-530. Blackwell Publishers.

Shanks, M. and Tilley, C. 1992. *Re-Constructing Archaeology: Theory and Practise*. London and New York, Routledge.

Srejović D. and Tasić, N. (eds.) 1988. *Vinča and It's World: International Symposium The Danubian Region from 6000 to 3000 BC*. Belgrade, Smederevska Palanka.

Tasić, N. N. 2008. Vinča metropola kasnog neolita. In Nikolić, D. (ed.), *Vinča praistorijska metropola. Istraživanja 1908-2008*, 16-37. Belgrade.

Todorova, M. 2006. *Imaginarni Balkan*. Beograd, XX vek.

Todorović, I. 1999. *Idejni sistem : "Srbi narod najstariji"*. Bulletin of the Ethnographical Institute Serbian Academy of Sciences and Arts, volume XLVIII, Belgrade.

Todorović, J. and Cermanović-Kuzmanović, A. 1961. *Banjica, naselje vinčanske kulture*. Beograd, Muzej grada Beograda.

Trigger, B. G. 1984. *Alternative Archaeologies: Nationalist, Colonialist, and Imperialist*. Man 19, 355-370.

Trigger, B. G. 1996. *Alternative Archaeologies: Nationalist, Colonialist, Imperialist*. In Preucel, R., and Hodder, I. (eds.) *Contemporary Archaeology in Theory*. Malden, Oxford and Carlton, Blackwell Publishing.

Trigger, B. G. 2006. *A History of Archaeological Thought*. Cambridge University Press.

Ucko, P .J. (ed.) 1995. Theory in Archaeology – A World Perspective. London.

CHAPTER 5

CULTURA MATERIAL E IDEOLOGÍA: CONSTRUYENDO "IDENTIDAD DE LAS COSAS ETERNAS" BAJO LAS DICTADURAS FASCISTAS DE ITALIA Y PORTUGAL

MATERIAL CULTURE AND IDEOLOGY: CONSTRUCTING "IDENTITY OF TIMELESS THINGS" UNDER ITALIAN AND PORTUGUESE FASCIST DICTATORSHIPS

Sérgio Gomes
University of Porto
CEAUCP-CAM
sergioalexandregomes@gmail.com

Abstract: In the period between the wars, two dictatorial regimes of a traditionalistic right wing became powerful in Italy and Portugal. These dictatorships held Nationalism to be their main ideological source, and they were intent on defending national values by promoting a National Identity that was presented as the authentic way of being Italian or Portuguese. This is a comparative analysis of the National Identities promoted within these two political projects. Concepts of National Identity provided people with a whole new way of being part of the Nation, embodying a moral attitude where it seemed that people could find the answers to all their questions. In this article, I analyse some official documents (speeches and posters of political propaganda) relevant to this question, and discuss how ideology is reflected in the regime's discourse and material culture.

Keywords: Fascism, Estado Novo, Romanità, Reaportuguesamento; Ideology; National Identity.

Resumen: En el periodo de entreguerras, dos regimenes dictatoriales de la derecha más tradicional se hicieron Fuertes en Italia y Portugal. Estas dictaduras hicieron del nacionalismo su principal fuente ideológica y trataron de defender los valores nacionales con la promoción de una identidad nacional presentada como la forma auténtica de ser portugués e italiano. Este trabajo presenta un análisis comparativo de las identidades nacionales promovidas por ambos regimenes. Los distintos conceptos que conformaban la identidad nacional de ambos países, ofrecían a la gente una nueva forma de ser parte de la nación, conformando una serie de actitudes morales que parecían responder a todas sus necesidades. En el presente artículo se analizan varios documentos oficiales (discursos y carteles de propaganda política) de relevancia para esta cuestión. Así mismo, se discute como la ideología se refleja en el discurso del régimen y la cultura material.

Palabras Clave: Fascismo, Estado Novo, Romanità, Reaportuguesamento, Ideología, Identidad Nacional.

1. Introduction

In this article, I aim to discuss how material culture was used, during Fascism in Italy and *Estado Novo* in Portugal, in the production of the regimes' discourses on National Identity[1]. In order to do this, I will use several items of 1920s and 1930s propaganda such as speeches and images. I will consider three main aspects of these dictatorships ideologies: the internal organization based on a corporative model, the international relationships based on the imperialist colonial policy, and the leadership's cult. By selecting these three themes, I aim to demonstrate how each created links with several national elements in order to legitimatize their projects, and how National Identity was called upon in their making. I will argue that although National Identity is reflected in all of the policies, we might find a closer relationship between the policies of internal organization and the selection of elements that acted as

sources of that identity's essence: between the colonial policies and the history of Italian and Portuguese ancient Empires, and between the leadership's cult and the kind of citizenship suggested by the National Identity for each country under these dictatorships. With these connections in mind, I intend to explore how ideology and political projects interact in the study of several subjects, arguing that political interests have implications in how scholars have managed their research.

2. *Romanità* and *Portugalidade* and Mussolini and Salazar's ideology and political projects

By comparing the Nationalism of Fascism in Italy and of *Estado Novo* in Portugal, I choose to emphasize the following aspects on the way the Nation and life were conceptualized: the existence of Nation as a natural element that arises from cultural unity and the right to self-determination of communities; a cyclic vision of a national past composed of moments of degeneration and flourishing; a national culture and spirit as an essence around which the Nations' forces gravitate and achieve

---

[1]   This article continues a discussion about the way National Identity was constructed under these regimes (Gomes 2010). In that article I argued that we could see it as a construction linking concepts as "Cyclic Theory of History", "cultural essentialism" and "Nation as an organic entity".

their fate; and, lastly, the "mythological" way – or the mission to accomplish it – in which the political discourse re-equates these elements in light of the projects that it aims to achieve. This conceptualization of the Nation allowed the development of a discourse in which the idea of Nation was used in a way that Hannah Arendt has called the tyranny of logic (2004 [1948]: 626). The Nation was taken as the principle by which to explain everything, and all actions or materials were to be interpreted in terms of the Nation itself. It follows that National Identity was not juridical or cultural, but rather an individual way of being. In this sense, the Nation becomes a horizon of meaning in which materials and people engage and live their lives. In order to develop these ideas, in the following sections I will discuss how Mussolini and Salazar used a knowledge of material culture to legitimize their policies.

INTERNAL ORGANIZATION POLICY, THE NATION'S ESSENCE AND A CYCLIC VISION OF A NATIONAL PAST

Rome and Roman ruins as the main source of romanità

In the discourse on National Identity during the fascist period the *romanità* arises as a synopsis of a whole slur of values, as a model for the organization of society, and of historical examples of the Italian ideal. At the core of this concept resides the *virtus romana*, that is, a moral attitude where the collective interest overpowers individual interests in defending justice and order, as well as the courage and the duty of undertaking a universal civilizing mission (Visser, ibid.:13-14). The cult of *romanità* precedes fascism, as it was used to legitimize the colonial aspirations in the Mediterranean ever since the end of the nineteenth century (ibid.: 7; Altekamp, 2004: 57-60). Such political interest has to do with the popularity of these elements in social memory, and is expressed not only in the numerous institutions and scholars devoted to its study, but also in the fact that it constitutes one of the key elements of school learning (Visser, ibid.: 6). Thus, its adoption by fascism is in part due to its roots in the Italian society of the twenties, with its promotion constituting a way to ensure cohesion between the multiplicity of interests and the adhesion of the masses to the movement (ibid.: 10). At the same time, the corporation policies promoted by the fascist government were inspired by *romanità* and were used as a metaphor for its purposes.

Rome, and its Roman ruins, were taken as scenarios where people could experience the *virtus romana*. This emphasis on *romanità*, and the idea that ancient ruins could act as its source, were accompanied by a relevant investment in these elements. Gentile argues that Rome constitutes one of the pillars of fascist symbology (ibid.). In fact, as Mussolini proclaimed:

> *The entire practice of Latin virtue is here in front of me. It represents a heritage, which I try to make use of; and its nature never changes. It is out there, eternal – Rome (quoted by Gentile, ibid.: 245).*

The ruins of the Roman city were excavated, restored and inserted in a town planning that articulated these old elements of *romanità* with the new buildings of the regime, and the commemorative calendar (Schnapp, 1996; Ghirado, 1996). As Marc Guillaume refers,

> *in Civilization and its Discontents, Freud had fun to imagine a Rome overloaded with all their excessive monuments (...). The policy of Mussolini seeks to materialize the opposite image of a Rome presenting only one layer of its past, having squeezed the time between its present and a caricature image of its antiquity (ibid. :142).*

This juxtaposition of Roman Italy, namely that of Augustus' time, with Fascist Italy is also expressed in the simultaneous inauguration of the *Mostra Augustea della Romanità* and *Mostra della Rivolutione Fascista*. Such exhibitions had the purpose of exalting the values of the *romanità* and historically justifying the rise of fascism as a warranty in rendering the glories of the past (Díaz-Andreu, 2003: 40). The revitalization of Roman ruins took place throughout the entire spatial extent of Italian influence: in Albania (Gilkes, 2004), Egypt (Begg, 2004) and Libya (Altekamp: 2004, Munzi: 2004), archaeological missions were carried out to study and to valorise the ruins of the old Roman Empire. As Altekamp argued, the "restoration to life" of the cities in the Tripolitanian coast acted as a sort of corrective action that sought to bring attention to the Italian sovereignty (ibid. 60-61).

In the context of the multiple examples of this correlation between the Roman world and the political project of the Fascist regime, one should note the *Via dell'Impero* in Rome, built for the celebration of the tenth birthday of the regime's establishment. This avenue placed emblematic buildings in the history of Rome such as the *Pallazzo Venezia* (where Mussolini had his office), the Basilica of Maxentius, the Vitor Emanuel's Monument, the Coliseum and Constantine's Arch, in relation to each other. As Heather Hyde Minor explain,

> *by creating a ritual space in the centre of ancient Rome, and by using that space for the re-enactment of the March, Mussolini was saturating the whole ritual with historical, and explicitly imperial, grandeur. Further, by marching on, over and around the material remains of the Roman empire, he was asserting a palpable connection between his own empire and the ancient one, and providing a historical legitimization for his regime's adoption of imperial rhetoric (1999: 153).*

Countryside habits, Nation's History and Catholicism as sources of portugalidade

The discourse of the *Estado Novo* on National Identity emphasised the traditions and habits of the Portuguese people. Such aspects relate to a form of rural life, unaffected by external influences, and where the roots of the national soul were seen to lie. Rural life was characterized by the regime as a simple life, where people lived under the community's rules and values (in terms of work, family, homeland and religion), and focused on this kind of scenario to promote an idea of an internal, peaceful and harmonious coexistence (Cunha, ibid.: 30-34; Melo, 2001: 46-50). It should be pointed out that the myth of the village in the *Estado Novo* is similar to that of Rome for fascism, that is, as the source of the essence of the National Identity. In this sense, the regime put into practice a series of preservation measures and the promotion of popular culture - known as the *Politics of the Spirit*, among which we may highlight the contest to find "The Most Portuguese Village in Portugal". This award, won by Monsanto (Idanha-a-Nova, Castelo Branco), was described by the Minister of the National Propaganda António Ferro:

> *This contest (...) it is worth, above all, for the excuse that gives us of diving in the Portuguese land, of pulling some of their secrets, finding, here and there, hidden among the rocks, in the high of the mountains or in the heart of the valleys, the source of the race (quoted by Melo, ibid.: 221)*

Thus, the village and rural life are taken to be a part of National Identity, being interpreted as the source of the essence of the Nation or, in António Ferro's words, the "source of the race". In that sense, just as the *romanità* constitutes the element by which the Fascist ideology emerges, the values of the Portuguese traditionalism are the element of inspiration for the corporation, authoritarian and moralist politics of the *Estado Novo* (Cunha, ibid.; Melo, ibid.). So, it was in this discourse that *Estado Novo* legitimated its politics of *reaportuguesamento* of Portugal. These are the values that, according to the regime, needed to be promoted in order to save the Nation from degeneration.

Figure 1 synthesizes the idea that lies at the heart of the National Identity's dynamics carried out by the regime. It is a poster connected with the *reaportuguesamento* policy, corresponding to "Salazar's Lesson". In the left corner the

Figure 1 Political flyer
Source: Reproduced courtesy of www.oliveirasalazar.org

message "God, Homeland, Family - the national education trinity" informs us of the values that people should concern themselves with. The image illustrates that trinity in a very simple way: the rural family is the symbol of traditionalism and Portuguese specificity, so it may be interpreted as a metaphor of the national family; the home-made altar near the door invokes God and the universal vocation that sustains the colonial empire; and the castle, seen through the window, with the national flag hoisted, represents the Nation - *Estado Novo* - that allows the materialization and the expansion of Portuguese singularity in the world through time.

Just as Italian fascism had privileged the Roman period in the construction of its National Identity, Salazarism also focused its attention on particular national historic episodes. The Exhibition of the Portuguese World in 1940 would be the synthesis par excellence of the instrumentalization of history by the *Estado Novo*. The organization of the exhibition was accompanied by the restoration of several national monuments by the *Direcção-Geral dos Edifícios e Monumentos Nacionais* (Department of National Buildings and Monuments). This institution was created in 1929 with the purpose of gathering together the many pre-existing state services that were concerned with the preservation and restoration of buildings and national monuments. This institution worked in several ways towards the commemoration of the regime. It started with the commemoration of Year X of the National Revolution (1936) and then, from 1938, it was highly subsidized for the commemoration of the VIII Centenary of Portugal's Foundation and the III Centenary of the Restoration of the National Independence in 1940 – the year of The Exhibition of the Portuguese World. In these years, under the established coordination of Salazar, with Duarte Pacheco as head of the Ministry of the Public Works, Baltazar de Castro as head of the Service of Monuments, and Raul Lino as head of the Partition of Studies and Works of Monuments and responsible for the arrangement of the National Palaces, 180 restorations were made. (Fabião, 1996; Neto, 1999; Rodrigues, 1999).

The exhibition of 1940 presented three main thematic groups: History, Metropolitan Ethnography and Colonial Ethnography which, as pointed out before, was explained as the result of the universal vocation which Portuguese people had and as a symbol of the union and greatness of the Nation. This exhibition also celebrated the antiquity of this universal project. The commemorative pretext was eight hundred years of nationality and three hundred years of the Re-establishment of Independence. The logic of the discourse that the pavilions offered was the historical and ethnographic legitimacy of the regime's ideology. Thus, since it was during the spirit of the Crusades that the Nation was formed, it was on the mission for the expansion of Christian faith and how the territory was enlarged during the Discoveries; the unity that arose from that battle – the Nation – and which was the main reason for the fight for independence against the Spanish crown in 1640, and the defence of this legacy was the argument used by

Estado Novo to make a link with the past. So, this "holly battle" discourse served as a legitimizing element for the authoritarian leaders of the regime, and that was used by the regime to promote itself as the new *Golden Age* of the Nation. In fact, the *Estado Novo* policy "tries to show itself less as coercion forces than as paternalistic action: what is in cause is not the indiscriminate action of who governs, but the prosecution of the only legitimate policy - the one that will allow them to achieve again the fate that disastrous historical circumstances had made them lose"(Cunha, ibid.: 113-114).

Cultural essences, political propaganda and the development of scientific subjects

In the Italian case, *romanitá* was used in a monolithic way to support all kinds of political projects (Días-Andreu, 2003:35). In fact, as we will see in the following sub-section, the Roman world had been used as a source of legitimization for all kinds of politic projects. In the Portuguese case, a Nation's essence was summoned through the countryside habits from several historical periods, such as the Foundation of the Nation and the Discoveries, trying to create an idea of a robbed spirit which defines *portugalidade*. This complex web of interpretations of the Past, and of national culture, would have repercussions in the development of the different disciplines in each of the countries that study these subjects. Unlike the Italian case, where archaeology benefited from Mussolini's interest in the *romanità*, in Portugal, archaeology would go through a period of stagnation (Jorge, Jorge, 1996), whereas ethnography and history would have larger investment. It should be noted that the restoration made by *Direcção Geral dos Edifícios e Monumentos Nacionais* did not pay much attention to any kind of archaeological investigation of the monuments, in fact the working teams were made of architects and engineers, and they were more concerned with urban questions. Even when a discipline was of interest to the regime, the scientific research was always made political. As Altekamp argues with the Italian colonial archaeology in Libya, in spite of the countless innovations that archaeology had experimented with in the interwar period, with Fascism, methodological concerns were substituted by the single concern of inserting archaeology into the dynamics of propaganda (ibid.).

This last aspect is very important, as these regimes allowed unprecedented diffusion of a series of elements that had traditionally been only for the knowledge of higher social classes. The political propaganda, and regular commemorations, brought to the public domain many erudite elements whose access had previously been banned to the popular layers of the population. Evidently, in spite of the advantages of this phenomenon, it should be noted that this does not excuse the whole process of manipulation of knowledge and people. The process of democratization of knowledge that this may suggest, is to a certain extent an illusion, because it is obvious that what the regime wanted was to control the national community. In other words, by contributing to the citizens' formation, giving them a

formation based upon a discourse on National Identity, the state was constructing a system of significances which in turn gave them control. National Identity was connected to a political control of all cultural and social forms of expression, a kind of counter-power that the regime needed to manipulate – through its ability to silence, exclude, distort or integrate – and to ensure its maintenance.

THE COLONIAL POLICY, THE ANCIENT EMPIRE AND THE UNIVERSAL FATE OF THE NATION

Italy's Colonial Policy and the Roman Civilizing Mission

In the last sub-section, I referred to the construction of *Via dell'Impero* as one of the most expressive works concerning the juxtaposition of fascist and Roman Italy. Regarding Italian colonial policy and its legitimization strategies, there are other urban elements that should be noted. In fact, the connection between the Roman Empire and fascist imperialism became even more explicit when on April 21st, 1934, at the time of the celebrations of the foundation of Rome and of the *Festa del Lavoro*, four maps on the expansion of the Roman Empire were physically placed on the wall of the Basilica of Maxentius. These maps served to emphasize the imperialistic calling that defined the *romanità*, and a discourse that legitimated Fascist colonial policies. These celebrations preceded the invasion of Ethiopia, and after its annexation, in the celebrations of the March of Rome in 1938, a fifth map was put up on the wall (ibid.: 153-158). This juxtaposition was all the more efficient when one considers its similarity to the cartography that was used in schools, and which guaranteed its easy assimilation by the population. The addition of the fifth map to the sequence was not just a linear outline of the legitimization of the regime, but also an addition to the social imaginary and the idea of an ever-expanding growth of a Roman-Italian regime. With this purpose, it is also worth emphasizing the role of the social imaginary as a work and as an instrument for a political project. Selecting its contents, the social imaginary can be put to the state's service as a unifying element that informs reality, and at the same time promotes action, and a given type of behaviour. The social imaginary, as an interpretation and as a scheme of valorisation, promotes the adherence of a system of values and effectively intervenes to help individuals interiorize this scheme, modelling behaviours, capturing energies, and, if the need arises, dragging the popular forces towards a common action (Bazcko, 1985: 311).The fifth map was also circulated throughout Italy by the press. In 1937, in *Itália Imperiale* - a magazine of the newspaper *Popolo d'Italia* - it would appear associated with the statue of the wolf that illustrated the myth of the foundation of Rome, with flags of the Fascist regime and with a speech by Mussolini that invoked the city of Rome and Augustus' Empire. This combination of elements constitutes another example of the synthesis of the National Identity that was constructed by the regime: the city of Rome, the *virtus romana* and the Empire. The establishment of the colonial empire would bring a new element to the National Identity:

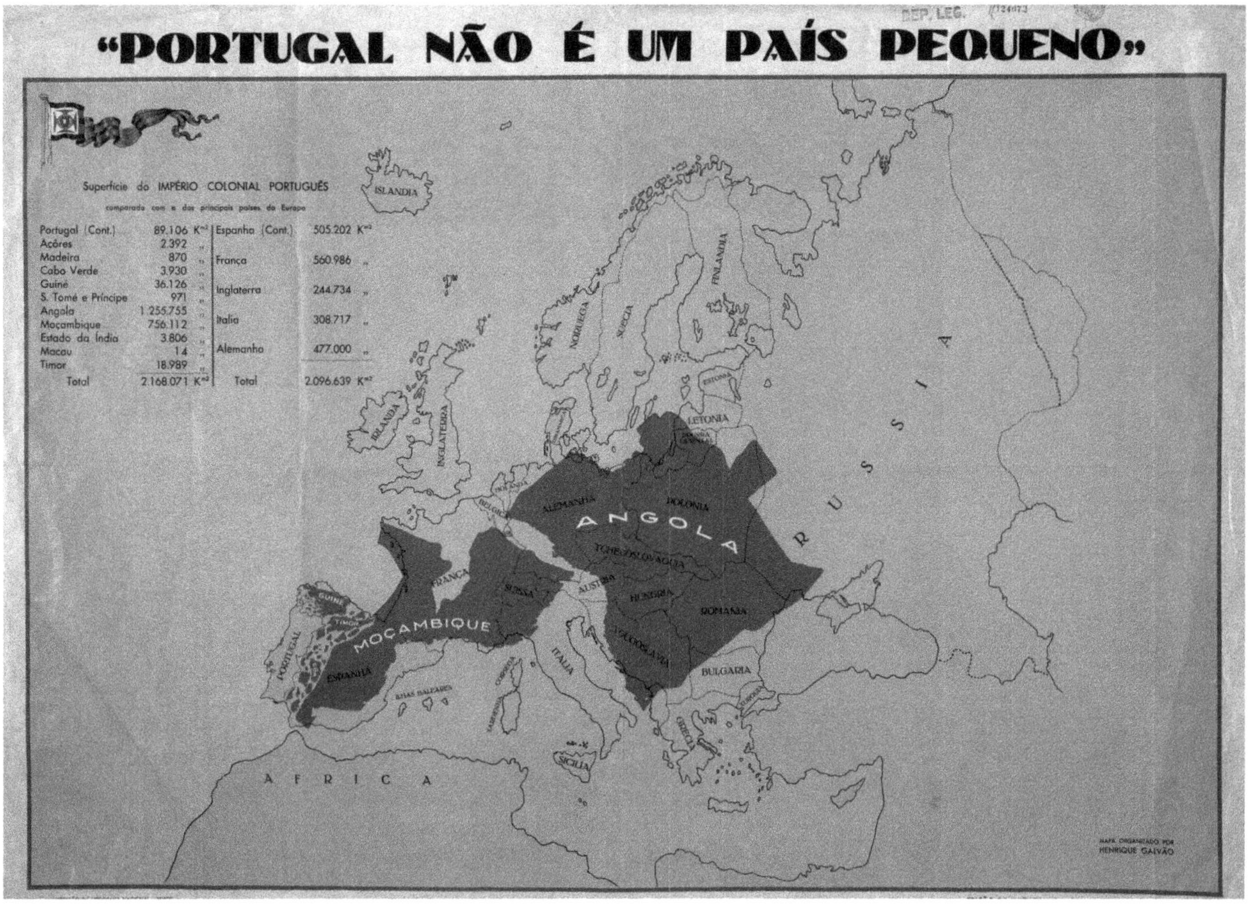

Figure 2 Map shown at the 1934 Colonial Exhibition in Porto
At the top: "Portugal is not a small country"
Source: Reproduced courtesy of www.oliveirasalazar.org

racism. The colonial experience, and the similarities with the Nazi regime, would lead the regime in 1937-38 to promulgate anti-indigenous and anti-Semitic laws that sought the defence of the purity of the Italian race. The history of Rome, and the defence of the *romanità*, once again, would be used to legitimize political action. In the editorial of the magazine *La Difesa della Razza*, its director Giorgio Almirante invoked the example of Caracala, accusing him of the fall of the Roman civilization when he allowed marriage among soldiers and indigenous people and attributed citizenship to their descendants (Munzi, ibid.: 80-83). In this way, from colonialism - the imperial mystic's of the *romanità* materialize - a new element of Italian identity emerges: the Italian race. With the *virtus romana* being exclusive to the Italian race, the regime could not allow the mixture of races in the civilizing mission that it was carrying out, this being the only way to guarantee the perpetuation of the *romanità*.

Portuguese Colonial Policy as a Sacred Mission

The imperial calling also constitutes one of the key elements of the Portuguese National Identity promoted by the *Estado Novo*. However, in a different trend to that developed by Mussolini, seeking fundamentally the expansion of the territory, Salazar integrates them into the National Identity to show the greatness of the Nation, and to preserve the

remaining possessions of the old colonial empire. Figure 2 is a map presented in the Colonial Exhibition of 1934 where a juxtaposition between the European continent, and the Colonial Portuguese Empire, is presented in order to demonstrate the territorial greatness of the Nation. This idea is reinforced by the title of the map: "Portugal is not a small country". The scale of the national territory depicted on this map expresses an idea of unity, where discontinuous territories are linked by divine will. In fact, as in the Italian case, Portugal presents a National Identity that rests on a universal calling associated to a civilizing mission. This way, the colonial policy is legitimized by a mystic perspective of the Nation's fate, whose territorial materialization, like in the Italian case, is the Empire. Therefore, the Age of the Discoveries becomes one of the main elements in the regime's propaganda to be used in its discourse about National Identity. However, in evoking this historical period, Portuguese fate or destiny is seen in a mystical way: to be an imperial Nation is not just the expression of a material power but is seen to be something that God bestowed upon Portugal. In fact, the idea of a colonial administration, as a mission that reveals Portugal's place in the world, prevails in the official discourse (Cunha, ibid.: 174).

This parallelism between the Christian religion and the national history is constant in political propaganda. The

Figure 3 Estado Novo's school figure.
Source: Reproduced courtesy of www.oliveirasalazar.org

regime emphasizes a series of myths concerning divine intervention in historical episodes, as well as establishing an intimate bond with the Catholic Church, namely, in the case of the cult of Fátima (Monteiro, Pinto, 2004:60-61). In this sense, the valorisation of the Christian *Reconquista,* and the spirit of the Crusades during the middle ages, constitute the ideal scenery for the narrative of the Foundation of Portugal. In the *Estado Novo*'s speech, the foundation of the Nation is seen in the context of a mission for the expansion of the Christian faith. The personality of Afonso Henriques, the herald of that mission, is seen as an instrument of God, a leader of the warlike group that struggles for the Christian faith and the man that saves the Nation from the individual interests of other feudal Lords (Mattoso, 1992).

In terms of national heroes, the regime also used the legend of *Viriato* and the *Lusitanos*, which argue that the Portuguese Nation has its roots in a pre-Roman scenery. These narratives cultivate an ethnic identity origin different from the other people (Matos 2002: 134; Guerra, Fabião, 1992; Fabião, 1996). However, I must emphasise that, in spite of valorising the Portuguese race, the regime became officially favourable to miscegenation (Monteiro, Pinto, ibid.: 61-62). Figure 3, a school book illustration, represents well this point, in fact the official discourse proclaimed racial variety as synonymous with a Portuguese universal destiny, and defended that, in spite of racial differences, all Portuguese people were equal citizens. Even if the European Portuguese Race would always be a superior one, that helped others find their true place in the Nation, as is shown by the central location being occupied by the European child in the illustration.

Ancient Empires, Colonial Policies and Racial Identity

As seen above, *romanità* and roman ruins were used as tools in fascist policy. Considering its interests in the

Mediterranean region, politicians had recalled the ancient Roman Empire to legitimatize its intentions and they had used these ruins as a material element to mark and bring together the old and new political force in the region. In the Portuguese case, already with colonial possessions, there is shown a historical and divine project which depicts Portugal, not only as a European territory, but also as a Nation understood as a sum of all its territories. It should be pointed out that some historical periods, whose characteristics would be susceptible to be used for the enlargement of the Nation, were silenced. A good example is the megalithic empire that the anthropologist Mendes Corrêa and the archaeologist Manuel Heleno have proposed. These scholars have argued that the national territory is the origin of megalithic architectures and made a connection between this culture and the birth of the Portuguese Nation.[2] This theory could have been used as a legitimizing argument to the imperialist policy, arguing that the Portuguese imperialistic spirit went back to a more distant period. However, the territory to which the Empire is linked was the European continent, and this takes it far from colonial interests. This theory has become popular among scholars, but there seems not to have been any interest whatsoever on the regime's part to make it into an object of political propaganda or source of legitimization (Fabião, 1996: 30-31; Fabião: 1999). In the same sense, pre-medieval elements in Portugal have always been part of an identification system that is based on a regional scale, and in their use as spatial borders for administrative divisions. Once again, megalithic monuments played an important part in these dynamics since place-names such as "Anta" or "Mamoa" are well-known and usually refer to this kind of construction. Consequently, considering several social groups share these elements, the absence of a political interest can be explained by the directions of the imperialist project. In effect, the imperialism of *Estado Novo* focused on the colonies, and the period of the Discoveries, as these two elements were seen as enough to legitimate their project. In fact, giving emphasis to Mendes Corrêa and Manuel Heleno's theories, it would have the disadvantage of including in the history of the Nation a moment of fall. Also, adopting that theory would have implications relating to the isolationist policy that characterizes relationships with other European countries.

Concerning the periods of the empire's decadence, the link between Portugal and Brazil should be mentioned: in the Exhibition of Paris 1937 Portugal presented Brazil among their colonies in spite of this country having acquired independence in 1822, and in the 1940s Exhibition Brazil was the only country which had a single pavilion. The presence of Brazil in the regime's commemorations expressed a connection between the two countries which came about as a consequence of both having a similar

---

[2] It is interesting noting that, for Manuel Heleno, there is a difference between the state and the nation, and the foundation of the first is linked with the Medieval Age and the second one, whose concept is more cultural, would go back to the Megalithic Times.

political regime.[3] However, this is also symptomatic of a strategy of the *Estado Novo* to solve the biggest loss of ancient colonial empire. The invocation of Brazil in these two events and its elevation, in terms of diplomatic and cultural relationships, to a "brother country", can be seen as the compensation, or possible resolution, for the loss of this old colony. In other words, this "brother country" was presented as a land where the Portuguese civilizing mission had triumphed in the creation of a Nation with the same statute as Portugal. This diplomatic scenario would have repercussions at the level of the acceptance of the luso-tropicalism theories of the Brazilian sociologist Gilberto Freire that, when appropriate for the regime, it attributes to the *lusa* race a spontaneous will to miscegenation. Regarding racial policies and their connections with imperialism, it should be pointed out that, in the Italian case, the Decree of Caracala, which had favoured the miscegenation of the races and which had been interpreted as the main cause for the Empire's fall and, was the source of the legitimization of the anti-indigenous and xenophobes laws adopted by Fascism after the annexation of Ethiopia.

THE CULT OF THE LEADERSHIP AND NATIONAL IDENTITY PERFORMANCE

The Cult of Mussolini's leadership

As already discussed, *romanità* was an integral part of fascist ideology, a source of inspiration for the fascist ideology, offering and legitimizing the main characteristics of the regime: a foreign policy based on imperialism (alluding to the Roman Empire), a corporate internal affairs policy (in line with the tradition of an organic vision of state and society), and an authoritarian leader that bears the *virtus romana* (invoking Emperor Augustus) (ibid.: 15). In fact, "the *virtus romana* was considered the quintessence of Roman-Italian civilization, the *romanità*, which had existed continuously throughout European history, including the fascist revolution and Mussolini's leadership" (ibid.: 13-14). In this sense, the political propaganda was able to promote an idea of lineage that established a connection between Mussolini and the ancient heroes of Roman history: Aeneas, Romulus and Augustus. Giulio Quirnino Giglioli, the director of the *Mostra Augustea della Romanità*, argued that Mussolini was a direct descendant of the ancient Romans:

> *your actions are those of the greatest Romans of 2000 years ago... as the name of Romagna, your homeland, shows, its people preserve more than others their unaltered blood and spirit (quoted by Gilkes, 2004: 38).*

Accordingly, Mussolini became representative of the Nation's interest: he was a bearer of the highest values that defined the very soul of the Nation. The heroic status of Mussolini was reinforced by his role in many commemorations of the regime, whose rituals and

*Figure 4 Political flyer from the 1940 Exhibition
Source: Reproduced courtesy of www.oliveirasalazar.org*

performances made fascism a political religion (Gentile, ibid). Mussolini, like Augustus, was thus the *princeps* and *pontifex maximus* of the new Roman Empire. In fact, Mussolini was a key-element in the fascist movement, as a leader Mussolini had shown himself to be the great man that could do everything: working in his office, participating in the Forum digging, gathering cereal in the fields and, especially, exhibiting his military skills. As Gentile pointed out, *il duce* was a sort of projection of all myths and Mussolinism was a kind of religion (ibid.: 237).

The Cult of Salazar's leadership

To illustrate how Salazar managed his public image, I will analyze a poster exhibited in the 1940s Exhibition (Figure 4). In this image there is clearly a visual and ideological fusion between Salazar and Afonso Henriques. This juxtaposition seeks to create a lineage between the dictator and the Heroes of the Nation. Beside the strong ideological load of the image itself, the poster also presents three messages that reinforce the perspective of the regime on national history, the role of *Estado Novo,* and the figure of Salazar in that history. In the upper left corner it reads "Salazar - Homeland's Saviour", a message that grants Salazar the mission of continuing the work of the founder of

---

[3] Between 1930 and 1945, with Getúlio Vargas ahead of the government, Brazil lived in a dictatorship very similar to the Portuguese also named Estado Novo.

the Nation, combating the elements of instability of the First Republic, and inaugurating a new regeneration phase - the *Estado Novo*. In the shield, a weapon of defence, is written "Everything for the Nation, Nothing against the Nation" as if his authoritarian policies were a shield necessary for the maintenance of the Nation. Finally, at the bottom: "Blissful Homeland that has such children", is an invocation of the filiations' that characterise the spirit that lies behind this type of Nationalism, the citizens are children of the Nation because they carry its essence and are responsible for its growth. Thus, Salazar appears as an exemplary citizen - a hero, heir of the Nation's ancient legacy; an expert of *portugalidade,* who is able to guide the Nation to fulfil its destiny.

Leaders' personalities as examples of National Identity

Salazar's poster is an exception in the dictator's other public appearances. In fact, official propaganda had rarely rendered Salazar's image into this kind of more popular political propaganda. So it enhances the differences between Salazar and Mussolini in their performance as public persons and dictators. Unlike Mussolini, who often made performances in the commemorations of the regime and cultivated a military leader's image (adopting Roman Emperors' typical attitudes, for instance), Salazar had a more reserved attitude, promoting himself as a teacher or an economist that worked in order to stabilize the country (Pinto, 2005: 37). Considering this, we may wonder about the relationship between a dictators' public personality and the kind of policies that they promoted. Mussolini's earlier political career was connected with war affairs (one of the main groups that had supported a fascist movement were those who were discontent with the consequences of the First World War, for example). Therefore, war acted as a scenario where Mussolini could show a different identity, and that he could use as an example to all citizens (Guibernau, ibid.: 101-103). Considering this, emphasis was put on warlike activity in the study of the Roman world, and this point of view reinforces the link between the past and fascist military projects. In the Portuguese case, a war's ideal was also important but it was represented in a different way. Although fascism and Salazarism had shared the legimation of the colonial policy, as a supposedly civilizing mission defined by the essence of national culture, in Italy the metaphor of military battle was emphasized more than in Portugal. The war that Salazar proclaimed was more the Catholic metaphor of the everyday battle to live, like a working day battle to maintain the Nation or the work of a housekeeper dealing with the domestic economy and familiar needs (Martins, 1992). In the same sense, the nation's past and future were seen as part of a Christian duty that people should follow. This is not to argue that this idea was not used by Italian fascism, but in analysing each political project, this difference should be pointed out. Besides, this difference is more expressive during the period of the establishment of these dictatorships (1920s in Italy and 1930s in Portugal) than in other periods. Either way, Mussolini and Salazar's public personalities acted as the example for the National Identity they were promoting.

Mussolini presented himself as a new Roman Emperor acting in all situations that the Nation's affairs demanded, and reinforcing his power in war with the purpose to construct a new Roman world. Salazar acted as the teacher that the Nation needed in order to learn again how "to be Portugal", and he often invoked the housekeeper metaphor to show how politics and citizens should act to construct Portugal, a Nation turned into itself, closed to the world.

3. Conclusion

The idea of National Identity provided a set of values that allowed for the order, the 'necessary order', that established both regimes. Those values triggered the re-interpretation of several aspects of national history and culture that had been selected and ordered to explain the Past, the Present and the Future of the Nation. Italian Fascism and Portuguese Salazarism argued for an essentialist concept of culture, one that provided them with a reference point in which to portray the heterogeneity of the Nation. Arguing that this essence was a source of national prosperity, they linked it with the Golden Ages of the Nation and argued that if people acted like the ancient heroes a new Golden Age would come. Thus, these regimes promoted a cyclic vision of national history. This proposal was based on the political use of several aspects from the Past, which by propaganda (material culture i.e. posters, images in school books, images in newspapers...), were spread through the main groups of the population, and which used monuments and icons as a part of popular culture. Using these events from a glorious past, as scenarios or symbols for its identification and projects, politicians sought to promote themselves as leaders of the Nation who understood its essence and knew how to expand it. In fact, the prosperity of the Nation was closely linked to the Nation's essence, the source from which such prosperity would arise; the Portuguese Nation was understood as a living unity inspired by Divinity and its growth was Divinity's will. This aspect turns the state into a sacred institution that everyone should obey because, by serving its purposes, people would be serving the Divine and ensuring their own salvation in all senses.

I have analysed some of the images (paper images and images on stones) and speeches, which were produced during the 1920s in Italy and the 1930s in Portugal, in order to characterize the National Identity that these regimes constructed. I have attempted to demonstrate that there was a close relationship between what the political leaders emphasized in national culture and the political projects that they wanted to develop. In this sense, I also argued that that political emphasis or interest had conditioned the way scholars managed their research. In Italy, classical archaeology obtained more funding due to a Fascist interest in romanità. In Portugal, despite some government funding for archaeological research (Lilios, 1995, Fabião, ibid.), the political interest focused on historical periods and ethnographic elements allowing an increase in the study of these subjects. In fact, several materials, such as the sequence of maps illustrating the growth of the Roman Empire, that had preceded the establishment of these regimes' political ideology and projects, acted as the principles that had given them a meaning in the social and cultural context. The relationship between those aspects of ideology and National Identity that I emphasized, illustrate how politicians can act in order to turn academic studies into political tools that could serve their purposes. The relationship between the colonial policies and ancient empires have clearly shown how the same imperialist pretensions can recall different historical episodes to support other racial policies and other representations of those empires. In the same way, a similar type of leadership could be performed, using different themes or aspects of themes from the past, in order to create a certain image of the leader who seeks to establish himself as the example to follow.

In viewing all of these examples, I think that the main point here involves the role of ideology in the production of knowledge. Following Hannah Arendt, ideology (or the tyranny of logic) could act as a construct and make people perceive "reality". By these means, an idea becomes a source for the explanation of life and, consequentially, offers a secure sense of reality (2006[1948]: 626-227). At the core of this, there is a regime of representation which confuses things and its representations (or ideas). This regime brings ideology so close into people's day-to-day worlds that naturalizes ideological constructions. Such a way of being with things, allows the view of things as an essence in a universal and atemporal dimension. To this, we should add the force of utopian discourses that work on people's desire for future happiness. If the representation exercises already emphasize the ubiquity of past materials, by showing it as a "past in the present", utopia takes it directly to the future... erasing its "life in time" and making it timeless. Such a timeless characteristic of things under ideology legitimizes the group who possesses and controls the discourse on it, turning them into eternal keepers of the true values of a community. The State becomes the keeper of the Nation; the political project that is the government of true life. And thus, making it possible to make a community accept and live under an ideology, whilst setting their expectations and life projects.

The importance I gave to "representation" in the last paragraph takes me to a critique made by John Barrett on the "representational model in archaeology"; according to him such a "model treats historical research as a problem of cause and effect, linking the past (as cause) to its present-day record"(1999 [1994]: 87). Within this model, we persist with the emphasis on past materials as ubiquitous realities that allow to travel in time. The diversity of those materials is systematized in order to identify practices and, through those practices, create identities located in time and space whose sum creates a past narrative to be used by any present identity. Present people are understood as heirs, whose inheritance is somewhere to be found in the material. "Past people and their material traces" are taken as raw materials, or as evidence, to be used in any identitarian strategy that seeks to legitimize some action to be taken within a political project. This legitimation is

based on the idea of an inheritance that distributes people in a vertical and linear hierarchy, just like the idea of the time-scale that supports it. This means that, once more, representation allows for the detaching of things from their context, allowing its use in all sort of explanations; erasing its singularity and, consequentially, a resistance that could empower people to create a world out of the limits of the one defined by the idea and its explanations; out of an identitarian and metonymic mode for understanding material culture. An experience of things, where rather than focussing on a desperate attempt to control life by turning things into domesticated objects, instead accepts the contingency and bewilderment through which we encounter, engage and produce things in our worlds.

Acknowledgements

I started my research on this article during my stay in the Department of Archaeology, Durham University, during the months of May and June 2007; this stay was funded by Fundação para a Ciência e a Tecnologia concerning my PhD program. I would like to thank Dr Margarita Díaz-Andreu for her guidance during that period and for the encouragement both then and afterwards to write this article and for her many suggestions made to drafts of this article. I gratefully acknowledge Susana Oliveira Jorge, my PhD supervisor, for her continual support. I'm also grateful to Beccy, Andy, Ana, Irene, Francisco and Susana for their support while I was in Durham. My deepest gratitude to Lesley McFadyen for her accurate comments on this paper.

4. Bibliography

Arendt, H. (2006[1948]) *As Origens do Totalitarismo*, Lisboa: Dom Quixote.

Altekamp, S. (2004) Italian Colonial Archaology in Lybia 1912-1924 in Michael L. Galaty and Charles Watkinson (eds.) *Archaeology under Dictatorship*, pp. 55-71, New York: Academic/Plenun Publishers.

Baczko, B. (1985) Imaginação Social in Fernando Gil (coor.) *Enciclopédia Einaudi* Vol. 5 *Anthropos-Homem*, pp. 296-332, Lisboa: Imprensa Nacional – Casa da Moeda

Barrett, J. C. (1999 [1994]). Defining domestic space in the Bronze Age of Southern Britain, in M. Parker Pearson and C. Richards. (ed.) *Architecture & Order - Approaches to Social Space*, London, New York: Routledge.

Begg, D.. (2004) Fascism in Desert: a microcosmic view of archaeological politics in Michael L. Galaty and Charles Watkinson (eds.) *Archaeology under Dictatorship*, pp. 19-31, New York: Academic/Plenun Publishers.

Berlin, I. (1999) *The Roots of Romanticism*, London: Pimlico.

Cunha, L. (1994) *A Nação nas Malhas da sua Identidade: O Estado Novo e a construção da Identidade Nacional*, Braga: Universidade do Minho.

Díaz-Andreu, M. (1997) Conflict and Inovation – the development of archaeological traditions in Iberia in Margarita Díaz-Andreu and Simon Keay (eds.) *The*

Archaeology of Iberia – The Dynamics of change, pp. 6-33, London/New York: Routledge.

Díaz-Andreu, M. (2000) Cultura y Nácion: una mirada historiográfica in Margarita Díaz-Andreu *Historia de la Arqueología*. Estudios, Madrid: Ediciones Clásicas.

Díaz-Andreu, M. (2003) Arqueología y Dictaduras: Italia, Alemania y España in Fernando Wulff Alons and Manuel Alvarez Martí-Aguilar (ed.) *Antigüedad y Franquismo (1936-1975)*, pp.: 33-73, Málaga: Centro de Ediciones de la Diputación de Málaga.

Díaz-Andreu, M., Champion, T. (1996) 'Nationalism and archaeology in Europe: an introduction' in Margarita Díaz-Andreu and Timothy Champion (eds.) *Archaeology and Nationalism in Europe*, pp. 1-23, London: UCL Press.

Fabião, C. (1989), 'Para a História da Arqueologia em Portugal', *Penélope. Fazer e desfazer história* N.º 2, pp. 10-26.

Fabião, C. Guerra, A., (1992) 'Viriato: Genealogia de um Mito', *Penélope – Fazer e desfazer a História* N.º 8, pp. 9-23.

Fabião; C. (1996) Archaeology and Nationalism: the Portuguese case in Margarita Díaz-Andreu and Timothy Champion (eds.) *Archaeology and Nationalism in Europe*, pp. 169-178, London: UCL Press.

Fabião, C. (1999) 'Um século de Arqueologia em Portugal I', *Almadan* IIª Série N.º 8, pp.104-132.

Galaty, M., Watkinson, C. (2004) The practice of Archaeology under Dictatorship in Michael L. Galaty and Charles Watkinson (eds.) *Archaeology under Dictatorship*, pp. 1-17, New York: Academic/Plenun Publishers

Gentile, E. (1990) 'Fascism as Political Religion', *Journal of Contemporary History*, Vol. 25, No. 2/3, pp. 229-251, London: SAGE.

Gilkes, O. (2004) The Trojans in Epirus: Archaeology, Myth and Identity in Inter-War Albania in Michael L. Galaty and Charles Watkinson (eds.) *Archaeology under Dictatorship*, pp. 33-54, New York: Academic/Plenun Publishers.

Ghirardo, D. Y. (1996) 'Citta Fascista: Surveillance and Spectacle', *Journal of Contemporary History*, Vol. 31, No. 2, Special Issue: *The Aesthetics of Fascism*, pp. 347-372.

Gomes, S. 2010 "Nation, Identity and Ideology: Romanità and Portugalidade under Fascist Dictatorships", *Unquiet Pasts*, S. Koerner & I. Russell Surrey/Burlington: Ashgate Publishing Limited. 63-80.

Guidi, A. (1996) Nationalism without a nation: the Italian case in Margarita Díaz-Andreu and Timothy Champion (eds.) *Archaeology and Nationalism in Europe*, pp. 108-118, London: UCL Press.

Guillaume, M. (2003) *A Política do Património*, Porto: Campo das Letras.

Henriques, M., Melle, G. (2007) *Salazar: Pensamento e Doutrina política – Textos antológicos*, Lisboa/São Paulo: Verbo.

Kohl, P.L. (1998) 'Nationalism and Archaeology. On the constructions of nations and the reconstructions of the Remote Past', *Annual Review of Anthropology*, vol. 12, pp. 223-246.

Kohl, P.L., Fawcett, C., (1995) Archaeology in the service of the state: theoretical considerations in Philip L. Kohl and Clare Fawcett (eds.) *Nationalism, Politics and the practice of Archaeology*, pp.:3-18, Cambridge: Cambridge University press.

Lilios, K. T. (1995) 'Nationalism and Copper Age research in Portugal during Salazar regime (1932-1974) in Philip L. Kohl and Clare Fawcett (eds.) *Nationalism, Politics and the practice of Archaeology*, pp.:57-69, Cambridge: Cambridge University Press.

Jorge, V.O., Jorge, S.O. (1996). 'Arqueologia Portuguesa no Século XX: alguns tópicos para um balanço', *Revista de Antropologia e Etnologia* Vol. 36, pp. 143-158, Porto: SPAE.

Lira, S. (2000) *Identidade territorial portuguesa sob o nacionalismo do Estado Novo – mensagens ideológicas nos museus e exposições temporárias*, http://www2.ufp.pt/~slira/artigos/culturasaloia.pdf.

Matos, S. (2002) "História e identidade nacional - A formação de Portugal na historiografia contemporânea", *Lusotopie* 2002, pp. 123-139.

Mattoso, J. (1992) 'As três faces de Afonso Henriques', *Penélope – Fazer e desfazer a História* N.º 8, pp. 25-49.

Melo, D. (2001) *Salazarismo e Cultura popular (1933-1958)*, Lisboa: Imprensa de Ciências Sociais.

Minor, H. (1999) 'Mapping Mussolini: Ritual and Cartography in Public Art during the Second Roman Empire', *Imago Mundi*, Vol. 51, pp. 147-162.

Monteiro, N., Pinto, A., (2004) A Identidade Nacional portuguesa in António Costa Pinto (coord.) *Portugal Contemporâneo*, pp. 51-66, Lisboa: Publicações Dom Quixote

Neto, M.J.B., (1999) A Direcção-Geral dos Edifícios e Monumentos nacionais e a intervenção no património arquitectónico em Portugal, 1929-1999 in Margarida Alçada e Maria Inácia Teles Grilo *Caminhos do Património*, pp. 23-43, Lisboa. DGEMN/Livros Horizonte

Martins, M.L., (1992) ?A Dona de Casa e a Caravela Transatlântica. Leitura socio-antropológica do imaginário salazarista', *Cadernos do Noroeste*, Vol. 5 (1-2), pp. 191-204

Munzi, M. (2004) Italian Archaeology in Lybia: from colonial Romanità to decolonization of the Past in Michael L. Galaty and Charles Watkinson (eds.) *Archaeology under Dictatorship*, pp. 73-107, New York: Academic/Plenun Publishers.

Payne, S. (1995) *History of Fascism, 1914-45*, Madison, Wisc.: University of Wisconsin Press.

Pinto, A.C. (2005) Portugal Contemporâneo: uma introdução in António Costa Pinto (coord.) *Portugal Contemporâneo*, pp. 11-65, Lisboa: Publicações Dom Quixote

Rodrigues, J. (1999) A Direcção Geral dos Edifícios e Monumentos Nacionais e o restauro dos monumentos medievais durante o Estado Novo in Margarida Alçada e Maria Inácia Teles Grilo (coord.) *Caminhos do Património*, pp. 69-82 Lisboa: Livros Horizonte/ DGEMN

Schnapp, J.T. (1996) 'Fascinating Fascism', *Journal of Contemporary History*, Vol. 31, No. 2, Special Issue: *The Aesthetics of Fascism.*, pp. 235-244.

Sobral, J. (2003) 'A formação das nações e o nacionalismo: os paradigmas explicativos e o caso português", *Análise Social* Vol. 165, pp. 1093-1126.

Sobral, J. (2006) *Memória e Identidade Nacional: considerações de carácter geral e ocaso português*, http://www.ics.ul.pt/publicacoes/workingpapers/ wp2006/wp2006_4.pdf.

Trigger, B.G. (1995) Romanticism, Nationalism, and archaeology in Philip L. Kohl and Clare Fawcett (eds.) *Nationalism, Politics and the practice of Archaeology*, pp.:263-279, Cambridge: Cambridge University press.

Viana, F. (2003) *O cartaz e o outdoor ao serviço da comunicação política*, http://www.bocc.ubi.pt/pag/viana-fernanda-cartaz-outdoor.pdf.

Visser, R. (1992) 'Fascist Doctrine and the Cult of the Romanita', *Journal of Contemporary History*, Vol. 27, 1, pp. 5-22.

CHAPTER 6

FOSAS COMUNES Y LA APARICIÓN DE LA MEMORIA HISTÓRICA ESPAÑOLA

MASS GRAVES AND THE EMERGENCE OF SPANISH HISTORICAL MEMORY

Ignacio Fernández de Mata.
Prof. of Social Anthropology. University of Burgos (Spain)

Abstract: This essay attempts to identify the main factors that explain the outpouring of memory witnessed in Spain during the first decade of the 21st century. This phenomenon has been surprising in its intensity and effect on society, and it has unleashed unexpected emotional and intellectual processes. This explosion of memory or, as Walter Benjamin might say, of the past's unrealized possibilities, has been strongly driven by Spain's own "relatives of the disappeared": the children and grandchildren of persons illegally executed during the civil war and the regime whose bodies were buried in unmarked mass graves.[1] Masked by an apparent fin de siècle sentiment, this process has filled up the present and the public space with memories, claims, demands, and accusations, together with a more or less spontaneous tendency to form associations whose social and cultural power was unforeseeable.

Owing to the variety of contexts, processes and interrelated influences that underlie this emergence of collective memory, the overview of the matter being considered takes on an unfixed set of features: a 'multiple motivation' a la Althusser[2] capable of creating an 'overdetermined' demand that requires an urgent response. This is the subject of Part I. Some of these contexts are directly related to the conflict: the personal experience of the victims and their family members (addressed in section I.1). Other contexts refer to general characteristics and processes relating to Spanish society: demographic change (section I.2); the political opportunities and challenges of each period (section I.3); international events and their bearing on local and national ones (section I.4); and the changes in historical research (section I.5). In part II we will see how the demands that accompany the actions of those involved in the 'recovery of historical memory' have created challenges and misunderstandings which in turn generate social conflicts in the present that are connected to the mismanagement of the past's unresolved conflicts.

Looking at the development and explosion that memory has undergone, we must understand it as a past-in-the-present; that is, not as a simple recollection but as a 're-reading' of what has been lived through, in the light of accumulated experience and the present circumstances.

Keywords: *Historical memory; mass graves; social movement; Franco dictatorship;*

Resumen: Este trabajo intenta identificar los principales factores que explican la efusión de memoria acaecida en España durante la primera década del siglo XXI. Este fenómeno ha sido sorprendente por su intensidad e impacto social, y ha desembocado en una serie de procesos emocionales e intelectuales inesperados. Esta 'explosión de memoria' o, como diría Walter Benjamin, de las posibilidades irrealizadas del pasado, ha sido conducida en España por los familiares de los desaparecidos: los hijos y nietos de personas ejecutadas ilegalmente durante la guerra y el régimen, y cuyos cuerpos permanecen enterrados en fosas comunes sin identificar. Enmascarado por un aparente sentimiento de 'fin de siglo' este proceso ha inundado el presente y el espacio público en general con memorias, demandas y acusaciones, junto con una tendencia más o menos espontánea a crear asociaciones cuyo poder social y cultural era impredecible.

Debido a la variedad de contextos, procesos e influencias interrelacionadas que sustentan esta emergencia de memoria colectiva, el resumen de este problema se estudia en un conjunto de características no fijadas: una 'motivación múltiple' a la Althusser capaz de crear una demanda 'sobredeterminada' que requiere una respuesta urgente. Este es el tema de la primera parte. Algunos de estos contextos están directamente relacionados con el conflicto: la experiencia personal de las víctimas y sus familias (sección I.1). Otros contextos se refieren a procesos generales de la sociedad española: cambio demográfico (sección I.2); las oportunidades y desafíos políticos en cada periodo (sección I.3); los acontecimientos internacionales y su implicación en el desarrollo de los acontecimientos locales (sección I.4); y los cambios en la investigación histórica (sección I.5). En las segunda parte veremos como las demandas que acompañan a las acciones de aquellos involucrados en la 'recuperación de la memoria histórica' han creado desafío y confusión, finalmente convertidos en conflictos sociales en el presente que se deben a una mala gestión de los conflictos no resueltos del pasado. Viendo el desarrollo y la explosión del proceso, debemos entenderlo como pasado en el presente; esto es, no como una simple recolección, sino como una relectura de lo que se ha vivido, a la luz de las experiencias acumuladas y las circunstancias del presente.

Palabras Clave: *Memoria Histórica; fosas comunes; movimiento social; dictadura de Franco*

---

[1] "The disappeared" is a social category commonly used in Latin America to refer to the victims of dictatorships in the Southern Cone and Central America whose illegal executions were denied by the regime and whose bodies were secretly disposed of, so that relatives could not be certain that their loved ones were dead or alive. In the Spanish case, the victim's bodies were secretly disposed of, but in most cases their deaths were not secret, even if they were not acknowledged by the regime.

[2] Althusser, L. 1985. *Curso de filosofía para científicos.* Barcelona, Planeta-Agostini.

I. The Emergence of Historical Memory

I.1 THE EXPERIENTIAL NUCLEUS

The level from which the desire to remember logically arises is that of the individual and their depository of a traumatic experience of suffering. For the victims, the foundation of their memory that secures the narrative-identity structure of the subject, is formed from an experience that impacted society (repression).[3] But, above all, it is characterized as being a personal and private experience, born from their own experiential nucleus. The moment the insurgents took control of a town—in many places, especially in the present-day provinces of Castilla y León, this happened immediately upon the first week of the military uprising in July 1936[4]—they sank their defeated political rivals in a culture of terror.[5]

Victors spread frightful rumours and used other means of psychological and symbolic violence, particularly public humiliation and the generation of a climate of absolute defencelessness. There were beatings, rapes, torture, lengthy and arbitrary imprisonments, extortions, direct and indirect expulsions from communities and the public space, expropriations, and economic exploitation and forced labour. Women were paraded down the streets with shaved heads while children suffered stigmatising ill-treatment in school. And of course, political killings that left tens of thousands widowed and orphaned; bereaved parents and siblings.

This culture of terror caused what I call a 'rupture of the world': the end of an everyday in which social norms operated despite bitter political and social conflicts, and the beginning of a life without security or hope, a fight for survival dependent on remaining silent and accepting and representing a permanent defeat. The brutal experience of the inexplicable —the murder of parents and/or siblings, impoverishment, the breakdown of family structures, humiliation and constant exclusion— are just some of the experiences that ended with the "normal" lives of the victims whom I have interviewed.[6]

Survivors' accounts, particularly of those who were children in 1936, share a type of narrative structure marked by these events that made childhood anything but the realm of security, affection, and protection it should have been. Their experiences of Francoism's culture of terror all peaked with the one incident that marked their lives and which my informants remember vividly and express similarly: Tomasa C.: "I was sitting on my father's knee when they came for him…" Valentín C.: "My father went down to the shop for something for dinner and never came back." LCM: "We were sleeping after dinner when they knocked on the door asking for my father". Their narrative formulas leave the action open-ended, conveying the uncertainty and insecurity that settled over them, and in particular the unexpectedness of what happened.[7]

Among the hundreds of thousands of survivors of this culture of terror —all of them victims of Francoism, albeit living victims— I focus on those who have broken with its rules by forming associations for 'recovering historical memory' whose primary objective is finding the remains of their assassinated relatives. Bereaved relatives were not allowed to bury their loved ones' bodies because, dead or alive, 'Reds' did not belong in the Spanish nation and did not deserve to be treated as human beings. Grieving or mourning for the dead 'Reds' was unacceptable; many did not even know where bodies were buried, and they were therefore denied the possibility of simply visiting the graves in order to pay their respects.

These people show similarities with victims of other repressions and totalitarian persecutions in the profound traumatic burden that they carry (complicated by the duration of the Franco regime); the incommunicability of the horror that they experienced; their treatment as members of a lesser class by their own communities; their difficulties to properly socialize; and their fear of participating in civil society once democracy was (re)established.[8] Since they found it impossible to express or resolve the emotional and psychological conflicts caused by their relatives' deaths, effects of the trauma were locked away in the private sphere, making the study of it problematic today, and producing the depth of their need for recovering remains from mass graves that are over 70 years old.[9] Paradoxically, it is not uncommon for the silence imposed on the victims and what is externally expressed by them (trauma), to be confused with them having forgotten or overcome the events. Understanding the influence and the relevance of individual and collective trauma is necessary to understand the accounts given by the victims who suffered them. The inexpressibility of the suffering endured sometimes leads to misrepresentations or alterations in their accounts. In other cases, some subjects resort to pre-existing narrative strategies. None of this should be taken as attempts to

---

[3]   Ovejero Bernal, A. 2006. Memoria, emoción y afectos: traumas psicosociales en las víctimas del franquismo. In Asociación para la Recuperación de la Memoria Histórica de Valladolid y Palencia (ed.), *La Represión Franquista: mito, olvido y memoria*, 67-83. Valladolid, Universidad de Valladolid-Centro Buendía. See page 70.

[4]   The extreme violence that was carried out swiftly and with much bloodshed has been labelled "*terror caliente*" ("hot terror") and according to studies, 59% to 70% of the total number of victims of the repression during the civil war and the post-war experienced it. See Casanova, J.1999. Rebelión y revolución. In Juliá, S. (coord.) *Víctimas de la guerra civil*. Madrid, Ediciones Temas de Hoy. The most recent figures for the number of casualties from the repression estimate that 90,000 were killed by the rebels and a further 50,000, that should be included in this figure, who died in Franco's post-war "justice". The victims of reprisal by the republican band add up around 55,000. Casanova, J. 2005. La historia que nos cuenta TVE. *El País*, April 3.

[5]   Taussig, M. 2002. Culture of Terror – Space of Death: Roger Casement's Putumayo Report and the Explanation of Torture. In Hinton, A.L. (ed.) *Genocide: An Anthropological Reader*. Malden, Blackwell.

[6]   Fernández de Mata, I. 2010. The Rupture of the World and the Conflict of Memories. In Jerez-Farrán, C (ed.) *Unearthing Franco's Legacy: Mass Graves and the Recovery of Historical Memory in Spain,*279-303. Notre Dame, Notre Dame University Press.

[7]   Fernández de Mata, (2010, 282).

[8]   I have also dealt with traumatic experiences in: Fernández de Mata, I. 2006. The 'Logics' of Violence and Franco's Mass Graves. An Ethnohistorical Approach. *International Journal of the Humanities*, Vol.2, No.3, 2527-2535.

[9]   Perhaps the closest comparable situation is the Armenian genocide, in terms of the duration and the intensity of denials.

falsify the past, but as attempts to make it bearable or understandable.[10]

Repression was experienced within the framework of society: society therefore played a very active role in the maintenance of the "constant exercise of victory" over *the defeated*.[11] It would therefore be appropriate to take a look at how this Manichaean division of society into good and bad Spaniards affected families and communities.

I.2. GENERATIONS OF 'REMEMBERERS'

First, we can identify how the drama's effects were magnified in the way that most children who had a parent killed by the regime —usually the father— were socialized. This second generation was socially and institutionally marked by the situation faced by their caretakers. Fathers were ghostly deceased figures without death certificates, which meant that possessions or legacies could not be dealt with due to their 'absence.' Widowed mothers could not be properly declared as such without their husband's body, and had no rights to state or Church assistance; and parentless children were not considered orphans, since their parents had only 'disappeared'... But this was merely the first level at which such families were marked.

The conditions for survival imposed on the defeated created an 'introspective generation,' one that wants the least possible to do with politics and has the most trouble talking about the past. Eyewitnesses to parents' suffering, throughout their lives they have been constantly warned to 'stay out of trouble,' and warned as well that any public activity was potentially dangers and that politics is bad... With the backdrop of the Civil War, such thinking is fully understandable. To have merely participated in a union, even once visited the *Casa del Pueblo* (of the socialist workers' movement), or boasted of voting for the Popular Front were all sufficient 'reasons' for family members to be killed, or to suffer the arbitrary power of political tribunals and be denounced in the parish or to the Civil Guard. This unconscious physical reaction to fear explains the silence of many families well beyond the transition to democracy (usually simply referred to as "the Transition"), a transition that was moreover characterized by the elevation of this silent, fearful attitude as a necessary and praiseworthy condition for 'moving on'.

The more "conciliatory" sectors of the latter part of the Franco regime and the Transition had distanced themselves from the epic dream of the Civil War and redefined it as a 'national horror' for which 'we were all guilty'. The awful reality of the years under Franco was transformed by the aims of the Transition itself: Francoism was glossed over by many as a time in which social and political consensus and order had been achieved at the expense of other, perhaps more democratic values. A so-called 'spirit of the Transition' settled over the public, which, justified by the lofty objective of establishing democracy, not only hid the drama and the frustration of many of Francoism's victims, but actively silenced them by asking for their 'generosity'. This meant a postponement of their claims, including their longing to recover their loved ones' remains from unmarked mass graves, and a continuation of lives in fear: the fear that asking for justice might unleash another war or the return of the dictatorship, the way asking for social change in the 1930s had unleashed a most cruel repression.

It has been the third generation, the grandchildren of the '*fusilados*', who have ended the inaction and burst into the scene demanding change. By exhuming the mass graves they have made the unresolved conflict of their parents and grandparents' generations visible, and sent shockwaves throughout the country.

Demographically speaking, this group grew up during the last third of Franco's regime in a relatively relaxed environment with respect to the more immediate post-war years. Their family life was less problematic: the evident lessening of daily pressures on the elderly generation who were by then well past the responsibility of bringing up a family, meant that the nature of the grandparent-grandchild relationship allowed a greater amount of information to be shared. Often, precise information about the traumatic events that were never mentioned to the in-between generation were spoken of, however quietly.[12] Grandchildren became the repositories of their grandparents' drama by way of affect, and because they grew up in a society in which democracy was an appropriate and desirable goal, first, and a reality, later.[13] And democracy included a recent and fundamental condition involving knowing their rights within society and the strength that their demands could have.

Younger Spaniards born after the 1980s into family environments unfamiliar with these experiences (families

---

[10] "How is the inexpressible to be expressed? Trauma is inherently about memory and forgetting. Awful experiences, especially of loss, are impossible to forget because they are beyond normal human comprehension or existing schemata and cannot be assimilated into personal and collective narratives". Richards, M. 2002. From War Culture to Civil Society. *History and Memory*. Bloomington. Volume 14, ½, 93-120.

[11] It is important to keep in mind that the labels "defeated" and "Red" hide a myriad of situations that do not always correspond with what they apparently mean. The "defeated" was a social category that included people beyond those who had fought for the Republic and lost. People were labelled as enemy 'Reds' and considered defeated simply by a neighbour's denouncement; for not being religious enough; for having joined a trade union to access jobs on public works; for being the child or the wife of somebody who was labelled thus, etc. For a wider reflection on this, see Fernández de Mata, 2006.

[12] "The unwitting role (of the grandparents) is to re-establish historical continuity, making the present lives of the grandchildren have more "substance" than that of their parents within this long and drawn out yet rational situation". Marías J. 1998. Abuelos y nietos, *ABC*, copy of 17 December.
[Some] of my students have been asked by their parents to research traumatic memories related to the Civil War and its aftermath, simply to find out what the grandparents had lived through, and what many of the silences from their childhood meant.
[13] "The importance of affect in the context of remembering is not a simple matter of the involvement of emotional states and moods. It is that affect is a prime marker of significance, of why things matter to people, of what makes them memorable or worth talking about." Edwards, D. and Middleton, D. 1987. Conversation and Remembering: Bartlett revisited. In *Applied Cognitive Psychology*, vol. I-2, 77-92.

who were either very much in support of Franco or who had not suffered direct losses and were apolitical), have been one of the sectors for whom the images of fleshless bones in open mass graves have had the most impact. Their distance and ignorance of the nature of the dictatorship has caused confusion and uncertainty about a history that they had little interest in but that reveals itself to be disturbingly present, leading them to question their older relatives about what really happened, and what roles they played during the war and the repression.[14] To come to terms with this unknown reality, this fourth generation resorts to cinematographic images of other wars and other repressions, and makes comparisons with the widely known Nazi regime.

I.3. "RECOVERING HISTORICAL MEMORY" AMIDST SPANISH ELECTORAL POLITICS

After three Socialist governments (from 1982 to 1994) nothing had been done about the demand of many elderly men and women who waited and waited for the restoration of their relatives' good name and the recovery of their remains, breaking their trust in the political establishment altogether. This lack of attention, together with the ageing and dying of the repression's direct surviving victims, were determining factors in the founding of the first association for the recovery of historical memory, the Asociación para la Recuperación de la Memoria Histórica (ARMH). Throughout Spain, there were many groups and families that spoke and wondered what to do to recover their loved ones' remains; there were also political associations and organizations interested in revisiting the history of the war and the dictatorship. But the ARMH was the first organization created specifically regarding the exhumation of mass graves and the end of the social silence regarding the experience of the defeated during the regime.

Independent from any political party, the ARMH was a grassroots effort created at the end of the year 2000 after the opening of a grave containing 13 bodies in the El Bierzo area of León in October that same year.[15] As a result of the media coverage that this event garnered, the 'movement' spread quickly throughout the country. Similar associations were created in almost every Spanish province.

The ARMH eventually spoke before the United Nations Commission on Enforced or Involuntary Disappearances. The Spanish government was made the focus of a harsh report from the Spanish Defensor del Pueblo (ombudsman) because of its failure to support the victims and their demands. The movement influenced national politics to such an extent that on November 20th, 2002 the Spanish Parliament condemned the Franco regime for the first time ever.[16]

The graves exhumed in the year 2000 were not the first

mass graves to be opened up. Since the end of the Franco regime some people had been digging up their dead in secret, without the use of any archaeological methods, interested in laying them to rest in the cemeteries without identifying or separating the remains. These timorous tasks were stopped short by the failed coup attempt of Lieutenant Colonel Antonio Tejero in February 1981. The reappearance of all the fears and terrors of the Franco regime that were rekindled by Tejero's action led to a renewed and even more active silencing of the victims by a discourse that asked them to forget and overcome the past, to 'turn the page' and accept the state of things as the only possible way for a lasting national reconciliation. In short, power was exerted once again over the victims who were pushed back to their defenceless positions and were asked to respect the impunity of victors' actions for the common good.

But almost 20 years later, exhumations again took place, this time neither secretly nor haphazardly. The sight of so many broken and bruised bones in open mass graves played a very important role in the social, popular, and political re-assessment of the victims of Francoist repression. The intensity of the impact created by exhumations carried out with scientific archaeological methodology truly shocked the Spanish population. Images of dozens of piled up skeletons inundated newspapers and television sets. Forensic analyses which determined cause of death, findings of ammunitions and evidence of bone fractures caused by blows, added to the testimonies of the families, made this old suffering and the presence of the horror in Spain's history visible and incontestable. The bones made it impossible for the first time ever for Franco's supporters to deny what had actually happened, and they challenged old explanations that brushed off "a few excesses" as caused by tensions and jealousy between villagers and not as the result of a politics of repression organized by the insurgents.[17] This explanation could not be sustained in light of such a discovery and the repetition of it in so many different places with the same *modus operandi*.[18]

They also debunked the hegemonic version of the Civil War that had circulated during the Franco regime, in which it was represented it as a crusade for national liberation, and also the version that was constructed during the Transition: we were all guilty. Both the belligerent message and that of contrived balance had ended up serving the purposes of the victors, whose crimes against humanity appeared as either justified, or not really theirs. The seemingly distanced and mature attitude of 'moving on', moreover, psychologically shifts the blame from the victors' conscience to the defeated, as opening up the graves to mourn and respect the dead is portrayed as an act of (Leftist) selfishness that harms Spanish society and obstructs democratic reconciliation.

The movement for the 'recovery of historical memory'

---

[14] A similar process (although much more intense) occurred in Germany at the end of the 1960's.
[15] I am referring to the ARMH, not the 'Foro por la Memoria', related with the Communist party.
[16] Details of the process are given in the first chapter of Silva, E. and Macías, S. 2000 *Las fosas de Franco. Madrid*, Temas de Hoy.

[17] For more information see Fernández de Mata, I. 2006.
[18] This was made very clear in a recent report by Amnesty International: *Spain: to End the Silence and the Injustice. The Pending Debt with the Victims of the Spanish Civil War and the Franco Regime*. Amnesty International Report. July 18, 2005. 78 pp.

brought about increased sensitivity and values that, as symbolic capital, could be used by politicians on the Left who favoured certain political, ideological and social changes. It coincided with a moment in which the Spanish Socialist Party (PSOE) was in need of redefining their stale discourse after an excessively long stay in power. All of their old reformist desires had been greatly moderated and they had lost their squeaky clean image from the Transition after scandals of corruption and state-terrorism exploded during Felipe González's last term in office. The PSOE tried to use the symbolic capital of 'victims' to reconstruct a certain historic referential for the party and its voters, a politics very much in keeping with President Rodríguez Zapatero's tendencies of dealing with collectives which had until then been ignored. The right-wing Popular Party's (PP) second term in office, moreover, was characterized by a turn from the moderation and centrism that had characterized both Left and Right administrations so far, marking the beginning of the end of the 'spirit of the Transition' by sharpening political divisions and conflict. Coming on top of growing social rejection of José María Aznar's political intransigence, the March 11th terrorist attack on the Madrid subway secured the Socialist electoral victory of March 14th, partly as a punishment to Aznar's highly unpopular entry in the Iraq war. More importantly, this attack made victims of political violence and their relatives' demands for state support ever more visible, and it also underlined that politically-motivated assassinations were anything but justifiable.[19]

The socialist victory of 2004 opened up a new phase in dealing with the Spanish memory of repression. President Rodríguez Zapatero ordered an Interministerial Commission to be set up to support victims of the Civil War and the Franco regime, and a legislative text followed from this that was to produce the law commonly known as the Ley de la Memoria (Memory Law). But these measures and the legislation have not satisfied the victims, and they have offended the victors' political (and actual) heirs, and a context of hostility and conflict over the control of the representations of the past is now part of the Spanish political game.[20]

I.4. The international context

Since the end of the Franco regime in the late 1970s, historical events and processes have strengthened the safeguarding of human rights. The end of the Cold War, the collapse of the Soviet bloc and its uncovering of all the horrors of the Gulag, the end of South-African apartheid, the fall of the Latin American dictatorships and the

persecution in some cases of those held most responsible have altogether created a wave of sensitivity for human rights conducive to dealing with the forgotten victims of the Spanish Civil War and the dictatorship. Perhaps the real wake-up call was hearing the news of proceedings opened in the Spanish Audiencia Nacional in relation to the crimes against humanity committed in Chile, Argentina and Guatemala, and in particular the prosecution of Augusto Pinochet by Judge Baltasar Garzón. Many Spanish families pointed to this remarkable turn in international law by asking, "who is dealing with *our* 'disappeared' persons?"

But the organizational model and activity that the ARMH has followed owes a lot to Latin American initiatives, including relatives' organizations such as the Argentinean Mothers of the Plaza de Mayo, and more institutional bodies such as the Comisión Nacional sobre la Desaparición de Personas (National Commission on Disappeared Persons, CONADEP), created by Argentinean President Raúl Alfonsín on December 15, 1983 to investigate the violations of human rights that occurred between 1976 and 1983. CONADEP's work was later continued by the renowned Argentine Forensic Anthropology Team, a non-governmental organization founded with the support of the American Association for the Advancement of Science under the direction of Clyde Snow.

I.5. Popular history, national histories

A significant element of victims' experience during the dictatorship was their exclusion from the nation as supposedly anti-Spanish, anti-Christian 'Reds'. Surviving victims' accounts often strongly insist on their assassinated relatives' character as "good Spaniards", patriots who loved their country, because for years patriotism and authentic "Spanishness" were arrogated by the Right. With the coming of democracy, however, this exclusivist nationalism of the Right has not changed: Franco's heirs wear shirts and jackets with the slogan "100% Spanish", casting doubt on the Spanishness of their political rivals.

Spanish surviving victims consider themselves to have been forgotten and abandoned by their country, and when they compare other international post-dictatorial processes with the Spanish one they feel that are still slighted by the state, which has not given them the compensation they feel they are due. Their pain has been channelled into demands for public recognition and their rightful place in history, the restoration of their murdered relatives' good name and dignity. Having been 'excluded from history'[21] for decades by the misrepresentation of the Civil War and Franco's regime, they now demand that their experience become a significant part of the collective and national historic discourses that are narrated and circulated. Many write books and articles themselves, while others collaborate with

[19] Fernández de Mata, I. 2009. From Invisibility to Power. Spanish Victims and the Manipulation of their Symbolic Capital. In Khazanov A. M. and Payne, S.G. (eds.), *Perpetrators, Accomplices and Victims in Twentieth-Century Politics. Reckoning with the Past*. New York, Routledge, 93-104.
[20] [Anecdote from] the historian of Russian history, Geoffrey Hosking regarding the legendary Radio Armenia: "Radio Armenia is asked if it can predict the future." Answer: "Yes, that's not the problem. We know exactly what the future will be like. Our problem is the past, which continues to change". Prins, G. 1993. Oral History. In Burke, P. (ed.), *Formas de hacer historia*. Madrid, Alianza, 144-176. Here, p.161.
[21] This is the expression that I have used in some of my work to define how the victims feel and to highlight their historic invisibility. The term is one of a variety of other similarly used categories by various authors, such as W. Benjamin's 'nameless'; E.P.Thompson's 'history from below'; Eric Wolf's 'people without history'; Ranajit Guha's 'subalterns' (taken from Gramsci); or Frantz Fanon's 'wretched of the earth'.

"amateur researchers" who write without following proper rules of citation, research, analysis, accuracy, etc.

The popular production and consumption of History is indeed a problematic shift from academic versions, because they respond to an economic logic of sales instead of canons of scientific rigor. Many of the new discoveries and theories that are produced in the fields of history or ethnography often reach the public in simplistic and distorted retellings years later, full of clichés and generalizations. But this popular consumption is indisputably connected with popular longings for understanding the past and locating oneself within history, a longing that jargon-filled and complicated academics are seldom able to address properly, and which feeds into the production of more dubiously researched 'pocketbook Histories'.

While publishing houses have benefited by responding to this demand, it has upset some historians, who continue to fail at taking and understanding the social pulse. Many inaccurate or blatantly sensationalistic texts on the Civil War are promoted as novel revelations about the hidden past of victims, engaging in such a way with the longings of thousands of Spaniards who have not otherwise had access to this knowledge, nor have been able themselves to express it or seen it public. Authors like Santos Juliá have protested against this flood of "discoveries", claiming that the long line of titles on these subject matters has actually been addressed in academia even before Franco died.[22] However, these same authors do not seem to take into account the different levels of access to knowledge that each social sector has, or the time difference between academic investigation and when it becomes public.

This popular literature on historical and anthropological subjects is the product of a process of 'historical sentimentilization': the contemplation of history as a brief period of lifetimes and collective sufferings. Broadly speaking, this 'sentimentilization', which is well represented in the boom of the historical fiction genre, originates in the evolution of the social sciences and the humanities from the second half of the 20th century onwards. The field of History has broadened in terms of subject matter, but above all, it has become more democratic, involving new historical subjects who had not been contemplated before, populating history with humble faces previously unseen by the institutions holding the power of representation in each period. Originally confined to the intellectual sphere, the phenomenon has reached the public on just the right level for the general Spanish reader —consumer mainly of the press, but also of essays and historical fiction— and spectator— viewer of documentaries and "special reports" as well as consumer of films inspired by history, etc.

The peasantry, the poor, the deprived; colonial subjects; women; children, the young and the elderly; ethnic minorities... these groups that together make up the majority of the global population finally burst out of their

roles as "extras" in the stage of history, which until then had been monopolized by a reduced elite that played the leading roles. This collective new sensitivity connects with the movement for the 'recovery of historical memory', in theory making it easier for their demand for social recognition to be dealt with by society and the state.

It is difficult to point out the whole of the contributing elements that make a society respond to a specific demand such as the 'recovery of historical memory', especially in the case of complex societies in which continuous and contradictory flows of information and the processes of feeding back into phenomena complicate the analysis further. But I believe that some of the contexts, influences and elements presented here help explain the explosion of this offended and, as I show in the coming sections, vindicating memory of the heirs of the defeated in the Spanish Civil War.

II. Misunderstandings and Disputes

After this discussion on the phenomenon of historical memory in contemporary Spain, perhaps it would make sense to analyze the expression 'historical memory' in itself. This is definitely not an arbitrary or punctilious endeavour: there are important debates about the meaning and use of the concept 'historical memory', with some detractors of the notion going as far as to say that the combination of the terms "memory" and "historical" is antithetic. Some of these ontological problems come from the use of the plural sense of this expression in the singular, a plural that tries to encompass the collective with personal experiences: how much of *personal* memory can fit into the category of collective *historical* memory?

Instead of embarking on an in-depth examination of books and articles written on the general subject of historical or collective memory, I will focus on the current conflict over memory in Spain. The confrontations and conflicts that surround the eruption of historical memory in the country has taken strange turns. One such example is that of the so-called 'obituary war', which showed Franco supporters using the notion of 'recovering historical memory' to support their cause and interpretation of history.[23]

Most of those who have been most critical of the expression 'historical memory' see an unsolvable antagonism between history and memory in the attempt to substitute a well-researched History with the non-scientific and necessarily subjective memory of the past. Many of these critics are reputable social scientists and historians who have significantly contributed to overhauling Spanish historiography, especially in fields related to the 20th

---

[22] Juliá, S. (ed.). 1999. *Víctimas de la guerra civil*. Madrid, Ed. Temas de Hoy.

[23] This 'war' was launched by a death notice in *El País* of a military officer who, faithful to the legitimate government, had been killed in the Civil War's first action. This notice was followed by tens of other notices of victims of the war and of the repression, and 'counter-notices' of Francoist victims. I have explored this process in Fernández de Mata, I. 2009b. In Memoriam... Esquelas, contra-esquelas y duelos inconclusos de la Guerra Civil Española. *Historia, Antropología y Fuentes Orales*, 42, 93-127.

century, revising the versions of history established during the Franco regime, some even risking their careers in the suffocating environment of the regime itself. Within the context of their intellectual endeavour, they exaggerate the risks of inaccuracy associated with oral methodology, considering that the personal and emotional aspects of the protagonists of historical processes are not necessary elements of their historical representation.

Those promoting 'historical memory' have been the leaders of the associative movement for its 'recovery', especially Silva and Santiago Macías, founders of the ARMH. For them, the meaning of the expression comes directly from its use in Latin America, a category that favoured the public expression and circulation of victims' accounts of human rights violations, in such a way as to end the defencelessness suffered at the hands of torturers and killers. Historical memory led to the 'empowerment' of victims previously stripped of dignity and worth.[24]

The use of 'historical memory' that has been adopted by the families of victims of the repression of the Civil War and the regime is related to this desire to break the circle of imposed-silence that creates collective-forgetting. One of the primary objectives of recovering the bodies from the common graves is linked with the need to locate personal traumatic memories in a collective history into which they make sense. This integration (now visible) breaks the old circle of silence and oppression by incorporating the suffering that was forcibly silenced, but kept in memory, into the versions of what happened accepted by society, that is, History. That is why the attempt to recover historical memory as a 'vindicating memory', given its strong Benjaminian component of demands that go against the grain of accepted history.[25] More than a mere conflict of versions, it is a claim for collective meaning in the plural sense: no more hegemonic and totalitarian versions, but a true democratization of history from the integration of memories and remembered pasts.

Historians and other academics need to be more sensitive; associations and amateur researchers need to be more rigorous. The conjunction of both streams will perhaps lead to a definitive reintegration of the past in a present of knowledge and true reparation. When this happens, and when this knowledge produces tolerance, Spain will no longer be a nation sickened by its past.

---

[24] Jelin, E. 2003. *State Repression and the Labors of Memory*. Minneapolis, Minnesota University Press. Gaborit, M. 2002. Memoria histórica: relato desde las víctimas, *Estudios Centroamericanos*, 57, 1021-1032. Schwarastein, D. 2002. Memoria e historia, *Desarrollo Económico* (Argentina), 42:167, 471-482. Sonderéreguer, M. 2000. El debate sobre el pasado reciente en Argentina: entre la voluntad de recordad y la voluntad de olvidar, *Hispanamérica*, 29:87, 3-15; Binford, L. 1996. *The Massacre at El Mozote: Anthropology and Human Rights*. Tucson, University of Arizona Press.

[25] Vindicating (from the Latin vindicator), adj.: that vindicates. I am referring to the use of *vindicate* from its second and third entry in the RAE dictionary: 2. 'to defend, especially in writing, whoever has been injured, slandered, or unfairly criticized. 3. Law. To describe a person: To recover what belongs to them.

CHAPTER 7

LAS FOSAS COMUNES DE LA GUERRA CIVIL ESPAÑOLA DEL ARROYO ROMANZAL. LA ACTIVIDAD REPRESIVA FRANQUISTA EN LLERENA (BADAJOZ, ESPAÑA) DURANTE LOS PRIMEROS DÍAS DE OCUPACIÓN. CONTRIBUCIÓN A LA MEMORIA.

THE SPANISH CIVIL WAR MASS GRAVES OF ARROYO ROMANZAL. FRANCO'S REPRESSIVE ACTIVITIES IN LLERENA (BADAJOZ, ESPAÑA) DURING THE FIRST DAYS OF OCCUPATION. A CONTRIBUTION TO MEMORY

Laura Muñoz Encinar and Francisco Javier García Vadillo.

Resumen: La arqueología ha permitido en los últimos años aproximarnos a conocer los procesos de represión de la Guerra Civil española a través de la exhumación de fosas comunes. La arqueología ha contribuido a conocer el tratamiento de los represaliados, el proceso de ocultación de los ejecutados, y en algún caso sus identidades, aportando datos desconocidos sobre los hechos. Dentro de la dinámica de exhumaciones llevadas a cabo en España en los últimos años, tiene lugar la excavación de dos fosas comunes ubicadas en Llerena, Badajoz (Extremadura, España).

Producto de la represión tras la ocupación de Llerena por las tropas franquistas a finales de agosto de 1936, se produjeron numerosas ejecuciones de ocupación. Las fosas comunes del enclave del arroyo Romanzal informan sobre las ejecuciones desarrolladas durante los primeros días. Recurrencia en los lugares de ocultación, diversidad en el tratamiento de los cadáveres y la presencia de individuos con sexo y edades diferentes y origen socioeconómico heterogéneo, son los principales aspectos documentados en las fosas. Las principales conclusiones nos acercan, a través del registro material, al comportamiento de los ejecutores y al destino final de los represaliados en cada unos de los momentos reflejados en las fosas.

Palabras clave: Guerra Civil Española, fosas comunes, ejecuciones, registro material, Arqueología.

Abstract: During the last years, Archaeology has permitted us to approach and know the repression processes of the Spanish Civil War through the exhumation of mass graves. Archaeology has contributed to know with new data the way the repressed were treated, and the process of occultation of the bodies, and in some cases, their identities. As part of the dynamic of exhumation of mass graves in Spain, two of them are excavated in Llerena, Badajoz (Extremadura, Spain).

As a product of the repression that took place in Llerena after the occupation of the Francoise troops in august 1936, several executions took place. The mass graves in Arroyo Romanzal inform about the executions that took place during the first days. The recurrence in the hiding places, the diversity in the treatment of the bodies and the presence of different gender, age and condition individuals, are the main aspects documented in the graves. Main conclusions let us be nearer to the conduct of the executors and the final destiny of the repressed in every moment of the process represented in the graves.

Keywords: Spanish Civil War, mass graves, executions, material remains, Archaeology.

1. Introducción

Tras el levantamiento militar producido el 18 de Julio de 1936, la provincia de Badajoz continuó al lado del gobierno legítimo con el apoyo de numerosas organizaciones obreras, parte del ejército y diversas instituciones republicanas. (Olmedo, 2010: 50) El objetivo principal de los sublevados era ocupar Madrid, para lo que avanzarían desde el sur a través de la carretera nacional 630 que une Sevilla con el norte de la península. Los sublevados, una vez en Cáceres se unirían con otras columnas y procederían en su avance hacia la capital del Estado (Espinosa, 2003:12).

La columna de Castejón, desgajada de la columna principal, será la encargada de ocupar Llerena (Espinosa, 2003:13), que contaba con una fuerte resistencia y un consolidado movimiento obrero (Olmedo, 2010:51). Llerena fue tomada

el día 5 de agosto de manera especialmente violenta. El 31 de agosto los republicanos desde Azuaga intentarán nuevamente recuperar la localidad (Olmedo, 2010:52). Aunque fracasaron en la recuperación total de Llerena, consiguieron ocupar temporalmente varios barrios produciéndose una fase de inestabilidad en la línea de frente (Espinosa, 2003:15-16). En los días sucesivos, se procedió a ejecutar a un gran número de personas detenidas en Llerena. Al menos en los días 2 y 8 de septiembre de 1936 hubo fusilamientos en la zona del arroyo Romanzal (Olmedo, 2010:52). Aunque generalmente el lugar elegido para realizar las ejecuciones eran las tapias del cementerio, la inestabilidad en la línea de frente y su proximidad con el cementerio, desplazó las ejecuciones hacia el arroyo Romanzal.

La memoria popular siempre conservó el lugar donde

algunos vieron los fusilamientos y las fosas. Gracias a estos testimonios 69 años después localizamos las fosas y procedimos a su excavación. Según los testimonios orales, en este enclave fueron enterradas un grupo de treinta personas, las cuales una vez depositadas en la fosa fueron quemadas. Actualmente existe un listado de las personas fusiladas en el arroyo Romanzal de Llerena. Este listado, realizado por Ángel Olmedo (Olmedo, 2010:84), está confeccionado con los nombres de las personas que están inscritas en el registro civil y los datos aportados por los testimonios orales, es posible que falten nombres de personas bien por no figurar sus datos en ningún documento oficial o por no contar ya con familiares en la localidad, que hayan podido aportar información al respecto (Olmedo, 2010:84).

La intervención arqueológica en las fosas comunes del arroyo Romanzal se realizó en dos fases. La primera de ellas tuvo lugar en el marco del "Campo de Trabajo Recuperación de la Memoria Histórica" organizado a través de la Dirección General de Juventud de la Junta de Extremadura, junto con la Asociación para la Recuperación de la Memoria Histórica de Extremadura, en el marco de la "Campaña de Verano" contando, además, con el apoyo del Proyecto de la Memoria Histórica de Extremadura. La segunda fase se llevó a cabo mediante una excavación arqueológica subvencionada por la Dirección General de Patrimonio Cultural de la Consejería de Cultura de la Junta de Extremadura. Como resultado de la intervención arqueológica, fueron localizadas dos fosas comunes, que corroboraban en parte, los testimonios orales.

La elección del enclave para la ejecución y posterior enterramiento de los cuerpos respondería a un objetivo de implantación del terror, debido a su cercanía con el pueblo de Llerena. Las fosas localizadas en el margen del arroyo, muestran el desarrollo de dos comportamientos diferenciados con el objetivo común de ocultar los cadáveres. La cercanía y diferencias entre ellas indican recurrencia en los lugares de ocultación (Muñoz-Encinar *et al.*, 2010:125). Las fosas cuentan con una longitud y achura similar (6m de longitud y una anchura del, 30m). El aprovechamiento del entorno y la minimización de esfuerzos aparecen reflejados en la forma de preparación de los depósitos. Ambas fosas se disponen de forma paralela al cauce actual del arroyo y fueron excavadas con poca profundidad Muñoz-Encinar *et al.*, 2010:125). Las diferencias en los comportamientos han sido observadas principalmente a partir de la disposición de los cadáveres en cada una de las fosas (Muñoz-Encinar *et al.*, 2010:126).

2. Objetivos

El proyecto de Recuperación de la Memoria Histórica se basa en el principio fundamental de reconocimiento moral de todas las víctimas de la Guerra Civil, así como a cuantos padecieron la represión de la dictadura franquista. La exhumación de fosas comunes, siguiendo el modelo y la metodología de una intervención arqueológica, tiene como objetivo, no solo la recuperación e identificación de los cuerpos, sino, la aproximación al conocimiento del proceso de represión a través del estudio de los restos materiales. Para ello, es necesario que las exhumaciones de las fosas comunes de la Guerra Civil, siendo prácticas arqueológicas totales, profundicen en el conocimiento del pasado, favorezcan la preservación de sus huellas materiales y contribuyan a divulgar la historia de forma crítica y comprensiva (González-Ruibal, 2009: 110).

La intervención arqueológica realizada tuvo como objetivos la recuperación, registro y documentación de la máxima información de los elementos arqueológicos y su contexto en la fosas comunes del arroyo Romanzal. Dentro de estos objetivos podemos señalar: documentación planimétrica de las fosas comunes, estudio y análisis de la secuencia estratigráfica y el registro, individualización y análisis de los restos óseos y pertenencias de los individuos depositados en las fosas.

A partir del análisis y estudio de los elementos materiales y contextuales de las fosas comunes podemos obtener una gran información que nos aproxima a conocer el contexto en el que se llevaron a cabo las ejecuciones, cómo se produjo de proceso de represión y quienes fueron las personas represaliadas. Además, los restos materiales recuperados en el contexto de las fosas comunes, son en ocasiones determinantes en las tareas de identificación y en lo concerniente a las circunstancias que rodearon sus muertes. Algunos de los objetos personales indican en cierta manera el sexo del individuo, el estado civil, las creencias religiosas, y otros aspectos relacionados con sus costumbres y vida personal. En este artículo queremos hacer hincapié en la importancia del estudio de los restos arqueológicos y su contexto para el conocimiento objetivo del proceso de represión llevado a cabo durante la Guerra Civil y el franquismo.

3. Metodología

El uso de una metodología de excavación y registro que maximiza la recogida de datos, nos permite reconstruir un gran número de variables relacionadas con las ejecuciones y el destino final de los ejecutados.

La excavación sistemática articula una metodología y técnica de intervención que tiene como fin el registro de manera minuciosa todas aquellas variables que ayudan a caracterizar el contexto de deposición de los cadáveres, su secuencia estratigráfica, así como la individualización y contextualización de los restos óseos y objetos arqueológicos en la fosa común, su distribución (planimetría) y caracterización. Para alcanzar estos objetivos la metodología aplicada en la intervención contempla dos conjuntos de procedimientos metodológicos, excavación y registro, que dependen del planteamiento general del proceso de excavación.

La metodología de excavación se basa en el principio de unidades estratigráficas (UE) de Harris, complementada con la observación y registro de la distribución espacial y de las características de los elementos arqueológicos y su individualización. Para ello, empleamos y desarrollamos diferentes formas de registro adaptadas a los elementos arqueológicos encontrados. Los centros de interés de la intervención son la documentación de unidades estratigráficas correspondientes con actividades antrópicas de excavación y relleno con el enterramiento de los individuos represaliados y su ocultación: fosa I y fosa II. Partiendo de los centros de interés de la excavación, hemos observado diversidad no sólo en el tratamiento de los cadáveres, sino también en los objetos arqueológicos en cada una de las fosas. La metodología empleada nos ha permitido relacionar los objetos con los individuos a partir de su asociación a las diferentes partes anatómicas del esqueleto.

A partir de la diversidad de objetos encontrados definimos tres categorías distintas: objetos relacionados con la vestimenta, elementos de adorno y uso personal y elementos relacionados con los represores. Los elementos relacionados con la vestimenta, así como los de adorno y uso personal, podrían informarnos a cerca del sexo, la posición social, y los hábitos del individuo al que pertenecen. Teniendo en cuenta el marco de la sociedad tradicional en España en 1936, podemos inferir algunos aspectos relacionados con las diferencias sociales del momento. En el caso de las pertenencias relacionadas con las vestimentas, determinados elementos como tirantes, cinturones, o cremalleras parecen indicativos de individuos de sexo masculino. Otros elementos más funcionales como corchetes, parecen tener relación con prendas de uso femenino. De forma frecuente, aparecen botones de diferentes tipos, como madera, nácar o metálicos, sin que podamos sacar conclusiones claras sobre los individuos. También son frecuentes los elementos del calzado, así como múltiples restos de reparaciones, sin que podamos sacar información concluyente sobre los individuos que los llevaban.

Los objetos de adorno y uso personal, informan sobre los hábitos de los individuos, nos aproximan a conocer su género y reafirman su posición social. El uso de horquillas para el cabello revela el sexo femenino de quien las portaba, así como la presencia de elementos de costura como pueden ser dedales, hilo y agujas. La presencia de medallas religiosas nos indica en cierto modo sus creencias, los peines el cuidado e interés por el acicalamiento, así como los gemelos pueden indicar una manera de diferenciarse por las vestimentas. Las alianzas pueden ser asociadas en ocasiones al estado civil así como los mecheros al hábito de fumar... En su conjunto toda esta diversidad de objetos revela la psicología de los individuos y en ocasiones nos aproxima a conocer su identidad.

4. Resultados

En la fosa I fueron exhumados un número mínimo de 19 individuos. A partir de la disposición de los cuerpos dentro del depósito observamos que no existe un patrón estandarizado (Muñoz-Encinar et al., 2010:125) (Figura 1). La acumulación de los cadáveres en la fosa I refleja

el carácter fortuito y falta de planificación de la actividad. Además, la cremación posterior de los cuerpos responde a factores psicológicos asociados a la implantación del terror.

Los cuerpos se disponen, por norma general, siguiendo el eje longitudinal de la fosa, con la cabeza tanto al norte como al sur. La posición de los cadáveres se caracteriza por una falta de correspondencia entre la cabeza y el torso, y de forma general entre las extremidades superiores e inferiores, remarcando el carácter fortuito de su posición (Muñoz-Encinar et al., 2010:108). A partir de la estratigrafía interna de la fosa se han observado distintas series y zonas de acumulación de los cadáveres. Existen al menos dos tendencias relacionadas con el orden de acumulación. Las fases observadas en la disposición de los cuerpos se ven matizadas según las series y las zonas de acumulación. En una primera serie, los individuos colocados en la base de la fosa, se disponen de dos a dos siguiendo el eje longitudinal del depósito. Su posición suele ser decúbito supino y en decúbito lateral en la zona central y lateral de la fosa. Sobre ellos y por encima, colocaron uno o dos individuos, cuya disposición y orientación difieren de los de la base. Estos individuos representan una variación considerable del patrón inicial de colocación estando en ocasiones de manera transversal a la fosa. Finalmente en la zona norte, donde tuvo mayor incidencia el fuego, existe una mayor acumulación de cadáveres con un carácter aleatorio en su disposición, algunos de ellos arrojados (Figura 1).

En la fosa II fueron localizados un total de 16 individuos de ambos sexos y edades diferentes. El patrón de acumulación observado en esta fosa, varía en gran medida respecto de la fosa I. En la fosa II observamos un patrón organizado, con un aprovechamiento racional del espacio (Figura1). Los individuos documentados fueron colocados siempre siguiendo el eje longitudinal de la fosa y con la cabeza hacia el norte. La posición predominante del torso, a diferencia de la fosa I, suele ser decúbito prono, mientras que la de la cabeza es la lateral. Los individuos en la fosa II se disponen en dos niveles. En la parte inferior, los individuos fueron colocados en grupos de dos individuos adaptándose a la morfología del depósito. El nivel más superficial muestra grupos de tres individuos, siempre siguiendo el mismo patrón de colocación según el eje longitudinal de la fosa (Figura 1).

Los objetos arqueológicos documentados en las fosas del arroyo Romanzal son de carácter diverso. Pertenecen a las tres categorías definidas en las que podemos incluir la totalidad de los objetos arqueológicos hallados (Figuras 2 y 3).

En alguna ocasión, debido a los procesos postdeposicionales y a la labores de localización de las fosas, algunos objetos quedaron descontextualizados sin poder ser adscritos directamente a un individuo concreto. Aún así, en la mayoría de los casos, la práctica arqueológica nos ha permitido documentar la relación directa entre objetos e individuos. En la fosa I documentamos una sortija, una alianza, un dedal, unas pinzas de aluminio, y una llave de

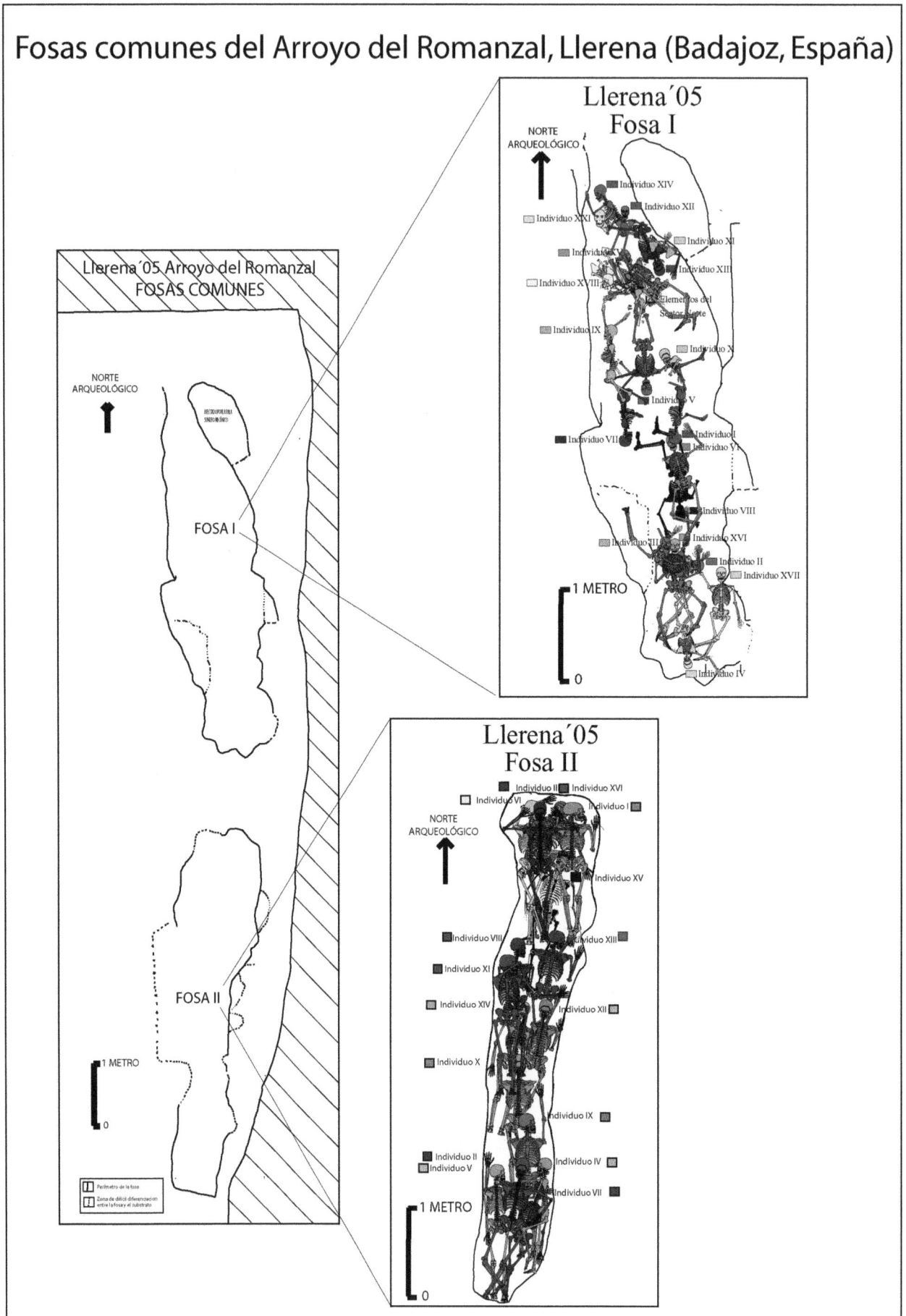

Figura 1. Plantas de las fosas I y II de Llerena y disposición de los individuos dentro de ellas.

OBJETOS RELACIONADOS CON LA VESTIMENTA							
	Nº Individuo	Tejido	Botones	Calzado	Corchetes	Cremallera	Hebilla (cinturón)	Tirantes
FOSA I	I	si	si	-	si	-	-	si
	II	si	si	-	-	-	-	-
	III	si	si	-	-	-	-	-
	IV	si	si	si	-	-	-	-
	V	si	si	si	-	-	si	si
	VI	si	si	-	-	-	-	-
	VII	si	si	si	-	-	si	-
	VIII	si	si	-	-	-	si	-
	IX	si	-	-	-	-	-	-
	X	si	si	-	si	-	-	-
	XI	-	si	-	-	-	-	-
	XII	-	-	-	-	-	-	-
	XIII	-	-	-	-	-	-	-
	XIV	si	si	si	-	si	si	-
	XV	si	si	si	-	-	-	-
	XVI	si	si	si	-	-	si	-
	XVII	si	si	-	-	-	-	-
	XVIII	si	-	-	-	-	-	-
	XXI	si	-	-	-	-	-	-
FOSA II	I	si	si	si	-	-	-	-
	II	-	si	-	-	-		-
	III	-	si	si		-	si	si
	IV	si	-	si	-	-	-	--
	V	si	si	si	si	-	-	-
	VI	si	si	si	si	si	si	-
	VII	-	si	si	-	-	-	-
	VIII	-	si	-	-	si	-	-
	IX	-	si	-	-	-	-	-
	X	-	-	-	-	-	si	si
	XI	-	si	-	-	-	si	si
	XII	-	si	-	-	-	-	-
	XIII	si	si	-	-	-	si	-
	XIV	-	si	-	-	-	-	-
	XV	-	si	si	-	-	si	-
	XVI	-	si	si	-	-	-	si

Figura 2. Objetos relacionados con la vestimenta de ambas fosas.

	Nº Individuo	Gemelos	Peina	Peines	Horquillas	Espejo	Monedero	Monedas	Mechero	Periódico	Mina lápiz	Alfiler	Costurero	Medallas	Sello/anillos
OBJETOS DE ADORNO Y USO PERSONAL															
FOSA I	I	-	-	-	si	-	-	-	-	-	-	-	-	-	-
	II	-	-	-	-	-	-	-	-	-	-	-	-	-	-
	III	-	-	-	-	-	-	-	-	-	-	-	-	-	-
	IV	-	-	-	-	-	-	-	-	-	-	-	-	-	-
	V	-	-	-	-	-	-	-	-	-	-	-	-	-	-
	VI	-	-	-	-	-	-	-	-	-	-	-	-	-	-
	VII	-	-	-	-	-	-	-	-	-	-	-	-	-	-
	VIII	si	-	-	-	-	-	-	-	-	-	-	-	-	-
	IX	-	-	-	-	-	-	-	-	-	-	-	-	si	-
	X	-	-	-	si	-	-	-	-	-	-	-	-	-	-
	XI	-	-	-	-	-	-	-	-	-	-	-	-	-	-
	XII	-	-	-	-	-	-	-	-	-	-	-	-	-	-
	XIII	-	-	-	-	-	-	-	-	-	-	-	-	-	-
	XIV	-	-	-	-	-	-	-	-	-	-	-	-	-	si
	XV	-	-	-	-	-	-	-	-	-	-	-	-	-	-
	XVI	-	-	-	-	-	-	-	-	-	-	-	-	-	-
	XVII	-	-	-	-	-	-	-	-	-	-	-	-	-	-
	XVIII	-	-	-	si	-	-	-	-	-	-	-	-	si	-
	XXI	-	-	-	-	-	-	-	-	-	-	-	-	-	-
FOSA II	I	-	-	si	-	-	-	-	-	-	-	-	-	-	-
	II	-	-	-	-	-	-	-	-	-	-	-	-	-	-
	III	-	-	-	-	-	-	-	-	-	-	-	-	-	-
	IV	-	-	-	si	-	-	-	-	-	-	si	si	-	-
	V	-	-	-	si	-	-	-	-	-	-	-	si	-	-
	VI	-	-	si	-	-	si	-	si	si	-	-	-	-	-
	VII	-	-	-	-	-	-	-	-	-	-	-	si	-	-
	VIII	-	-	-	-	-	-	-	-	-	-	-	-	-	-
	IX	-	si	-	-	-	-	-	-	-	-	-	-	-	-
	X	-	-	-	-	-	-	-	-	-	-	-	-	-	-
	XI	-	-	-	-	-	-	-	-	-	-	-	-	-	-
	XII	-	-	-	-	-	-	-	-	-	-	-	-	si	-
	XIII	si	-	si	-	-	-	si	-	-	-	-	-	-	-
	XIV	-	-	-	-	-	-	-	-	-	-	-	-	-	-
	XV	-	-	-	-	si	si	si	si	-	si	-	-	si	-
	XVI	-	-	-	-	-	-	-	-	-	-	-	-	-	-

Figura 3.Objetos de adorno y uso personal de ambas fosas.

pequeño tamaño, descontextualizados. Estos objetos nos indicarían al menos la presencia de una mujer y el posible estado civil unos de ellos.

Los objetos de cuidado personal (Figura 3), (peines, espejos y horquillas) muestran una clara asociación con el sexo de los individuos a los que pertenecen. En la fosa II hallamos tres peines de plástico y un pequeño espejo asociados con individuos masculinos. Además, documentamos en ambas fosas numerosas horquillas metálicas y de pasta, ubicadas en el cráneo de individuos femeninos. También, se recuperó una peina de pasta marrón muy fina, usada para el pelo (Figura 4).

La adscripción religiosa de algunos individuos viene determinada en ambas fosas por la presencia de medallas de carácter votivo. Localizamos una medalla de la patrona de Llerena, la "Virgen de Granada" en la fosa I. El resto de medallas documentadas son más genéricas: representan a la Virgen, al Sagrado Corazón, etc., así como también, en uno de los casos, conmemorativas de una "visita pastoral" (Figura 5). También documentamos la presencia de un alfiler de carácter religioso asociado a un individuo de sexo femenino de la fosa II.

Recuperamos un total de 8 monedas asociadas a diferentes individuos de la fosa II. Las monedas pertenecían a dos individuos distintos, unos de los cuales tenía una única moneda y otro contaba con un total de 7 monedas dentro de un monedero de cuero. En la fosa II se han recuperado también tres costureros de pequeño formato, todos localizados en la zona sur del depósito y asociados a mujeres (Figura 4). Estos costureros están constituidos por dedales, botones de pequeño tamaño, lápiz y algún fragmento de tejido.

Se han recuperado también dos mecheros asociados a distintos individuos de la fosa II, que se relacionan con individuos masculinos. Tal vez el elemento más peculiar recuperado en la excavación de la fosa II sea un fragmento de periódico asociado al Individuo VI (Figura 5). Además, asociado al mismo individuo también hallamos una mina de lápiz.

Los objetos relacionados con los ejecutores son de carácter diverso y solamente se han documentado en la fosa I. Documentamos la presencia de material bélico, restos quemados de recipientes de hojalata, un recipiente de aluminio y una mecha. Localizamos, en el contexto de la fosa I, la presencia de 19 casquillos de bala, todos ellos percutidos. Hallamos además, dos proyectiles con estrías (Figura 6) y un peine cargador. Todo el armamento documentado pertenece a fusiles Mauser con un calibre de 7mm.

Según las inscripciones, localizadas en la culata de las vainas de fusil, los proyectiles tienen dos orígenes. La mayoría fueron producidas en la Pirotécnica de Sevilla (PS, 16 casquillos) y en muy pocos casos en la Pirotécnica Nacional de Toledo (PNT, 3 casquillos). Sus fechas de

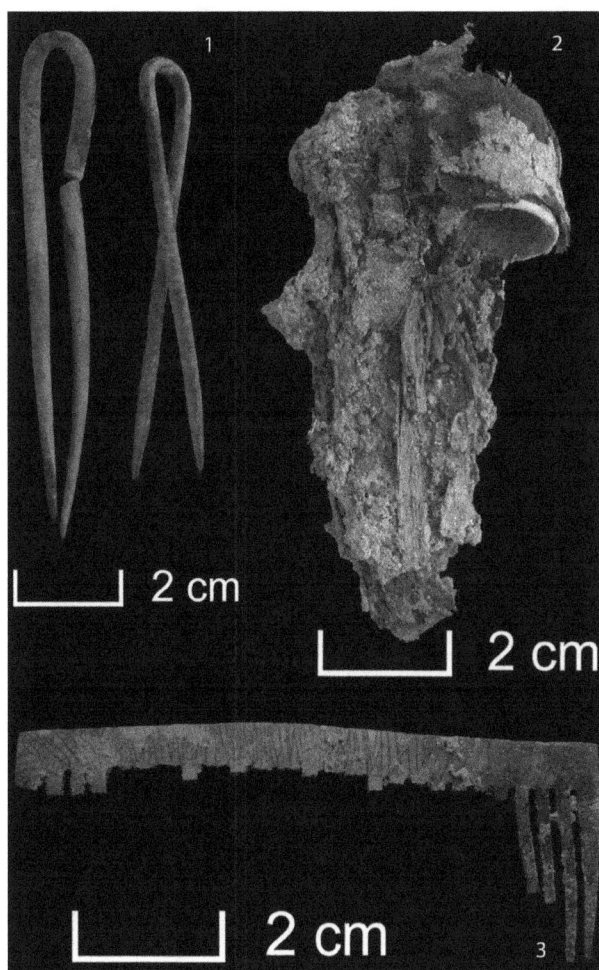

Figura 4. Objetos localizados en las fosas del Arroyo del Romanzal asociados a mujeres. 1: Horquillas de pelo. 2: Costurero. 3: peina.

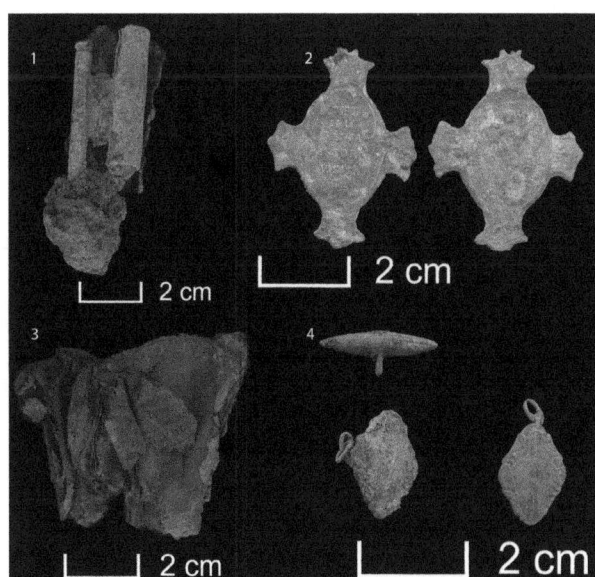

Figura 5.Objetos localizados en la fosas del Arroyo del Romazal asociados a hombres. 1: Mechero. 2: Medalla religiosa, conmemorativa de la visita pastoral. 3: periódico. 4: gemelos

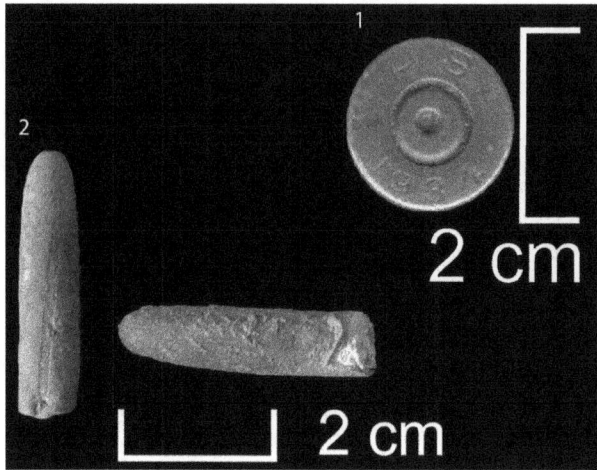

Figura 6. Ejemplos de munición documentada en la fosa I del Arroyo del Romanzal. 1: casquillo de bala de fusil Mauser de la Pirotecnia de Sevilla de 1934. 2: bala con estrías documentada en la fosa I.

fabricación indican que los más antiguos corresponden a la fábrica de Toledo con fechas de 1914 (1) y 1915 (2). Los casquillos de la fábrica de Sevilla son en su mayoría más modernos, 1935 (7) y 1934 (3) (Figura 6), aunque también documentamos otros más antiguos de 1924 (1), 1925 (3), 1929 (1). Sólo uno de los casquillos corresponde con el año de las ejecuciones (1936).

5. Conclusiones

La intervención arqueológica en las fosas del arroyo del Romanzal, con una metodología que tiene en cuenta e integra diferentes variables, nos ha permitido caracterizar diferentes aspectos relacionados con los ejecutores y ejecutados. Los resultados alcanzados contribuyen a reconstruir lo acontecido los días 2 y 8 de septiembre de 1936 en el Arroyo del Romanzal. Los datos obtenidos nos informan sobre las características de la zona de acumulación de los cadáveres, del depósito, sobre la forma en que se trató a los ejecutados, así como sobre el proceso de detención y la identidad de los ejecutados.

La intervención arqueológica nos permitió documentar dos fosas comunes, muy próximas entre sí, con similitudes y diferencias entre ellas en cuanto a la localización, morfología de los depósitos, número de individuos, tratamiento de los cadáveres y elementos arqueológicos asociados.

La localización de las fosas responde a un aprovechamiento de lugares inusuales para llevar a cabo las ejecuciones, fuera de las tapias del cementerio, debido a la inestabilidad del frente. El lugar elegido favorece el método de ejecución y la ocultación de los cadáveres. Las fosas aprovechan en al menos dos aspectos la orografía del terreno: un antiguo cauce del arroyo que drena la zona y su situación al menos dos metros por debajo del terreno circundante. Las diferencias topográficas pudieron ser utilizadas como

paredón, minimizando además el esfuerzo por ocultar los cadáveres. La minimización de esfuerzos aparece reflejada también en la forma de preparación de las fosas. Se disponen de forma paralela al cauce actual del arroyo y apenas fueron excavadas. La actividad de excavación en ocasiones apenas se diferencia del substrato ni supone un truncamiento de las estructuras sedimentarias previas.

Las dos fosas presentan una configuración morfológica similar, en longitud y anchura, sin embargo varían en el número y en el tratamiento de los cadáveres. La fosa I presenta un patrón general en la disposición de los cadáveres que sigue la orientación del depósito, norte-sur o sur-norte, viéndose modificado en la parte más superficial de la fosa. La última serie de cuerpos acumulados presentan orientaciones transversales (este-oeste) unido a una predominancia en las orientaciones de la cabeza y el torso decúbito prono. La variabilidad en la posición de las extremidades de los individuos evidencia un carácter fortuito que aparece aún más remarcado en la última serie de individuos acumulados. Ésta variabilidad en las posiciones está relacionada con el lanzamiento de los cuerpos para ser amontonados.

En la fosa I la cremación contribuye a la desaparición y transformación del registro. En función de las diferentes alteraciones térmicas de los huesos, observamos un foco calorífico que afecta por completo a todos los individuos con diferentes grados de intensidad, sobre todo en el sector norte de la fosa. Las altas temperaturas alcanzadas dieron lugar en ocasiones a la carbonización, y a la aparición de tonalidades grisáceas en la superficie de los huesos, así como a la destrucción de algunas de sus partes. La localización, en el sector norte de la fosa I, de la zona más activa del fuego coincide con la aparición de cambios en el patrón general de disposición y orientación de algunos individuos de la parte superior. Este cambio pudiera estar relacionado con un cambio de estrategia en un intento por hacer desparecer los cuerpos.

La disposición de los individuos de la fosa II es más regular. Su distribución está marcada por el eje longitudinal de la fosa, y caracterizada por una colocación de las extremidades con menor variabilidad que la fosa I. Los individuos en la fosa II están depositados y no arrojados. Todos están dispuestos siguiendo una misma orientación, norte-sur, con la cabeza siempre hacia el norte. La colocación de las extremidades muestra mayor variabilidad, aunque con un patrón no tan diverso como la fosa I.

La presencia de las dos fosas próximas entre sí y las variaciones apreciadas en el tratamiento de los ejecutados, nos informan de una recurrencia en los lugares de ejecución y enterramiento de los cuerpos en las inmediaciones de Llerena. La cremación en la fosa I y las diferencias en la disposición de los cadáveres en las fosas, ponen de manifiesto el papel de factores psicológicos. El fuego produciría una variación del patrón inicial de acumulación de los cadáveres en la fosa I. En la fosa II estos factores se mantendrían más estables, dando lugar a una disposición más ordenada de los cuerpos y a un aprovechamiento más racional del espacio que en la fosa I. En la fosa I la disposición de los últimos individuos de la secuencia refleja lo improvisado de la actividad que junto con el uso del fuego remarcaría la necesidad por acelerar el proceso de ocultación de los cadáveres.

El estudio de las pertenencias y los objetos personales nos ha aportado una gran información acerca de los ejecutados y del proceso de represión que sufrieron. La comparación entre los objetos arqueológicos de las fosas remarca las diferencias observadas entre ellas.

Los objetos relacionados con la vestimenta forman un conjunto bastante homogéneo entre fosas. Las diferencias observadas entre individuos responden al sexo: hebillas de cinturón, hebillas relacionadas con el uso de tirantes, cremalleras asociadas a pantalones, se asociarían a la presencia de individuos de sexo masculino. Se ha observado que los individuos de sexo femenino muestran un mayor uso de botones de nácar, en ellos están menos representados los botones metálicos y de madera. El uso de suelas de goma y/o tacones, se ha constatado en la mayoría de los individuos.

La conservación de tejido ha sido excepcionalmente buena en la fosa I fruto de la acción del fuego. En la fosa II la conservación de tejido es muy baja. Se reduce a varios fragmentos de muy pequeño formato siempre asociados a objetos metálicos que han favorecido su conservación.

Los objetos de adorno y uso personal remarcan las diferencias de sexo entre individuos así como sus hábitos, ocupaciones y estatus. La comparación entre fosas en este tipo de objetos arroja importantes diferencias destacando en número y diversidad la fosa II frente a la fosa I. En ambas fosas observamos horquillas relacionadas con mujeres; en uno de los casos de la fosa II aparece una peina. Entre los individuos de sexo masculino se ha constatado el uso de peines de bolsillo en tres ocasiones en la fosa II, elementos que en ningún caso aparecen en la fosa I. La aparición de varias medallas constata la adscripción religiosa de varios individuos de ambas fosas; una de ellas en la fosa I es de la virgen de Granada, patrona de Llerena.

En la fosa I la presencia de anillos y alianzas refleja el posible estado civil de alguno de los individuos. Su hallazgo nos informa de que estas personas no fueron registradas antes ni después de la ejecución. En este mismo sentido apreciamos la presencia en la fosa II de monedas asociadas a dos individuos. Uno de ellos conservaba 7 monedas dentro de un monedero de cuero. También se recuperaron dos mecheros de yesca en la fosa II, objetos vinculados a individuos de sexo masculino. Estos objetos de carácter personal aunque no destacan por su valor, nos siguen indicando que estas personas no fueron registradas.

La localización en la fosa II de tres conjuntos con elementos de costura, todos agrupados en la zona sur de la fosa, resulta especialmente llamativa. Cabe la posibilidad de que la presencia de tantas mujeres que llevaran en el momento de su detención costureros pueda estar relacionada con sus actividades domésticas. Finalmente, la conservación de una mina de lápiz remarca la diversidad de objetos de uso personal hallados en la fosa II frente a la fosa I. La mina de lápiz podría estar indicándonos que esta persona tal vez sabía escribir o lo usaba en su actividad laboral.

Las diferencias entre los conjuntos de objetos arqueológicos de las fosas se observan también entre individuos. Esta desigualdad se aprecia entre las diferentes categorías de objetos. En el caso de los objetos relacionados con la vestimenta observamos contrastes en cuanto al modo de vestir y los objetos utilizados para este fin. En este sentido, contrasta los individuos sin suelas, que seguramente llevaran zapatos realizados en materiales perecederos, con aquellos que usan suelas de goma. Las diferencias entre el uso de botones y objetos de cierre elaborado, como los gemelos, pueden estar relacionadas con el poder adquisitivo o la necesidad del individuo de diferenciarse por la vestimenta.

Las diferencias observadas entre ambas fosas en cuanto a elementos de la vestimenta y pertenencias de adorno y uso personal se aprecian también a partir de los objetos relacionados con los ejecutores. En el caso de la fosa I, la presencia de casquillos de balas así como los proyectiles indicaría que el fusilamiento de los individuos fue llevado a cabo en el mismo lugar. La mayoría de la munición encontrada pertenece a la "Pirotécnica de Sevilla" (PS) y fueron producidas entre 1934-1936. Aún así, también documentamos munición que nos muestra el uso de balas de fusil muy antiguas (PNT-1914-1915). Este hecho, puede estar indicando dificultades en el abastecimiento de armamento, el aprovechamiento de todas las reservas existentes, o bien el uso de material obsoleto para este tipo de actos.

La elección del lugar resumiría la visión del paisaje acorde con las necesidades de aquellos que llevaron a cabo su uso. La acumulación de cadáveres en un mismo lugar y en una misma fosa de enterramiento, señalan las circunstancias que rodean a la muerte de los individuos. Las ejecuciones de las personas enterradas en la fosa I muestran cierta improvisación tanto en el tratamiento de los cuerpos, como en la acumulación de los mismos, una vez asesinados. Esta circunstancia parece contrastada por la disposición que adoptan los individuos en la fosa I. La mayoría de los objetos personales recuperados en la fosa I están relacionados con las vestimentas. No se constata la presencia de dinero o de otra serie de objetos que hiciesen pensar en las necesidades del individuo cuando este saliese a la calle. Los individuos no cogieron prácticamente más que lo que llevaban encima. Finalmente, pensamos que no fueron registrados ya que hemos encontrado varias alianzas, un anillo, un sello y varias medallas.

En el caso de la fosa II, existe una planificación del enterramiento ya que el modo de depositar los cadáveres fue ordenado. Todos los individuos fueron colocados de la misma manera. Las detenciones fueron repentinas como demuestran los objetos localizados en la fosa y el dinero que transportaba el Individuo XV. En base a los datos aportados pensamos que los individuos exhumados en las fosas del arroyo Romanzal, no sufrieron un proceso judicial y no pasaron por la cárcel ya que es sobre todo durante esta fase, cuando se producen los registros y la sustracción de los posibles objetos de valor. Las detenciones efectuadas debieron ser rápidas y sin ningún tipo de proceso intermedio entre el arresto y la ejecución.

La recurrencia en el uso de la zona del Arrroyo del Romanzal para la ejecución de personas y la realización de fosas comunes durante dos momentos distintos de la Guerra Civil, muy próximos entre sí, responde a un tipo de represión organizada y premeditada. Esta represión es llevada a cabo por el ejército regular, con un comportamiento planeado que se basa en la política de los sublevados de "no dejar enemigos en la retaguardia y limpiar los pueblos de izquierdistas". Este tipo de ejecuciones son premeditadas, al igual que el espacio donde se realizan las fosas. La elección del enclave está determinada por un fuerte período de inestabilidad del frente en el pueblo de Llerena. En estos momentos es demasiado arriesgado realizar las ejecuciones en las tapias del cementerio, por lo que se elige otra zona cercana a la localidad. Las fosas del arroyo del Romanzal tienen un marcado carácter funcional, responden, por lo tanto, a un claro proceso represivo organizado ya que cuenta con una selección previa de los individuos detenidos, la planificación del trasporte, la realización de los depósitos, etc.

Las fosas del arroyo del Romanzal reflejan dos momentos del desarrollo de las actividades represoras de las tropas militares sobre la población civil. Según los datos aportados por los testimonios orales y la documentación estudiada corresponden con las ejecuciones realizadas en los días 2 y 8 de agosto de 1936. Los dos momentos reflejados en la fosas son puestos de manifiesto tanto en el comportamiento de los ejecutores como en el de los ejecutados. A partir del estudio de las fosas y sus restos arqueológicos nos hemos aproximado a conocer las circunstancias que rodearon a las ejecuciones así como algunas características de las personas ejecutadas.

6. Referencias Bibliográficas

Espinosa, F. 2003. *La Columna de la muerte. El avance del ejército franquista de Sevilla A Badajoz*. Barcelona, Crítica.

González Ruibal, A. 2009. Arqueología y Memoria Histórica. *Patrimonio Cultural de España*. 1, 103-122.

Muñoz Encinar, L y García Vadillo, F. J. 2010. Intervención arqueológica en el Arroyo del Romanzal: Exhumación de dos fosas comunes de la Guerra Civil. En *Las fosas del Romanzal de Llerena*, 97-132. Badajoz. Diputación de Badajoz

Olmedo Alonso, A. 2010. Una Propuesta metodológica para la recuperación de la Memoria Histórica: Los "Campos de Trabajo" y la fosa del Romanzal. En *Las fosas del Romanzal de Llerena*, 47-95. Badajoz. Diputación de Badajoz

CHAPTER 8

EXHUMANDO EL LEGADO MATERIAL DE LA REPRESIÓN FRANQUISTA. DE LA PERCEPCIÓN SOCIAL A LA ENCRUCIJADA JURÍDICA Y PATRIMONIAL

EXHUMING THE MATERIAL LEGACY OF FRANCOIST REPRESSION. FROM SOCIAL PERCEPTION TO LEGAL AND HERITAGE CROSSROADS

Juan Montero Gutiérrez
Departamento de Ciencias Históricas y Geografía. Universidad de Burgos.
jmontero@ubu.es

Resumen: El presente trabajo tiene por objeto principal abrir una vía de reflexión en torno a la simbiosis existente entre Memoria y Arqueología. Para ello se toma como referencia no sólo el impacto socio-político que han comportado las recientes exhumaciones de fosas comunes de la Guerra Civil española, sino también la vertiente patrimonial que adquiere el estudio de las mismas, especialmente, desde la perspectiva arqueológica. En este sentido, entendemos que las tareas exhumatorias forman parte del ejercicio básico de justicia social que demandan los familiares de las víctimas y las diferentes asociaciones de la 'recuperación de la memoria histórica' que les representan. De ahí la propuesta de una 'Arqueología Pública' para definir tales actuaciones. No obstante, la Administración General del Estado, así como diversas Administraciones autonómicas, han adoptado, recientemente, una serie de normativas jurídicas encaminadas a regular la búsqueda de desaparecidos de la Guerra Civil y el Franquismo, lo cual se ha traducido en la elaboración de unos estrictos protocolos de actuación para exhumar las fosas. Pero lejos de solucionar las demandas que existían hasta la fecha, estas medidas institucionales han provocado una profunda insatisfacción entre los colectivos, pues sigue sin mediar la intervención judicial en la apertura de las fosas, a la par que no se reconocen los asesinatos cometidos por el bando franquista durante la Guerra Civil y la posguerra como crímenes de lesa humanidad.

Palabras clave: Arqueología Pública; Fosas comunes; Paisajes de la memoria; Justicia social; Normativas.

Abstract: This paper focuses on symbiosis existing between Memory and Archaeology in the light to recent exhumation of mass graves from the Spanish Civil War. It is not only a need to evaluate the socio-political impact of these exhumations and its use as a way to create memories, but also to analyse its heritage implications given that the essential role that archaeological and forensic techniques are playing. In this sense, we think that this kind of activities must also be understood as moral and juridical reparations in the context of social demands of victims from the Francoist repression and associative movements for memory. Therefore, we use the concept of Public Archaeology for defying the processes of mass grave exhumations. Nevertheless, in the last few years, legal initiatives drawn from Spanish central government and some regional administrations are regulating the search for the missing people during the Spanish Civil War and Francoist Regime. Although these regulations incorporate proceeding protocols for exhuming, however Spanish justice do not provide for its intervention in the opening of mass graves. At the same time, murders perpetrated by Franco's forces during the War and the beginning of Dictatorship are not recognized as crime against humanity. From the point of view of families and NGOs all these political and legal initiatives are insufficiently.

Key Words: Public Archaeology; Mass graves; Memory landscapes; Social justice; Legal regulation.

Introducción

A lo largo de la última década, los movimientos sociales agrupados en torno a la llamada 'recuperación de la memoria histórica' se han ocupado de promover y difundir la apertura pública de las fosas comunes de la Guerra Civil española (en adelante GCE), generando con ello un intenso debate público en torno a la reparación moral y jurídica a las víctimas de la represión franquista y la restitución de la verdad (Gálvez 2006, 37-9; Fernández de Mata 2007, 200; Ferrándiz 2007, 635-6) e, implícitamente, sobre la gestión de tales escenarios (Montero 2009, 293-6). Como es natural, los medios de comunicación pronto se hicieron eco de los anhelos de los familiares, esto es, cónyuges y descendientes, de recuperar los cuerpos de las fosas dado el capital simbólico que ello adquiría. Del mismo modo que

las asociaciones empezaron a recoger por toda la geografía española los testimonios de las experiencias de la represión ejercida por el bando sublevado, hasta entonces abocados al mayor de los olvidos. Como bien señala el historiador Lourenzo Fernández Prieto (2009, 284): *'aquellos recuerdos dejaron de ser las batallitas del abuelo o la vergüenza de la familia para adquirir un valor que en no pocas veces se transforma en orgullo'.*

En este sentido, se puede decir que la historia oral se ha revelado como una fuente esencial para la investigación de los represaliados de la GCE y el Franquismo, pues ha permitido incorporar la memoria individual –recluida como estaba al ámbito privado o familiar– a la esfera pública, es decir, al conjunto de la sociedad (Ferrándiz y Baer 2008). De manera que no sólo se ha empezado a conocer el paradero de miles de víctimas que aún yacían en fosas comunes, sino que también está saliendo a la luz aquella otra represión que, en lugar de «fusilamientos», se materializó en encarcelaciones, torturas, persecuciones, vejaciones, violaciones, extorsiones, incautaciones de bienes, y que incluso se hizo extensible a la prohibición de acudir a las fosas como parte del duelo y luto al que se vieron imposibilitados ejercer los familiares (Fernández de Mata 2007, 196-7). De hecho, esta privación a los espacios como a los rituales fúnebres para que los restos mortales fuesen acogidos, visitados y honrados conforme establece nuestra identidad cultural –con independencia de la confesión religiosa profesada o no–, derivaría en un profundo conflicto personal para los familiares de los desaparecidos, puesto que han vivido con la permanente desazón de *'la mala muerte'* que tuvieron sus parientes (Fernández de Mata 2009, 94-7). Así pues, esta irrupción de las traumáticas experiencias personales bajo las condiciones descritas, junto con las impactantes imágenes de los procesos de exhumación, es lo que, en suma, está posibilitando reconstruir una memoria colectiva, alejada de todo sensacionalismo mediático como de distorsionadas narrativas literarias carentes de todo rigor científico.

Pero a decir verdad, la respuesta social no siempre ha sido positiva o de solidaridad hacia las víctimas. De hecho, hay quien no duda en hablar hoy en día de revanchismo, resentimiento o falseamiento, bajo discursos que aluden a la traición que todo ello supone del consenso alcanzado en la Transición. Sucede, sin embargo, que bajo la misma se fraguó una reconciliación que soslayaba toda revisión del pasado, de ahí, el sobrenombre de 'pacto de silencio'. No es infrecuente encontrar, también, a quien lo juzga interesadamente de inoportuno, amparándose en que no conviene *"hurgar o remover las cosas del pasado"*, puesto que así se evita la reapertura de traumas por el reverdecimiento de las antiguas tensiones y envidias generadas durante la GCE.

En realidad, todas estas llamadas al olvido provienen, generalmente, de los sectores más conservadores de la sociedad española, bajo la cual se alinean todos aquellos que, aún hoy, miran complacientemente y con reminiscencia el pasado Régimen Franquista. Tal es así que no son pocas las voces anónimas como los pronunciamientos públicos que se escuchan relativizando la represión que ejerció el llamado bando Nacional durante la GCE o, cuando no, alegando simplificadas y distorsionadas versiones de equiparación de culpas bajo los tópicos de que *'todos fueron iguales'* o *'todos hicieron lo mismo'*. En este sentido, matanzas como las perpetradas en las localidades madrileñas de Paracuellos del Jarama y Torrejón de Ardoz donde alrededor de 2700 presos –afectos al Movimiento Nacional– fueron asesinados a lo largo del mes de noviembre de 1936, se utilizan de forma sistemática como evocadora de la represión cometida por los simpatizantes de la II República.

Aquellos que caen en muchos de los aspectos referidos, se muestran ciertamente aferrados a una visión sesgada de la GCE y la posguerra de la que ignoran, consciente o

inconscientemente, la magnitud de la represión franquista y los esfuerzos del régimen resultante por ocultar o bien manipular la verdad de lo acontecido. Una reconstrucción de la memoria ésta que trae consigo, entre otras cuestiones, los discursos negacionistas sobre la existencia de las fosas. Como subraya el antropólogo social Ignacio Fernández de Mata (2006, 694): *'evidentemente esto nos sitúa ante (...) una sordera acomodaticia para los no afectados de una sociedad que vivió sobre un pliegue de sí misma – las víctimas– y que aceptó las tesis hegemónicas de la dictadura acallando así sus culpas y recelos de consentidor con la violencia'.*

Afortunadamente son muchas las voces ponderadas y desmitificadoras que reconocen no sólo las atrocidades cometidas por ambos bandos durante la GCE, sino también la dureza de la represión que padecieron, durante la dictadura, los familiares de quienes terminaron sepultados en fosas. Llegados a este punto conviene recordar que al año de finalizar la contienda, en abril de 1940, se ordenó la instrucción de la célebre «Causa General», pero ésta solamente afectó a las víctimas de la represión republicana, erigidas en auténticos mártires de *'las perversas hordas marxistas'*. De tal manera que se condenó al olvido a las víctimas de la represión franquista. Así pues, la inmensa mayoría de las personas ejecutadas en territorio republicano –merecedoras del calificativo *'caídos por Dios y por España'*, tal y como reza en numerosas placas conmemorativas ubicadas en iglesias de toda España– fueron localizadas, exhumadas, identificadas, re-enterradas y homenajeadas por las autoridades franquistas en sus lugares de origen, al tiempo que sus familiares recibieron todo tipo de ayudas.

Objetivos

Ahora bien, si la información que aportan los testimonios orales y aquella otra que es recabada sistemáticamente en archivos es ampliamente difundida a través de los circuitos científicos como divulgativos merced al interés social como histórico que suscitan, en cambio, las posibilidades de dar a conocer los resultados obtenidos en las exhumaciones se han visto limitadas por la escasa atención que, en líneas generales, viene dispensando el propio ámbito académico al estudio del pasado reciente, en este caso, desde la óptica fundamentalmente arqueológica. A este respecto, resulta oportuno mencionar las escasas aportaciones, pues a través de las mismas se han puesto en evidencia las incuestionables implicaciones no sólo políticas y sociales que adquieren los procesos de exhumación de fosas comunes, sino también científico-patrimoniales a raíz de su definición como práctica, fundamentalmente, arqueológica y forense (Etxeberrría 2004; 2008; Gassiot 2008; Gassiot y Steadman 2008; Montero 2009; Polo *et al.*, 2010).

A partir de tal constatación se pretende, por tanto, reavivar el debate generado en torno al estudio del legado material del Franquismo y su integración en la memoria colectiva (González Ruibal 2008; 2009a; 2009b; García 2010). Para ello, se mostrarán los vínculos patrimoniales y sociales que deparan las exhumaciones, además de analizar el reciente ordenamiento jurídico creado en algunas Comunidades Autónomas (en adelante CCAA) que con objeto de tutelar tales actividades en sus ámbitos territoriales han promulgado sus propias leyes y firmado convenios de colaboración que, por otra parte, no hacen sino reproducir en lo sustancial lo dispuesto en la normativa general básica de la Administración General del Estado, esto es, la *Ley 52/2007, de 26 de diciembre, por la que se reconocen y amplían derechos y se establecen medidas en favor de quienes padecieron persecución o violencia durante la Guerra Civil y la Dictadura,* conocida comúnmente como Ley de la Memoria Histórica.

Antecedentes

BALANCE DE ACTUACIONES

Desde que en el año 2000 se llevase a cabo la primera exhumación de una fosa común de la GCE bajo metodología científica en la localidad leonesa de Priaranza del Bierzo (Prada *et al.*, 2003), tales actividades han contado con la colaboración –generalmente desinteresada como activa– de antropólogos sociales, arqueólogos, forenses, historiadores e, incluso, psicólogos (Etxeberrría 2008, 143-4; Montero 2009, 304-5). Sin embargo, este tipo de actuaciones que, a fecha de 2008, había dado como resultado casi dos centenares de fosas abiertas y más de 4000 restos esqueléticos exhumados en toda España –según cifras publicadas por entonces en el diario *El País* (véase la edición del 14/09/2008)–, no se podría entender sin la perseverante labor de las asociaciones, conjuntamente con los propios familiares de las víctimas, pues unos y otros son, en suma, los promotores de las mismas.

En la actualidad, las fuentes disponibles no nos permiten aproximarnos a una estimación más precisa del recuento total de fosas que, posiblemente, alcance ya las 250, como de cuerpos exhumados en toda España, aun cuando se calcula que unos 30,000 republicanos siguen enterrados en fosas distribuidas por toda la geografía española (Bernecker 2008, 51). Cifras que algunos colectivos como la Asociación para la Recuperación de la Memoria Histórica (en adelante ARMH) elevan hasta las 70,000 (véase la edición del diario *Público* del 24/12/2009).

Si acaso conocemos balances completos sobre las exhumaciones realizadas hasta comienzos de 2010 en algunas CCAA como, por ejemplo, Castilla y León. Aquí, el recuento efectuado a partir de los datos recopilados de los diferentes colectivos que trabajan en dicha región, cifra en más de un centenar los parajes donde se han exhumado fosas, siendo el cómputo de restos esqueléticos recuperados de más de un millar (Figura 1). A lo que habría de sumarse todos aquellos intentos infructuosos de localizar las fosas, pero de cuyas víctimas se tiene constancia documental. Aun así, vendría a representar sólo un 5% de los asesinatos cometidos en Castilla y León, pues los últimos datos disponibles apuntan en torno a 14,500 las víctimas de la represión ejercida por los sublevados durante la GCE y la posguerra (Berzal 2007, 18).

Comparativamente con los datos relatados de Castilla y León, en el resto del Estado se han efectuado bastantes menos exhumaciones. De hecho, hay CCAA donde ni tan siquiera se han llevado a cabo la apertura de fosa alguna como, por ejemplo, Madrid o Murcia; o bien son ciertamente escasas como en la Comunidad Valenciana donde se contabilizan tres exhumaciones –todas ellas en cementerios municipales– y 19 cuerpos recuperados (Polo *et al.*, 2010, 225-6). En estos casos mucho tiene que ver la escasa o nula implicación de las Administraciones autonómicas, de evidente signo conservador, pero en otros como Cataluña es la puesta en marcha de una política un tanto restrictiva la que ha posibilitado que sólo se hayan efectuado, hasta la fecha, cinco exhumaciones, de las cuales sólo dos de ellas con resultado positivo (Gassiot 2008, 126-7). Algunas más se han realizado en Asturias, Canarias, Cantabria, Castilla-La Mancha, Extremadura, La Rioja o Navarra, si bien desconocemos el cómputo total en cada una de ellas.

Pero donde más numerosas han sido las exhumaciones hasta la fecha –dejando al margen Castilla y León– han sido en Andalucía, Aragón, Galicia y País Vasco, en gran parte, merced al apoyo institucional de sus respectivas Administraciones Públicas, en particular, de la Junta de Andalucía y del Gobierno Vasco tal y como tendremos ocasión de examinar más adelante; pero también de un gran número de entidades sociales que trabajan en dichas regiones. Así, bajo la dirección técnica de la Sociedad de Ciencias Aranzadi se han exhumado, en el País Vasco, un total de 11 fosas en las cuales se han recuperado cerca de una treintena de cuerpos (véase la edición del diario *Noticias de Gipúzkoa* del 07/03/2010). Se trataban de fosas que contenían, generalmente, no más de media docena de cuerpos. Algo similar a lo ocurrido en Galicia, donde la mayoría de las fosas abiertas –11 se contabilizaban también a fecha de 2010, con un cómputo de 38 cuerpos (véase la edición del diario *La Opinión de A Coruña* del 21/03/2010)– han sido obra de la ARMH con la colaboración en muchas de ellas de técnicos, precisamente, de Aranzadi. En Aragón el balance es igualmente parecido, pues son 19 las fosas exhumadas hasta ahora, si bien gracias en este caso a la labor de múltiples asociaciones (véase la edición del diario *El Periódico de Aragón* del 04/03/2010).

En cuanto a Andalucía si bien desconocemos el número total de intervenciones, si que sabemos que son mucho más numerosas que las CCAA examinadas a tenor de las noticias aparecidas en diferentes medios de comunicación a lo largo de los últimos años. De hecho, las exhumaciones han partido, generalmente, de un gran número de colectivos que trabajan en dicha región como la Asociación Andaluza Memoria Histórica y Justicia, Foro por la Memoria, o las diversas ARMH que operan en las diferentes provincias andaluzas, en convenio, algunas veces, con universidades y, en otras, con las Administraciones Públicas implicadas dada la tutela que ejerce la Junta de Andalucía, tal y como se verá

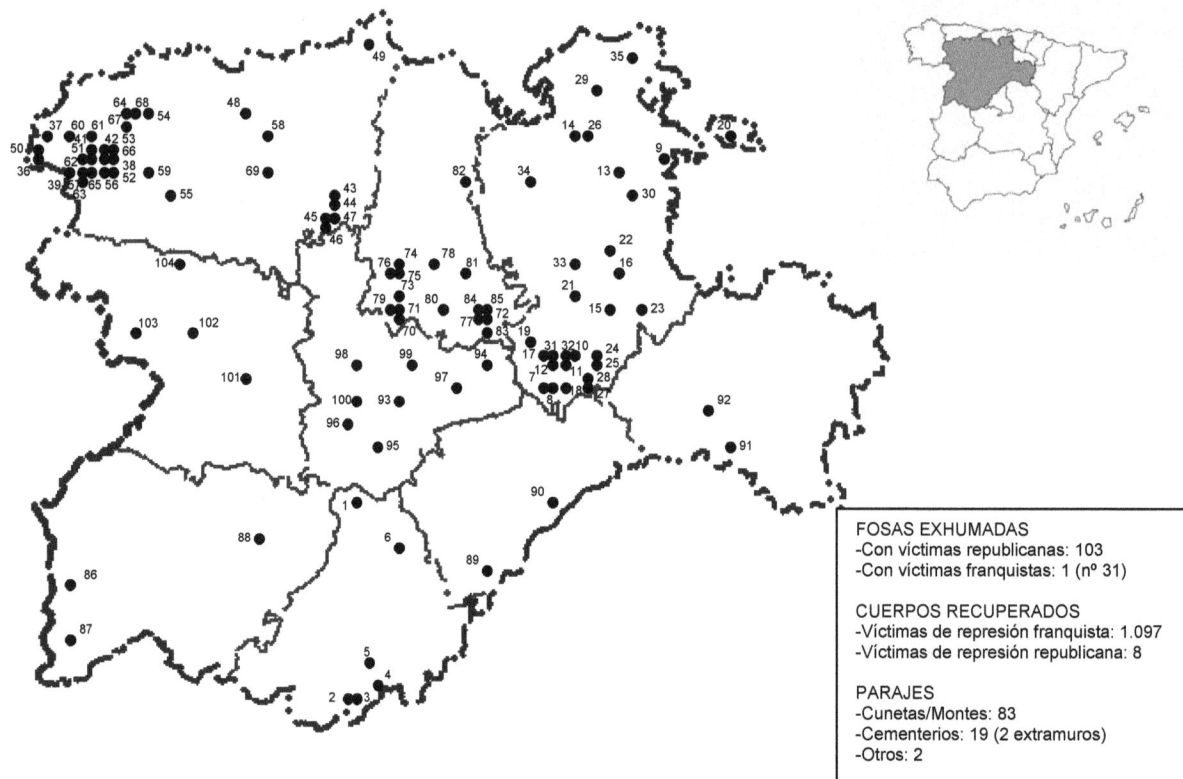

FOSAS EXHUMADAS
-Con víctimas republicanas: 103
-Con víctimas franquistas: 1 (n° 31)

CUERPOS RECUPERADOS
-Víctimas de represión franquista: 1.097
-Víctimas de represión republicana: 8

PARAJES
-Cunetas/Montes: 83
-Cementerios: 19 (2 extramuros)
-Otros: 2

ÁVILA: 1.- Bercial de Zapardiel (Fuente de la Burra) 2003 (4 cuerpos); 2.- Candeleda (Vuelta del Esparragal) 2002 (3 cuerpos); 3.- Candelada (Cuesta del Avión) 2010 (7 cuerpos); 4.- Casavieja (Extramuros del Cementerio) 2009 (7 cuerpos); 5.- El Bohodón (Cementerio) 2003 (1 cuerpo); 6.- Navarrevisca (Majavellana) 2008 (1 cuerpo). **BURGOS**: 7.- Adrada de Haza (Fuentejuana) 2008 (4 cuerpos); 8.- Adrada de Haza (Valdelascuevas) 2008 (5 cuerpos); 9.- Altable (Cementerio) 2006 (8 cuerpos); 10.- Aranda de Duero (Monte Costaján) 2003 (81 cuerpos); 11.- Aranda de Duero (La Lobera) 2004 (46 cuerpos); 12.- Berlangas de Roa (Chopera del tío Invento) 2004 (5 cuerpos); 13.- Carcedo de Bureba (Carril de Mota) 2009 (2 cuerpos); 14.- Covanera (La Penilla) 2007 (15 cuerpos); 15.- Espinosa de Cervera (-) 2002 (4 cuerpos); 16.- Hortigüela (La Calera) 2005 (8 cuerpos); 17.- La Horra (Monte Villalobón) 2003 (22 cuerpos); 18.- Milagros (La Casilla de los Camineros) 2009 (46 cuerpos); 19.- Olmedillo de Roa (-) 2003 (8 cuerpos); 20.- Pangua (Cementerio) 2005 (1 cuerpo); 21.- Quintanilla de la Mata (Monte La Andaya) 2006-2007 (85 cuerpos); 22.- Quintanilla de las Viñas (La Granja) 2010 (6 cuerpos); 23.- Rabanera del Pinar (Picón de Valdeabejas) 2009 (5 cuerpos); 24.- San Juan del Monte (Pinar de San Juan) 2003 (3 cuerpos); 25.- San Juan del Monte (-) 2008 (5 cuerpos); 26.- Sedano (El Trece) 2005 (9 cuerpos); 27.- Vadoconces (Monte de Vadoconces) 2003 (6 cuerpos); 28.- Vadoconces (Barranco de Valladar) 2005 (5 cuerpos); 29.- Valdenoceda (Cementerio) 2007 (114 cuerpos); 30.- Villafranca Montes de Oca (Monte La Pedraja) 2010 (104 cuerpos); 31.- Villalba de Duero (La Legua) 2009 (3 cuerpos); 32.- Villalba de Duero (Camino del Campo de Aviación) 2010 (7 cuerpos); 33.- Villamayor de los Montes (Alto de la Venta) 2004 (46 cuerpos); 34.- Villanueva de Odra (Fuentarrero) 2006 (8 cuerpos); 35.- Villasana de Mena (Iglesia de Nuestra Señora de las Altices) 2005 (8 cuerpos). **LEÓN**: 36.- Arnado (Reteixido) 2004 (3 cuerpos); 37.- Balboa (-) 2008 (4 cuerpos); 38.- Cabañas de la Dornilla (-) 2002 (5 cuerpos); 39.- Carucedo (Cruz de Barosa) 2006 (1 cuerpo); 40.- Carucedo (-) 2008 (4 cuerpos); 41.- Fresnedo (-) 2001 (4 cuerpos); 42.- Fresnedo (-) 2009 (3 cuerpos); 43.- Gordaliza del Pino (-) 2003 (2 cuerpos); 44.- Gordaliza del Pino (Monte Calzadín) 2007 (2 cuerpos); 45.- Izagre (-) 2008 (9 cuerpos); 46.- Izagre (-) 2008 (13 cuerpos); 47.- Izagre (La Finca del Muerto) 2010 (1 cuerpo); 48.- La Robla (El Rabizo) 2008 (5 cuerpos); 49.- Lario (-) 2009 (2 cuerpos); 50.- Leiroso (-) 2007 (2 cuerpos); 51.- Magaz de Abajo (-) 2008 (11 cuerpos); 52.- Onamio (-) 2002 (1 cuerpo); 53.- Pardamaza (-) 2003 (2 cuerpos); 54.- Piedrafita de Babia (-) 2002 (7 cuerpos); 55.- Pinilla de la Valdería (La Reguera del Muerto) 2008 (1 cuerpo); 56.- Ponferrada (Barrio Flores del Sil) 2008 (2 cuerpos); 57.- Priaranza del Bierzo (-) 2000 (13 cuerpos); 58.- Quintana de Rueda (-) 2009 (4 cuerpos); 59.- Quintanilla de Combarros (Cementerio) 2009 (3 cuerpos); 60.- San Pedro de Olleros (Alto del Couso) 2002 (2 cuerpos); 61.- Santa Leocadia (-) 2007 (1 cuerpo); 62.- Santalla (-) 2009 (5 cuerpos); 63.- Sigüeya (-) 2009 (1 cuerpo); 64.- Tejedo del Sil (-) 2008 (3 cuerpos); 65.- Toral de Merayo (-) 2009 (3 cuerpos); 66.- Toreno (-) 2005 (2 cuerpos); 67.- Urdiales de Colinas (-) 2002 (1 cuerpo); 68.- Villager de Laciana (-) 2003 (1 cuerpo); 69.- Villalquite (-) 2007 (3 cuerpos). **PALENCIA**: 70.- Ampudia (Cementerio) 2004 (9 cuerpos); 71.- Ampudia (Cementerio) 2004 (3 cuerpos); 72.- Baltanás del Cerrato (Portillo de Hornillos) 2004 (19 cuerpos); 73.- Baquerín de Campos (Cementerio) 2007 (7 cuerpos); 74.- Cisneros (-) 2009 (3 cuerpos); 75.- Frechilla (Corral de la Ermita San Miguel) 2009 (16 cuerpos); 76.- Guaza de Campos (Cementerio) 2004 (8 cuerpos); 77.- Hornillos de Cerrato (Cementerio) 2007 (6 cuerpos); 78.- Lomas de Campos (Cementerio) 2003 (3 cuerpos); 79.- Meneses de Campos (Cementerio) 2002 (9 cuerpos); 80.- Palencia (Parque Carcavilla/antiguo cementerio) 2009 (34 cuerpos); 81.- Santoyo (Tierra de los Muertos) 2008 (25 cuerpos); 82.- Ventosa de Pisuerga (Cementerio) 2008 (4 cuerpos); 83.- Villaconancio (Fuente el Guijo/Mojón Alto) 2007 (8 cuerpos); 84.- Villamediana (-) 2009 (3 cuerpos); 85.- Villamediana (-) 2009 (8 cuerpos). **SALAMANCA**: 86.- Castillejo de Martín Viejo (-) 2010 (6 cuerpos); 87.- Fuenteguinaldo (Cantarranas) 2006 (14 cuerpos); 88.- Pelabravo (Monte Gargabete) 2007 (14 cuerpos). **SEGOVIA**: 89.- La Losa (La Suerte Larga) 2003 (5 cuerpos); 90.- Riaza (Cuesta de los Valles) 2004 (5 cuerpos). **SORIA**: 91.- Barahona (Lomilla del Medio) 2007 (3 cuerpos); 92.- Bayubas de Abajo (Caseta del tío Romero) 2006 (9 cuerpos). **VALLADOLID**: 93.- Boecillo (La Mata de las Muertas) 2003 (2 cuerpos); 94.- Canillas de Esgueva (-) 2005 (12 cuerpos); 95.- Fuente el Sol (Extramuros del Cementerio) 2005 (11 cuerpos); 96.- Nava del Rey (Pinar de la Nava) 2003 (3 cuerpos); 97- Quintanilla de Onésimo (-) 2004 (7 cuerpos); 98.- Tordehumos (Monte de San Luís) 2006 (1 cuerpo); 99.- Valoria la Buena (Cementerio) 2008 (4 cuerpos); 100.- Velilla (-) 2003 (3 cuerpos). **ZAMORA**: 101.- Benegiles (Cementerio) 2004 (3 cuerpos); 102.- Faramontanos de Tábara (-) 2008 (12 cuerpos); 103.- Palazuelo de las Cuevas (Valmiano) 2007 (1 cuerpo); 104.- Santa Marta de Tera (Cementerio) 2009 (7 cuerpos).

Figura 1. Localización de las fosas comunes exhumadas en Castilla y León a fecha de septiembre de 2010. Se indica la localidad, el paraje, el año en que se llevó a cabo la exhumación y el número de cuerpos recuperados (Fuente: elaboración propia).

en apartados posteriores. Sirva de ejemplo la exhumación llevada a cabo en el cementerio malagueño de San Rafael de la que más adelante se darán detalles de los resultados, pero de la que nos interesa resaltar el trabajo conjunto, durante los tres años que se alargó la intervención (2006-2009), de la Universidad de Málaga y la Asociación contra el Silencio y el Olvido y por la Recuperación de la Memoria Histórica de Málaga, las cuales se han visto apoyadas financieramente por el Ministerio de la Presidencia, la Junta de Andalucía y el Ayuntamiento de Málaga. Otro caso aún si cabe más notorio, especialmente desde el punto de vista mediático, pero ejemplar en cuanto colaboración estrecha entre diferentes entidades –Junta de Andalucía, Diputación de Granada, Ayuntamiento de Alfacar, Universidad de Granada y ARMH de Granada–, ha sido la reciente búsqueda en diciembre de 2009 –si bien infructuosa– de la fosa de Fuente Grande ubicada en localidad granadina de Alfacar, donde se creé que yace el poeta Federico García Lorca.

Precisamente, al hilo de esto último, conviene subrayar la complejidad que entraña la localización como excavación de las fosas. No en vano, la tenaz búsqueda iniciada por familiares y asociaciones se encuentra muchas veces con las limitaciones que impone el propio emplazamiento de las fosas, bien por desconocerse la ubicación exacta o por las complicaciones de acceso a las mismas.

Los procesos de exhumación que han dado resultados positivos han revelado que la mayoría de las fosas se encontraban en cunetas de carreteras próximas a pequeñas localidades, ocupando fincas destinadas a labores agrícolas. Las circunstancias de los enterramientos depositados en este tipo de escenarios generalmente son bien conocidas por familiares y vecinos, así como por los propios dueños de los terrenos, lo que ha hecho que muchas de ellas se hayan conservado baldías hasta la fecha. Sin embargo, las dificultades han venido dadas cuando las fosas se han podido ver afectadas por el arado de las tierras y, sobre todo, por el ensanchamiento de las carreteras en el caso de aquellas que se encontraban muy próximas a las mismas, tal y como se creé que ha ocurrido en no pocas ocasiones.

Otros inconvenientes son producto de la vegetación acumulada como ocurre en montes y dehesas donde los árboles suponen no sólo obstáculos para las tareas de excavación, sino esencialmente para recordar la ubicación de la fosa entre los familiares y vecinos dado el crecimiento de los mismos. En muchos casos nos hemos encontrado con arboledas plantadas deliberadamente para ocultar las fosas, lo cual ha llegado ha ocasionar daños en los restos esqueléticos a causa del rápido desarrollo de las raíces. Pero son otros lugares como los barrancos, simas y acantilados los que presentan mayores dificultades para rescatar los restos esqueléticos, pues son del todo inaccesibles.

Mención aparte merecen los cementerios, en cuyos tapiales era frecuente que se llevasen a cabo las ejecuciones. La aparente idoneidad de excavar las fosas que se encuentran dentro de estos recintos se torna en serias complicaciones cuando la disposición espacial de los enterramientos se

organiza de la misma manera que aquellos más recientes. De hecho, lo más frecuente es que, al contrario que ocurre con las fosas anteriormente descritas donde los restos esqueléticos se acumulan arbitrariamente dentro de zanjas, en los cementerios, sin embargo, aparecen enterrados individualmente y, generalmente, en ataúdes de madera.

En la actualidad, el elevado número de exhumaciones realizadas en cementerios, aunque satisfactorio, también desencadena un complejo recorrido por desentrañar la identidad de las víctimas, puesto que hay fosas ubicadas en cementerios de grandes poblaciones o bien de antiguos penales que acogen centenares de restos. En este sentido, son bien conocidas las exhumaciones realizadas en el antiguo cementerio de San Rafael en Málaga donde se recuperaron los restos de 2840 personas, si bien se calcula que, en total, habría unos 4500 cuerpos repartidos en una veintena de fosas, producto de ejecuciones perpetradas por el bando franquista entre febrero de 1937 y 1951. De igual modo que en el camposanto de La Tahona, en el monasterio conquense de Uclés, donde fueron 439 los restos esqueléticos rescatados; o en el cementerio del antiguo penal ubicado en la localidad burgalesa de Valdenoceda donde se exhumaron los restos de 114 de los 152 reclusos que fallecieron entre 1938 y 1943 a causa, principalmente, de las malas condiciones de higiene y salubridad, así como del frío, hambre y hacinamiento (Ríos *et al.*, 2008).

Todo ello da idea del carácter tan provisional que adquiere los datos manejados en la actualidad para tratar de realizar estimaciones más precisas del número definitivo de víctimas de la represión franquista; por no hablar de la complejidad que entrañan las exhumaciones de fosas grandes de cara a la identificación antropológica o llegado el caso genética. Aun así, el auge de exhumaciones está permitiendo que se incrementen los trabajos historiográficos dirigidos a cuantificar la magnitud de la represión que ejerció el bando sublevado tras el Alzamiento del 18 de julio de 1936. En este sentido, las cifras que algunos historiadores venían apuntando y que las situaban en torno a las 140,000 –un porcentaje alto durante la GCE, alrededor de 100,000 y los restantes durante la posguerra–, al tiempo unas 50,000 lo habrían sido del bando republicano (Juliá 1999, 411; Casanova 2002, 9 y 20), probablemente tengan que ser corregidas al alza en cuanto se pueda confeccionar un mapa actualizado de las fosas no sólo exhumadas sino existentes que, a su vez, vaya acompañado de una recopilación exhaustiva del número de las víctimas que contienen. Atrás quedan, por tanto, las irrisorias y controvertidas cifras de Ramón Salas Larrazábal (1977) que estimaba en 57,808 las personas muertas a manos de los sublevados y en 72,337 por la barbarie republicana (sobre la obra de Salas véase Espinosa 2006, 150-7).

LOS AÑOS DE PENITENCIA EMOCIONAL

Conviene recordar que la irrupción de las recientes tareas exhumatorias emprendidas con métodos arqueológicos y forenses no son sino un rebrote de aquellas que se acometieron, coyunturalmente, durante los años de la

Transición. En este sentido, tenemos noticias de numerosas exhumaciones realizadas en localidades limítrofes de Navarra y La Rioja como, por ejemplo, las que tuvieron lugar en Ausejo en 1978, Aldeanuela de Ebro y Rincón de Soto en 1979, Alfaro, Igea y San Vicente de la Sonsierra en 1980 (Hernández 1984). Ya unos años antes, en 1960, se había llevado a cabo la exhumación parcial de la fosa de Pikoketa en la localidad guipuzcoana de Oyarzun, siendo los restos trasladados al cementerio para ser finalmente re-inhumados en 1977 tras un acto de homenaje de familiares y vecinos (VV. AA. 1987).

De forma simultánea también se abrieron fosas en diversas provincias castellanas. En Burgos, por ejemplo, fueron exhumadas las fosas de Torresandino en 1979 y una de las muchas que se localizan en La Horra en 1985 (de la Torre 2006, 515). En Palencia, por su parte, las de Magaz, Villamediana y Villamuriel de Cerrato también en 1979 y Cordovilla la Real en 1983 (García Colmenares 2005, 159-60). Más aún se realizaron en Soria donde la nómina es muy extensa y se retrotrae, incluso, a comienzos de los años 70 cuando aún pervivía la dictadura franquista. De hecho, es la provincia donde más exhumaciones se llevaron a cabo con antelación a las acometidas ya en el S. XXI: dos fosas en sendos parajes de Bayubas de Abajo en 1970 y 1971, Retortillo y Valdenebro en 1972, Montuenga de Soria en 1977, Ausejo de la Sierra, Calatañazor, Centenera del Campo, Montenegro de Cameros, San Pedro Manrique y Soria capital en 1979, y Fuentelcarro, Garray, Lubia y Portelrubio en 1981 (Herrero y Hernández 1982, apéndice 13).

Sobre otras regiones como Extremadura también se tienen noticias de la apertura de numerosas fosas como, por ejemplo, las los municipios pacenses de Casas de Don Pedro y Orellana la Vieja en 1978, Barcarrota, Orellana de la Sierra, Quintana de la Serena y Torremejía en 1979, y Navalvillar de Pela, Oliva de la Frontera, Peloche y Salvaleón en 1980 (Espinosa 2006, 325; León 2008, 161).

En todo caso, se desconoce el cómputo total de fosas abiertas en aquellos años, pues la relación de exhumaciones es todavía más amplia de la que aquí se ha detallado. Obviamente en ninguna de ellas se contó con el personal capacitado para llevarlo a cabo conforme a los protocolos científicos establecidos hoy en día, ni con el apoyo económico y el respaldo moral de entidad social y política alguna. De ahí que los restos, recuperados por iniciativa espontánea de familiares y vecinos, acabasen generalmente entremezclados, configurando osarios que no permitían la identificación de casi ninguno de los cuerpos sepultados. En todo caso, éstos fueron trasladados a cementerios donde se les dio digna sepultura en panteones construidos *ex profeso*.

De muchas de estas exhumaciones quedó constancia fotográfica gracias a familiares y vecinos, habiendo sido algunas de ellas reproducidas en publicaciones recientes (Espinosa 2003, fig. 24.1; Ferrándiz 2009, fig. 7). Sin embargo, en su día fueron pocos los medios de comunicación que se hicieron eco de las mismas; las únicas

excepciones fueron el semanario *Interviú* y algún rotativo local como el *Diario Hoy* de Extremadura (León 2008, 161).

Pero toda aquella incipiente labor se vio súbitamente truncada a raíz del golpe de Estado del 23 de febrero de 1981, pues aun cuando no triunfó, lo cierto es que volvieron a reaparecer, en el seno de la sociedad española, los miedos y silencios del pasado. Del tal forma que las exhumaciones se vieron pospuestas a lo largo de las dos décadas siguientes sin que el gobierno socialista del entonces presidente Felipe González (1982-1996) contemplase la apertura de fosa alguna, para decepción profunda de los familiares de las víctimas que continuaron con su particular penitencia emocional.

Aun así, en 1998 se rescataron los restos de 13 individuos, víctimas de la represión franquista, en la sima conocida como Pozo Grajero en la localidad leonesa de Lario, si bien los responsables fueron los miembros del Grupo de Rescate de Montaña de la Guardia Civil de Sabero quienes a instancias del Juzgado de Instrucción nº 1 de Cistierna enviaron los restos al Instituto de Toxicología de Madrid para que fueran analizados (Rodríguez 2003, 78).

Así pues, tres décadas después de aquellas primeras exhumaciones de la Transición, con la democracia ya asentada y atendiendo al llamamiento de las decenas de asociaciones formadas en toda España que denunciaban la clara falta de voluntad política de querer gestionar nuestro pasado más reciente, muchos son los arqueólogos y forenses implicados en la recuperación de los huesos y pertenencias de quienes quedaron definidos oficialmente como «desaparecidos» al no figurar su defunción en registro alguno, y en contraposición al término «afusilados» que emplean mayoritariamente los familiares (Fernández de Mata 2006, 692). En todo caso, no está de más precisar que esta expresión, tampoco se ajusta debidamente a la realidad, dado que fueron asesinatos cometidos impunemente, previas detenciones extrajudiciales y sin que mediase condena y sentencia posterior alguna (Espinosa 2002, 57).

Discusión

LA REGULACIÓN JURÍDICA DE LOS PROTOCOLOS DE EXHUMACIÓN

La cantidad de fosas exhumadas como la capacidad de movilización social ejercida por las múltiples asociaciones de la recuperación de la memoria histórica (Silva y Macías 2003; Gálvez 2006; Peinado 2006), contrasta, inevitablemente, con el desamparo jurídico a que se han visto sometidas las investigaciones de desaparecidos durante la GCE y el Régimen Franquista y, muy particularmente, las comentadas tareas exhumatorias, al tiempo que las labores de identificación. En este sentido, mientras los profesionales han avanzado diseñando y desarrollando una metodología específica para la localización y rescate de los restos esqueléticos, adaptándolo a las particularidades de estos enterramientos que precisan de las técnicas arqueológicas como forenses (Etxeberría 2004; 2008, 142-4; Gassiot y

Steadman 2008, 433; Montero 2009, 299-303), los Poderes Públicos –incluidos responsables políticos como autoridades judiciales– se han despreocupado de la responsabilidad de gestionar el tratamiento necesariamente jurídico que deben comportar las exhumaciones, ocasionando con ello la desazón entre los familiares de las víctimas.

Lo cierto es que la falta de cobertura legal apuntada es producto, básicamente, de la indefinición jurídica que han soportado, hasta fechas muy recientes, los restos esqueléticos que contenían las fosas comunes. La regulación planteada recientemente desde ciertas Administraciones autonómicas como la Junta de Andalucía, Gobierno de Aragón, Generalitat de Cataluña, Xunta de Galicia y Gobierno de País Vasco, le otorga un marcado carácter arqueológico, puesto que las exhumaciones se instruyen conforme a modelos normativos en materia patrimonial. No en vano, en los protocolos de actuación previstos en los reglamentos de las normativas, se establecen una serie de rigurosas medidas, entre las que se considera esencial el empleo de metodología expresamente arqueológica junto a las técnicas forenses para excavar tales escenarios. Criterio que en el caso de la Administración General del Estado también prevé que figure en el protocolo de actuación que está pendiente de ser aprobado, de acuerdo con lo dispuesto en la Ley de la Memoria Histórica (Art. 12.1).

Conviene subrayar que, únicamente en el caso de Aragón, los restos encontrados en las fosas poseen la consideración explícita de restos arqueológicos. De hecho, las fosas se incorporan a la Carta Arqueológica de esta región en aplicación de la *Ley 3/1999, de 10 de marzo, de Patrimonio Cultural y Parques Culturales de Aragón*, por lo que recae en la Dirección General de Patrimonio Cultural la correspondiente tutela administrativa de las exhumaciones. Todo ello sin perjuicio de la aplicación de unas especificaciones contempladas por este mismo organismo *para la realización de actividades arqueológicas en relación con la exhumación de fosas*, entre las que se encuentran la metodología de trabajo, la recopilación de información referida a las personas inhumadas, así como los antecedentes históricos y documentales existentes.

La conveniencia de dotar a las fosas de un estatuto jurídico idéntico o prácticamente similar al de los yacimientos arqueológicos no es valorada de igual forma entre el Gobierno de Aragón y las asociaciones, como tampoco entre las diferentes Administraciones regionales. Tal es así que en el resto de las legislaciones autonómicas vigentes como en la estatal, no especifican, en modo alguno, el valor que se le confiere a las fosas. No obstante, para actuar en consecuencia con lo estipulado en las mismas normas, las exhumaciones deberán llevarse a cabo con igual diligencia que la excavación de cualquier yacimiento arqueológico, pero también que aquellas exhumaciones que se aplican en el campo de la Medicina Legal y Forense (Etxeberría 2008, 145-7; Gassiot 2008, 123).

Esta indefinición supone, entre otras cosas, que en cada Administración autonómica la competencia de tutelar las

exhumaciones haya sido asumida por diferentes consejerías (Figura 2). Además, existen diferencias esenciales entre cada una de ellas, por cuanto el tipo de medidas varían en función del rango jurídico. Así, mientras la Junta de Andalucía y la Generalitat de Cataluña han promulgado leyes generales en materia de Memoria Histórica conforme al *Decreto 334/2003, de 2 de diciembre, para la coordinación de actuaciones en torno a la recuperación de la Memoria Histórica y el reconocimiento institucional y social de las personas desaparecidas durante la Guerra Civil española y la posguerra* y la *Ley 10/2009, de 30 de junio, sobre la localización e identificación de las personas desaparecidas durante la Guerra Civil y la dictadura franquista, y la dignificación de las fosas comunes* respectivamente, el resto de CCAA no han acometido la redacción, por el momento, de texto jurídico alguno.

No obstante, conviene matizar que Asturias, Extremadura, Galicia y País Vasco también han regulado la búsqueda de desaparecidos, si bien a través de la suscripción de convenios de colaboración con centros de investigación (Figura 2); lo cual, a decir verdad, también contemplan las Administraciones de Andalucía y Cataluña. Entre los objetivos declarados en estos acuerdos figura la creación de una base de datos de las víctimas, lo que conlleva investigar el paradero de éstas y elaborar un mapa de localización de las fosas donde aún yacen. Ahora bien, únicamente el Gobierno Vasco prevé, entre las líneas de actuación, la exhumación de las fosas. El resto de las CCAA mencionadas se están apoyando en el trabajo de las asociaciones como de los equipos de las universidades que sí que realizan trabajos exhumatorios para cumplimentar el censo de desaparecidos y el inventario de fosas. Examinemos sucintamente algunas de estas colaboraciones.

El primero de todos estos convenios de colaboración lo suscribió el Gobierno Vasco con la Sociedad de Ciencias Aranzadi en el año 2003. Desde entonces, esta institución ha llevado a cabo una sistemática recopilación de información histórica a través de la recogida de testimonios de víctimas de la represión y de la consulta de documentación en múltiples archivos, todo lo cual está siendo oportunamente divulgado en publicaciones como, por ejemplo, el anuario *Aranzadiana*, así como a través de la realización de actos conmemorativos y homenajes públicos (Etxeberría 2008, 148-53). Gracias a este convenio y a la financiación que lleva aparejada, el equipo interdisciplinar que coordina el antropólogo forense Francisco Etxeberría Gabilondo se encarga de llevar a cabo las exhumaciones en el territorio vasco, aun cuando también ha prestado ayuda técnica, desinteresadamente, a la ARMH en un gran número de intervenciones realizadas en otras regiones, especialmente, en Galicia, Navarra, así como en las provincias castellano y leonesas de Burgos y León.

En Asturias como en Extremadura, sus Administraciones han delegado en las Universidades de Oviedo y Extremadura respectivamente para desarrollar las mencionadas labores de investigación de registro de los represaliados como de

Ámbito	Normativa Legal	Organismo tutelar
Andalucía	Decreto 334/2003, de 2 de diciembre, para la coordinación de actuaciones en torno a la recuperación de la Memoria Histórica y el reconocimiento institucional y social de las personas desaparecidas durante la Guerra Civil española y la Posguerra (Publicado en el Boletín Oficial de la Junta de Andalucía número 236, de 9 de diciembre de 2003) Orden de 7 de septiembre de 2009, por la que se aprueba el protocolo andaluz de actuación en exhumaciones de víctimas de la Guerra Civil y la Posguerra (Publicado en el Boletín Oficial de la Junta de Andalucía número 190, de 28 de septiembre de 2009)	Consejería de Justicia y Administración Pública de la Junta de Andalucía
Aragón	Ley 3/1999, de 10 de marzo, de Patrimonio Cultural y Parques Culturales de Aragón (Publicada en el Boletín Oficial de Aragón número 36, de 29 de marzo de 1999)	Dirección General de Patrimonio Cultural del Departamento de Educación, Cultura y Deporte del Gobierno de Aragón
Asturias	Convenio de colaboración suscrito el 1 de julio de 2003 entre el Gobierno del Principado de Asturias y la Universidad de Oviedo para la "Identificación de fosas comunes y otros lugares de enterramiento de personas desaparecidas como consecuencia de la Guerra Civil" (renovado anualmente hasta la actualidad)	Consejería de Bienestar Social y Vivienda del Gobierno del Principado de Asturias
Cataluña	Ley 10/2009, de 30 de junio, sobre la localización e identificación de las personas desaparecidas durante la Guerra Civil y la dictadura franquista, y la dignificación de las fosas comunes (Publicada en el Diario Oficial de la Generalitat de Cataluña número 5417, de 9 de julio de 2009)	Dirección General de la Memoria Democrática del Departamento de Interior, Relaciones Institucionales y Participación de la Generalitat de Cataluña
Extremadura	Convenio de colaboración suscrito el 2 de diciembre de 2002 entre la Junta de Extremadura, las Diputaciones Provinciales de Badajoz y Cáceres y la Universidad de Extremadura para la "Recuperación de la Memoria Histórica de Extremadura" (renovado anualmente hasta la actualidad)	Consejería de Cultura y Turismo de la Junta de Extremadura
Galicia	Convenio de colaboración suscrito el 18 de diciembre de 2008 entre a Xunta de Galicia e a Universidade de Santiago de Compostela para a realización dos traballos de exhumación e identificación das víctimas da represión na Guerra Civil	Dirección Xeral de Patrimonio Cultural de la Consellería de Cultura e Deporte de la Xunta de Galicia
País Vasco	Convenio de colaboración suscrito en 2003 entre el Gobierno Vasco y la Sociedad de Ciencias Aranzadi para la "Investigación de personas desaparecidas durante la Guerra Civil en el territorio de la Comunidad Autónoma del País Vasco" (renovado anualmente hasta la actualidad)	Dirección de Derechos Humanos del Departamento de Justicia del Gobierno Vasco
Estatal	*Ley 52/2007, de 26 de diciembre, por la que se reconocen y amplían derechos y se establecen medidas en favor de quienes padecieron persecución o violencia durante la Guerra Civil y la Dictadura (Publicada en el Boletín Oficial del Estado número 310, de 27 de diciembre de 2007)*	Ministerio de la Presidencia del Gobierno de España

Figura 2. Normativas autonómicas y de carácter estatal en materia de memoria histórica que incluye la investigación del paradero de las víctimas de la represión durante la Guerra Civil y el Franquismo (vigentes a fecha de marzo de 2010).

las fosas comunes dispersas por sus territorios, pero sin que acometan exhumación alguna.

En el caso de Galicia es un equipo interuniversitario de las Universidades de A Coruña, Santiago de Compostela y Vigo quien viene desarrollando desde el 2006 –con el respaldo de la Xunta– el Proyecto de Investigación 'As víctimas, os nomes e as voces', si bien orientado, fundamentalmente, a la documentación de lugares de la memoria y la recogida de fuentes orales (Fernández Prieto 2009). Sin embargo, como resultado de este trabajo la Universidad de Santiago de Compostela y la Xunta firmaron, dos años después, un Convenio de Colaboración con el objetivo de acometer las exhumaciones. Actualmente, dicho convenio continúa en vigor, si bien su ejecución está paralizada a raíz de la entrada en el Gobierno gallego del Partido Popular. De ahí que la apertura de las fosas siga siendo impulsada por la ARMH, tal y como sucedía con anterioridad.

Así pues, la entrada en vigor de todos estos convenios como de las leyes promulgadas ha llevado aparejado la elaboración de estrictos protocolos de exhumación, lo que supone, cuando menos, una garantía legal para quienes las llevan a cabo, dado que ahora está sometida a un evidente control administrativo, más allá de que esto satisfaga o no a los movimientos sociales (Figura 3). Conviene subrayar que con anterioridad no dejaba de ser una práctica ilícita, aunque fuese legítima –moralmente– la búsqueda de los desaparecidos de la GCE. Otro asunto muy distinto es que las Administraciones Públicas implicadas y, especialmente, el Gobierno del Estado, siga encomendando las pertinentes labores exhumatorias a los movimientos asociativos que actúan en nombre de los familiares, de acuerdo con la

asignación de subvenciones anuales que viene otorgando el Gobierno de la Presidencia desde el año 2006. De hecho, la Ley de la Memoria Histórica no insta a Administración alguna a hacerse cargo de la localización y apertura de fosas, sino que únicamente precisa de las autoridades regionales y municipales su colaboración tal y como prevé en los Artículos 11.1 y 11.2, pero sin que por ello queden comprometidas, necesariamente, a asumir directamente los costes derivados de las tareas exhumatorias y de identificación, ni tampoco la dotación de los medios técnicos y humanos que se precisan para ejecutar tales trabajos.

Tal es así que las CCAA gobernadas por el Partido Popular como no pocos ayuntamientos de igual designio político apenas están por la labor de hacer cumplir la mencionada Ley, a la cual se oponen abiertamente. Esto explica, en gran medida, que no hayan desarrollado legislación alguna en esta materia, ni impulsado convenio de colaboración con equipos de universidades, las CCAA de Castilla y León, La Rioja, Madrid, Murcia y Valencia.

Para finalizar este apartado, únicamente resta aclarar los desafíos que conlleva la institucionalización de las exhumaciones, los cuales tienen que ver con el cumplimiento estricto de los requisitos establecidos en las normativas. En este sentido, la mayoría de las normas tienden a racionalizar las exhumaciones dado el alto número de demandas existentes. De tal forma que la apertura de las fosas está sujeta, fundamentalmente, a la viabilidad de los proyectos presentados, pues no todos cumplen con los procedimientos y requerimientos técnicos, materiales y humanos para proceder con garantías a las exhumaciones

Ámbito	*Solicitantes*	*Autorizaciones*	*Entidades responsables*	*Equipo técnico*	*Medidas previstas*
Andalucía	Ayuntamientos Asociaciones Familiares	Familiares Dueño del terreno	Asociaciones Universidades	Arqueólogos Forenses Historiadores	Convenios de colaboración Subvenciones
Aragón	Organismos Asociaciones Particulares	Familiares Dueño del terreno	Asociaciones Universidades	Arqueólogos Forenses Restauradores	Convenios de colaboración Subvenciones
Cataluña	Generalitat Ayuntamientos Asociaciones Familiares	Dueño del terreno	Asociaciones Universidades	Arqueólogos Forenses Historiadores	Convenios de colaboración Subvenciones
Galicia	No se especifica	No se especifica	Univ. de Santiago	Arqueólogos Forenses Historiadores	Subvención a Univ. Santiago
País Vasco	Familiares	Familiares	SC Aranzadi	Arqueólogos Forenses Documentalistas	Subvención a SC Aranzadi
Estatal	Asociaciones Familiares	Familiares Dueño del terreno	Asociaciones	Arqueólogos Forenses Historiadores	Subvenciones

Figura 3. Principales disposiciones de los protocolos de actuación para la exhumación de fosas comunes de la Guerra Civil y la posguerra (incluidos en las normativas autonómicas y de carácter estatal vigentes a fecha de marzo de 2010).

planteadas. A este respecto la mayoría de las medidas adoptadas por aquellas CCAA que cuentan con normativas específicas están orientándose, tal y como hemos visto, a la creación de censos de los desaparecidos o bien a la elaboración de mapas de fosas – a semejanza del conocido proyecto 'Todos los Nombres', impulsado por la Asociación que lleva dicho nombre en Asturias y que se ha extendido a otras CCAA como Andalucía, Castilla y León, Galicia, etc.– o, cuando no, a la señalización y dignificación de tales espacios, tal y como fija la reciente Ley de Cataluña para todas aquellas exhumaciones que no son viables bajo los criterios impuestos en su legislación.

No podemos dejar de remarcar que las leyes examinadas, tanto las referidas a las CCAA de Andalucía y Cataluña como a la del Estado, engloban muchas más acciones que por razones de espacio no vamos a desarrollar aquí.

RETOS PENDIENTES: EL AMPARO JURÍDICO A LAS VÍCTIMAS

Ahora bien, para los familiares y, sobre todo, para las asociaciones que les representan, constituye un retroceso e, incluso, una banalización la pertinencia del calificativo arqueológico al que se aludía en el apartado precedente, pues independientemente de que garantice la tutela administrativa y con ello la implantación de las correspondientes medidas de protección, lo cierto es que no le otorga reconocimiento judicial alguno a las víctimas desde el punto de vista del Derecho Penal (Sans 2005; Peinado 2006, 732-3). Asimismo, defienden que las fosas deben ser abiertas por las autoridades judiciales y no por los propios colectivos, a pesar de que cuenten con la asistencia técnica de expertos en la materia. Todo ello repercute, sobre todo, en la posibilidad de reconocer los asesinatos cometidos por el bando franquista durante la GCE y la posguerra como crímenes de lesa humanidad e, incluso, de que se pueda hablar de genocidio dada la magnitud que alcanzó la represión.

En esta dirección se han alzado las voces de diversas organizaciones sociales como la ARMH (Silva y Macías 2003), Foro por la Memoria (Barragán y Castro 2004-2005; Peinado 2006), Amnistía Internacional (2005) o el Equipo Nizkor (Dionis 2006) que apelan a investigar y esclarecer las tristemente famosas «sacas» de presos y los «paseos» perpetrados sobre la población civil, subrayando que tales asesinatos –impunemente cometidos– no han prescrito, además de que suponen violaciones, en toda regla, de los Derechos Humanos, puesto que se trataron de desapariciones forzosas o ejecuciones extrajudiciales. Una valoración, sin embargo, desestimada hasta la fecha tanto si atendemos al Derecho Internacional como si nos ajustamos a lo que establece el actual ordenamiento jurídico español (Aguilar 2008, 481-03). > (so add ').

En este sentido es conocido que la ARMH presentó en 2002 una reclamación ante el Alto Comisionado para los Derechos Humanos de la Organización de las Naciones Unidas (ONU) denunciando las desapariciones forzadas durante la Guerra Civil y la posguerra, para lo cual se apoyaban en la *Resolución 47/133, del 18 de diciembre de 1992, Declaración sobre la protección de todas las personas contra las desapariciones forzadas*. Los problemas vinieron dados a consecuencia, por un lado, de que la mencionada resolución de la ONU no era una convención, por lo que no era de obligado cumplimiento para el poder judicial y, por otro lado, la ONU no tenía competencia para investigar casos de desaparecidos acontecidos antes de la creación de dicha organización, esto es, el 24 de octubre de 1945. Precisamente, por este último motivo, el Grupo de Trabajo sobre desapariciones forzadas o involuntarias de la ONU adoptó la decisión de no declararse competente de los casos ocurridos durante la GCE y la posguerra (Silva y Macías 2003, 79-83 y 108-12).

La respuesta poco satisfactoria tuvo su continuación en la clara resistencia que ponía la Justicia española a la hora de abrir las pertinentes diligencias, tal y como se hace cuando se produce el hallazgo de cualquier cadáver. En este sentido y a fin de amparar judicialmente las búsquedas y proceder a la recuperación de los restos esqueléticos de forma legal, cuando se localizaban las fosas comunes y se acometían las exhumaciones con resultado positivos, las asociaciones recurrieron a denunciar tales hallazgos ante los correspondientes Juzgados de Instrucción.

De la misma manera que las instancias judiciales internacionales se habían mantenido al margen, los Juzgados de Instrucción territoriales adoptaron similar postura, si bien dando, en la inmensa mayoría de los casos, el silencio por respuesta o, simplemente, no admitiendo a trámite las denuncias interpuestas. Por el contrario, aquellos escasos Juzgados que sí abrieron diligencias, pronto las archivaron, inhibiéndose a cuenta de la prescripción de los presuntos delitos de detención ilegal cometidos durante la GCE y la posguerra y la irretroactividad de la norma penal conforme dispone la *Ley 46/1977, de 15 de octubre, de Amnistía* (publicado en el BOE nº 248, el 17 de octubre de 1977) que no permite la persecución de hechos delictivos con componente político acaecidos con anterioridad al 15 de diciembre de 1976. En este sentido, no deja de ser paradójico que el Comité de Derechos Humanos de la ONU se haya mostrado preocupado por la vigencia de esta ley, recalcando que los delitos de lesa humanidad no prescriben en modo alguno.

No es nuestra intención entrar a valorar la legitimidad o no de la mencionada ley, sin embargo, llegado a este punto hay que decir que algunos juristas ponen en tela de juicio los pronunciamientos como los procedimientos adoptados. Así, el Magistrado del Tribunal Supremo José Antonio Martín Pallín (2007, 200) señala que *'un Juez de Instrucción en nuestro sistema no puede declarar la prescripción de un delito, porque esa resolución está reservada a la Audiencia Provincial y si hay recurso, al Tribunal Supremo. Los Jueces de Instrucción tienen que abrir la causa y si los hechos tienen evidentes caracteres delictivos corresponderá al fiscal, en su momento, pedir la prescripción y el sobreseimiento libre. [...] Se trata de investigar un hecho delictivo (desapariciones forzadas) que*

Figura 4. Trabajos exhumatorios en la fosa común de El Trece (Sedano, Burgos) (Fuente: elaboración propia).

no ha prescrito. Se trata de crímenes contra la Humanidad imprescriptibles'.

Precisamente, la conocida decisión del juez Baltasar Garzón Real de declararse inicialmente competente para juzgar los crímenes del franquismo admitiendo el calificativo de lesa humanidad –mediante el auto emitido el 16 de octubre de 2008–, no ha contribuido, en modo alguno, a encauzar las exhumaciones vía judicial, a pesar de que se autorizaron 19 exhumaciones bajo tales pautas. Como se detalló en trabajos anteriores (Ferrándiz 2009, 63-8; Montero 2009, 294), el recorrido jurídico iniciado por Garzón apenas duró un mes, acordándose paralizar las exhumaciones planteadas –aun cuando muchas de ellas ya se habían realizado– tras verse abocado el citado magistrado a inhibirse y derivar la causa abierta hacia los correspondientes Juzgados de Instrucción territoriales. Desde entonces únicamente las dos fosas ubicadas en la localidad zamorana de Santa Marta de Tera se han abierto con un mandato judicial previo, el que emitiese la Titular del Juzgado de Instrucción nº 2 de Benavente en junio 2009.

Así las cosas, ante la demorada gestión política, al tiempo que judicial, no son pocos los escollos que las asociaciones han tenido que ir superando para mantener latente la

reivindicación de la memoria histórica en torno a la cual se agrupan las actuaciones comentadas. De hecho, el recorrido expuesto, iniciado en el año 2000 con la exhumación de la fosa de Priaranza del Bierzo, ha cristalizado, diez años después, en la aprobación de una serie de políticas públicas de memoria a nivel estatal como autonómico que si bien fueron aplaudidas y valoradas inicialmente de forma positiva, sin embargo, han demostrado ser finalmente insuficientes, pues no han satisfecho a casi ninguna asociación. Al punto que muchas de las ansiadas demandas dirigidas a apoyar y reparar a las víctimas de la GCE y el Franquismo –necesarias y legítimas para unos como discutibles y contraproducentes a juicio de otros–, apenas se encuentran recogidas en las mismas, entre otras, la intervención judicial en los procesos de exhumación de las fosas, al tiempo que la disposición de mecanismos para hacerse cargo directamente de dichos trabajos sin tenerlo que derivar al voluntarismo de familiares y asociaciones, vía subvenciones (Figura 4).

Reflexiones finales

Ante las circunstancias examinadas, hay investigadores que han terminado por posicionarse a favor del tratamiento patrimonial de las fosas, si bien no por ello desoyen las reivindicaciones que abogan por una consideración más bien penal. No puede descuidarse que la responsabilidad última de los forenses es la de esclarecer las causas y circunstancias que rodearon a la muerte de quienes yacen en las fosas, determinando si ésta fue violenta a través de los correspondientes análisis antropológicos y patológicos (Etxeberría 2008, 143; Gassiot 2008, 123). No en vano, tal y como recuerdan los juristas *'hasta que no se abra la fosa y los arqueólogos forenses comprueben cuál fue la causa de la muerte no se puede decir que estemos ante una ejecución con todos los caracteres de un asesinato, sino ante una desaparición forzosa de personas que acaba con la muerte'* (Martín Pallín 2007, 199). De ahí que se vuelva hacer hincapié en la tipificación penal que persiguen las asociaciones, pues se ve así rigurosamente respaldada por los científicos, al tiempo que algunos juristas.

Pero a decir verdad, esta consideración patrimonial se hace en aras de una gestión más efectiva no sólo de las tareas exhumatorias en sí, sino también de la difusión de los resultados, especialmente, cuando se abren campos de investigación que trascienden de la mera divulgación que se hace en los medios de comunicación y en los portales de Internet de los movimientos sociales. En cualquier caso, debe señalarse que la presentación de los resultados obtenidos en las exhumaciones es producto de iniciativas más bien esporádicas, aun dentro del ámbito académico (Prada *et al.*, 2003; Prada y Etxeberría 2005; Ríos *et al.*, 2008; Polo *et al.*, 2010; Montero e. p.).

Además, por el momento, aún no contamos en España con unos medios de publicación consolidados, especialmente en cuanto a revistas periódicas se refiere. De hecho, las más señeras dentro del ámbito de la Arqueología no constituyen, al parecer, el contexto idóneo para publicar tales trabajos, dadas las limitaciones cronológicas que imponen sus consejos de redacción. Baste señalar que al margen del monográfico editado recientemente por Alfredo González Ruibal en *Cumplutum* y algunos trabajos puntuales en *Munibe*, nada se ha avanzado al respecto y, ciertamente, sería conveniente hacerlo a fin no sólo de que se puedan publicar cualquier tipo de estudio arqueológico sobre registros contemporáneos, sino también de erradicar una forma de entender la práctica arqueológica que es fuente constante de conflicto, pues en sintonía con los más tradicionales reductos académicos hay quien aún la concibe para estudiar, exclusivamente, los restos materiales de las sociedades que cubren las etapas de la Prehistoria y la Antigüedad.

Como contrapunto a este panorama asistimos al auge de aportaciones derivadas de otras experiencias con restos de la GCE que encuentran fácil acomodo en monografías como la recientemente editada en la revista *Ebre 38* (Álvarez 2010; Coma y Rojo 2010; González Ruibal *et al.*, 2010; Pascual 2010) o bien en congresos internacionales (González Ruibal 2009b). No obstante, en los mismos también se tiende a reflexionar en torno al papel que desempeña la práctica arqueológica en la construcción de la identidad colectiva.

En este sentido, cabría admitir que la emotiva recuperación de los demandados restos esqueléticos generalmente van vinculados a discursos emocionales, fuertemente evocadores, a partir de los cuales difícilmente se puede construir una memoria colectiva duradera (González Ruibal 2009a, 109). No en vano, esta relatividad de la memoria está extremadamente condicionada por los cambios generacionales que le añaden, aun si cabe, mayor carga emocional. Así, en la mente de las generaciones vivas que sufrieron la posguerra aún hoy es palpable como se funden el miedo percibido y el silencio autoimpuesto en el ambiente familiar, con los recuerdos muchas veces mitificados de sus parientes represaliados. Tal hecho adquiere significación, por cuanto frente a la memoria adquirida, producto de la experiencia como del recuerdo personal de las víctimas que sobrevivieron, actúan los hechos re-memorados, especialmente por los hijos, los cuales se esfuerzan por construir memorias más bien gratificantes que traumatizantes. Se puede decir que, en cierta forma, los descendientes elaboran imágenes a partir de los recuerdos que les han sido transmitidos, generalmente por madres o bien aquellos otros parientes que se hicieron cargo de sus tutelas. Se trata, en definitiva, de dilucidar el papel que adopta la memoria como percepción del pasado –en este caso a propósito de la GCE– en la definición de los traumas colectivos que quedaron establecidos a causa de la actuación represiva del bando nacional (Aróstegui 2006).

Para entender tal variedad de actitudes sirva de muestra que no son pocos los familiares entrevistados que, por ejemplo, niegan, omiten o simplemente desconocen la militancia política o sindical de sus deudos; por otra parte, algo muy usual entonces entre los jornaleros, obreros, ferroviarios y empleados de otros sectores que fueron, en suma, las principales víctimas de la represión franquista ejercida durante la GCE y la posguerra. De hecho, los testimonios abundan en formulas narrativas que inciden en que nunca se comprometieron ideológicamente en actividad pública alguna, salvo casos muy puntuales de cargos políticos notorios como alcaldes y concejales. De ahí que los familiares lo lleven al terreno de las rencillas, envidias y, en suma, el *'mal querer'*, para justificar la *'normalidad de las víctimas'*, al tiempo que la injusticia cometida con la irracionalidad de tales crímenes (Fernández de Mata 2006, 702-4).

Naturalmente, el debate que se plantea en el seno del quehacer investigador es bien diferente al que proponen familiares y movimientos sociales, aun cuando en ambos casos se trate de asuntos íntimamente ligados al estudio de la memoria. Precisamente, la configuración de equipos interdisciplinares con la presencia de antropólogos sociales e historiadores contemporáneos en los procesos de búsqueda de información relativa a los represaliados de la GCE y el Franquismo a través de la recopilación de testimonios orales y la documentación de archivos, como de los arqueólogos y forenses en las tareas exhumatorias y de identificación antropológica de los restos, ha dotado de rigurosidad científica tales actividades (Figura 5); las cuales,

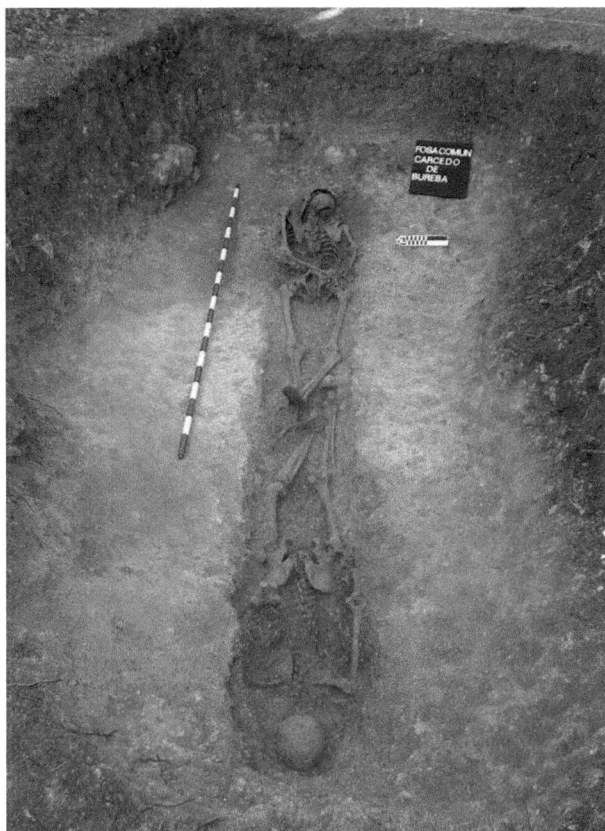

Figura 5. Fosa común de Carril de Mota (Carcedo de Bureba, Burgos) (Fuente: elaboración propia).

no conviene olvidar, promueven unos colectivos asociativos que están integrados, básicamente, por voluntarios.

De esta forma, vienen contribuyendo no sólo a recuperar los tan demandados restos esqueléticos (Prada *et al.*, 2003; Prada y Etxeberría 2005; Fuentes 2005; Escarda 2006; Olmo 2006; Ríos *et al.*, 2008; Polo *et al.*, 2010; Montero e. p.), sino que, además, aportan la necesaria reflexión a la hora de analizar los recuerdos y el drama vital de quienes padecieron la extrema violencia desatada durante la GCE y que se prolongó durante los primeros años de la dictadura (Fernández de Mata 2006; 2009; Ferrándiz 2007; 2008; 2009). Es en este contexto, por tanto, donde se entiende que las exhumaciones de fosas comunes están contribuyendo no sólo a dignificar y restituir la memoria de las víctimas, sino a poner fin al duelo inconcluso de los propios familiares.

En cierto modo, supone la construcción de una memoria crítica sobre la represión franquista a partir del estudio del legado material que dejó ésta. Desde esta perspectiva las fosas pueden ser vistas como parte integrante del registro arqueológico que generó la GCE y la posterior dictadura de Franco; al igual que otros escenarios y vestigios como son todas aquellas estructuras asociadas a líneas defensivas (campos de batalla, trincheras, búnkeres, polvorines, refugios, etc.), maquinaria bélica (aviones, buques, carros de combate, etc.) y centros de internamiento (cuarteles, prisiones, campos de concentración, etc.) que, junto a los monumentos conmemorativos erigidos durante la posterior

dictadura –la basílica de El Valle de los Caídos o el Arco de la Victoria en Madrid, por citar los más significativos–, han terminado dando lugar, hoy en día, a una singular y visible *'topografía del terror'* (González Ruibal 2009b).

Conviene subrayar que aun cuando se tratan de unos restos arqueológicos dado que son susceptibles de ser estudiados con metodología arqueológica (González Ruibal 2008, 15; Montero 2009, 296), en cambio, no suelen contemplarse como tales en las normativas vigentes en materia patrimonial, fundamentalmente, a raíz de su cronología reciente. Claro está que a ello a contribuido el concepto que durante décadas se ha tenido de la Arqueología, tradicionalmente orientada al Mundo Antiguo y, si acaso, a la Prehistoria Reciente, tal y como se señalaba en párrafos anteriores.

Respecto a la relación que se establece con las latentes reivindicaciones de las asociaciones, entendemos que la labor que desempeñan arqueólogos y forenses, así como otros investigadores, adquiere un valor netamente positivo por cuanto contribuyen con las exhumaciones a reconocer y garantizar los derechos fundamentales de toda sociedad democrática, en este caso, rehabilitando la memoria de todos aquellos que fueron represaliados durante la GCE y la posguerra (Figura 6).

Así pues, la necesidad de promover la reflexión sobre los nexos que vinculan a la Arqueología con la Memoria es lo que nos ha conducido, en definitiva, a entender las exhumaciones de fosas comunes como un ejercicio evidente de 'Arqueología Pública'. De tal manera que el interés social y la utilidad pública contribuyen, así, a generar un nuevo tipo de actitudes hacia el Patrimonio Arqueológico, las cuales no están determinadas, exclusivamente, por el valor que se le confiere a la antigüedad de los bienes patrimoniales, ni por la producción de conocimiento científico que conlleva su estudio y sí, en cambio, por su conjunción con el valor estratégico que adquiere como vía de legitimación, en este caso, de las demandas no sólo de los familiares de las víctimas de la represión franquista y las entidades que les representan, sino de la sociedad en su conjunto. De hecho, ¿hasta qué punto las exhumaciones deben ser no sólo un asunto de interés para los familiares, sino también un asunto de interés público?

Agradecimientos

Este trabajo se enmarca dentro de las actividades que lleva a cabo el Grupo de Investigación Violencia, conflictos civiles y guerra: construcción, representación y efectos, de la Universidad de Burgos. Mi especial gratitud a los Drs Francisco Etxeberría Gabilondo, profesor de Medicina Legal y Forense en la Universidad del País Vasco, y Lourenzo Fernández Prieto, profesor de Historia Contemporánea en la Universidad de Santiago de Compostela, por la información facilitada sobre los convenios de colaboración suscritos por el Gobierno Vasco y la Xunta de Galicia con la Sociedad de Ciencias Aranzadi y la Universidad de Santiago respectivamente.

Figura 6. Monolito erigido en el cementerio de Aranda de Duero en recuerdo a las víctimas de la represión franquista en la comarca burgalesa de la Ribera del Duero (Fuente: elaboración propia).

Bibliografía

Aguilar Fernández, P. 2008. *Políticas de la memoria y memorias de la política*. Madrid, Alianza Editorial.

Álvarez Martínez, V. 2010. ¿Chatarra o Cultura Material? A propósito de los restos muebles de la Guerra Civil en el registro arqueológico de la ciudad de Oviedo (Asturias). *Ebre 38. Revista Internacional de la Guerra Civil* 4, 179-201.

Amnistía Internacional 2005. *España: poner fin al silencio y a la injusticia. La deuda pendiente con las víctimas de la Guerra Civil y del Régimen Franquista*. [URL: http://www.es.amnesty.org/esp/docs/victimas_franquismo.pdf].

Aróstegui Sánchez, J. 2006. Traumas colectivos y memorias generacionales: el caso de la Guerra Civil. En J. Aróstegui Sánchez y F. Godicheau (eds.), *Guerra Civil. Mito y memoria*, 57-92. Madrid, Marcial Pons.

Barragán Mallofret, D. y Castro Fernández, J. L. 2004-2005. Arqueología de la Justicia. Arqueología de las víctimas de la Guerra Civil española y de la represión franquista. *Revista Atlántica-Mediterránea de Prehistoria y Arqueología Social* 7, 149-174.

Bernecker, W. L. 2008. Luchas de memorias en la España del S. XX. En J. Cuesta Bustillo (dir.), *Memorias históricas de España (siglo XX)*, 38-57. Madrid, Fundación Francisco Largo Caballero.

Berzal de la Rosa, E. 2007. Introducción. En E. Berzal de la Rosa (coord.), *Testimonio de voces olvidadas*, 15-19. León, Fundación 27 de Marzo.

Casanova Ruiz, J. 2002. Una dictadura de cuarenta años. En J. Casanova Ruiz (coord.), *Morir, matar, sobrevivir. La violencia en la dictadura de Franco*, 3-50. Barcelona, Crítica.

Coma Quintana, L. y Rojo Ariza, M. C. 2010. Arqueología y museografía didáctica en los aeródromos de guerra. *Ebre 38. Revista Internacional de la Guerra Civil* 4, 165-177.

Dionis, G. 2006. La cuestión de la impunidad en España y los crímenes franquistas. *La represión franquista: mito, olvido y memoria*, 87-118. Valladolid, Universidad de Valladolid.

Escarda Escarda, M. 2006. El análisis de los restos óseos. *La represión franquista: mito, olvido y memoria*, 299-330. Valladolid, Universidad de Valladolid.

Espinosa Maestre, F. 2002. Julio de 1936. Golpe militar y plan de exterminio. En J. Casanova Ruiz (coord.), *Morir, matar, sobrevivir. La violencia en la dictadura de Franco*, 51-119. Barcelona, Crítica.

-2003. *La columna de la muerte. El avance del ejército franquista de Sevilla a Badajoz.* Barcelona, Crítica.

-2006. *Contra el olvido. Historia y memoria de la Guerra Civil.* Barcelona, Crítica.

Etxeberría Gabilondo, F. 2004. Panorama organizativo sobre Antropología y Patología Forense en España. Algunas propuestas para el estudio de fosas con restos humanos de la Guerra Civil española de 1936. En E. Silva, A. Esteban, J. Castán y P. Salvador (coords.), *La memoria de los olvidados. Un debate sobre el silencio de la represión franquista*, 183-219. Valladolid, Ámbito.

-2008. Exhumando fosas, recuperando dignidades. *Osasunaz* 9, 137-158.

Fernández de Mata, I. 2006. La memoria y la escucha, la ruptura del mundo y el conflicto de memorias. *Hispania Nova* 6, 689-710.

-2007. El surgimiento de la memoria histórica. Sentidos, malentendidos y disputas. En L. Díaz Viana y P. Tomé Martín (coords.), *La tradición como reclamo. Antropología en Castilla y León*, 195-208. Salamanca, Junta de Castilla y León.

-2009. In memoriam... esquelas, contra-esquelas y duelos inconclusos de la Guerra Civil española. *Historia, Antropología y Fuentes Orales* 42, 93-127.

Fernández Prieto, L. 2009. El estudio de las fosas: un trabajo interdisciplinario. En A. Segura, A. Mayayo y Q. Solé (eds.), *Fosses comunes i simbología franquista*, 283-298. Barcelona, Afer.

Ferrándiz Martín, F. 2007. Exhumaciones y políticas de la memoria en la España contemporánea. *Hispania Nova* 7, 621-640.

-2008. Cries and whispers: exhuming and narrating defeat in Spain today. *Journal of Spanish Cultural Studies* 9 (2), 177-192.

-2009. Fosas comunes, paisajes del terror. *Revista de Dialectología y Tradiciones Populares* 64 (1), 61-94.

Ferrándiz Martín, F. y Baer Mieses, A. 2008. Digital memory: the visual recording of mass grave exhumations in contemporary Spain. *Forum Qualitative Social Research* 9 (3). [URL: http://nbn-resolving.de/urn:nbn:de:0114-fqs0803351].

Fuentes Domínguez, A. 2005. Exhumació i arqueología forense. Els afusellats a Villamayor de los Montes (Burgos). *L'Avenç* 299, 28-30.

Gálvez Biesca, S. 2006. El proceso de recuperación de la 'memoria histórica' en España: una aproximación a los movimientos sociales por la memoria. *International Journal of Iberian Studies* 19 (1), 25-51.

García Casas, D. 2010. Arqueologies de la Guerra Civil. *Ebre 38. Revista Internacional de la Guerra Civil* 4, 267-283.

García Colmenares, P. 2005. Los usos públicos de la Historia: la memoria de la represión de la Guerra Civil en Palencia (1936-1939). *Publicaciones de la Institución Tello Téllez de Meneses* 76, 121-239.

Gassiot Ballbè, E. 2008. Arqueología de un silencio. Arqueología forense de la Guerra Civil y del Franquismo. *Complutum* 19 (2), 119-130.

Gassiot Ballbè, E. y Steadman, D. W. 2008. The political, social and scientific contexts of archaeological investigations of mass graves in Spain. *Archaeologies* 4 (3), 429-444.

González Ruibal, A. 2007. Making things public: archaeologies of the Spanish Civil War. *Public Archaeology* 6 (4), 203-226.

-2008. Arqueología de la Guerra Civil española. *Complutum* 19 (2), 11-20.

-2009a. Arqueología y Memoria Histórica. *Patrimonio Cultural de España* 1, 103-122.

-2009b. Topography of terror or cultural heritage? The monuments of Franco's Spain. En N. Forbes, R. Page y G. Pérez (eds.), *Europe's deadly century. Perspectives on 20th century conflict heritage*, 65-72. Swindon, English Heritage.

González Ruibal, A., Marín Suárez, C., Sánchez-Elipe Lorente, M. y Lorente Muñoz, S. 2010. Guerra en la Universidad. Arqueología del conflicto en la ciudad universitaria de Madrid. *Ebre 38. Revista Internacional de la Guerra Civil* 4, 123-143.

Hernández García, A. 1984. *La represión en La Rioja durante la Guerra Civil.* Logroño.

Herrero Balsa, G. y Hernández García, A. 1982. *La represión en Soria durante la Guerra Civil.* Soria, edición propia.

Juliá Díaz, S. 1999. Las cifras. Estado de la cuestión. En S. Juliá Díaz (coord.), *Víctimas de la Guerra Civil*, 407-413. Madrid, Temas de Hoy.

León Cáceres, G. 2008. La memoria de la Guerra Civil en la transición política a través de la prensa regional: la provincia de Badajoz. En J. Cuesta (dir.), *Memorias históricas de España (siglo XX)*, 148-170. Madrid, Fundación Francisco Largo Caballero.

Martín Pallín, J. A. 2007. Memoria y justicia. En J. Arostegui Sánchez (ed.), *España en la memoria de tres generaciones. De la esperanza a la reparación*, 191-202. Madrid, Editorial Complutense.

Montero Gutiérrez, J. 2009. La visibilidad arqueológica de un conflicto inconcluso: la exhumación de fosas comunes de la Guerra Civil española a debate. *Munibe (Antropología-Arkeología)* 60, 289-308.

-En prensa. La arqueología al servicio de la gestión de la memoria histórica: la exhumación de fosas comunes de la Guerra Civil española en la provincia de Burgos. *II Jornadas de Jóvenes en Investigación Arqueológica (Madrid, 2009).* Madrid.

Olmo Martín, J. del. 2006. Exhumaciones y análisis de las fosas. *La represión franquista: mito, olvido y memoria*, 273-297. Valladolid, Universidad de Valladolid.

Pascual García, S. 2010. La Guerra Civil espanyola i el seu patrimoni. Exemples de les intervencions arqueològiques a la demarcació de Barcelona i de Lleida. *Ebre 38. Revista Internacional de la Guerra Civil* 4, 145-162.

Peinado Cano, A. 2006. El movimiento social por la recuperación de la memoria histórica: entre el pasado y el futuro. *Hispania Nova* 6, 723-744.

Polo Cerdá, M., Cruz Rico, E. y García Prosper, E. 2010. Arqueología y antropología forense de la represión franquista en el territorio de la agrupación guerrillera de Levante y Aragón (1947-1948). *Ebre 38. Revista Internacional de la Guerra Civil* 4, 203-230.

Prada Marcos, M. E. y Etxeberría Gabilondo, F. 2005. El valor de la patología ósea en la identificación personal: el caso de la fosa común de la Guerra Civil española de Cabañas de la Dornilla (Cubillos del Sil, León). *Actas VII Congreso Nacional de Paleopatología. Nuevas perspectivas del diagnóstico diferencial en Paleopatología*, 113-123. Mahó.

Prada Marcos, M. E., Etxeberría Gabilondo, F., Herrasti Erlogorri, L., Vidal Encinas, J., Macías Pérez, S. y Pastor, F. 2003. Antropología del pasado reciente: una fosa común de la Guerra Civil española en Priaranza del Bierzo (León). *Antropología y Biodiversidad* 1, 431-446.

Rodríguez González, J. 2003. *León bajo la dictadura franquista (1936-1951)*. León, Universidad de León.

Ríos Frutos, L., Martínez Silva, B., García-Rubio Ruiz, A. y Jiménez, J. 2008. Muertes en cautiverio en el primer Franquismo: exhumación del cementerio del penal de Valdenoceda (1938-1943). *Complutum* 19 (2), 139-160.

Salas Larrazábal, R. 1977. *Pérdidas de la guerra*. Barcelona, Planeta.

Sans, M. 2005. La regulación de las exhumaciones de las fosas de la Guerra Civil. *Diagonal* (9-21 de diciembre de 2005). [URL: http://www.diagonalperiodico.net/antigua/pdfs19/39diagonal19-web.pdf].

Silva Barrera, E. y Macías Pérez, S. 2003. *Las fosas de Franco*. Madrid, Temas de Hoy.

Torre Tapias, J. J. de la 2006. *Los paseos del 36*. Valladolid, Edición propia.

VV. AA. 1987. *Arrasate 1936. Una generación cortada*. San Sebastián, Oktubre Taldea.

CHAPTER 9

LA CONTRIBUCIÓN DE LA ARQUEOLOGÍA FORENSE A LA LUCHA CONTRA EL OLVIDO

THE CONTRIBUTION OF FORENSIC ARCHAEOLOGY IN THE FIGHT AGAINST OBLIVION

Alba Aran Herrera
Departamento de Antropología Física, Universidad de Granada. (alba80mai@yahoo.es)

David Garcia Casas
Departament de Prehistoria, Universitat Autonoma de Barcelona. Davit83@hotmail.com

Iván Sánchez Marcos
Departamento de Antropología Física, Universidad de Granada. empedocles1917@hotmail.com

Resumen: En este trabajo pretendemos exponer nuestra visión sobre el papel que desempeña la arqueología forense dentro de las iniciativas encaminadas a "recuperar la memoria histórica".En primer lugar situamos la exhumación de fosas de la Guerra Civil dentro de su contexto de aparición y desarrollo tanto académico como social y justificamos el uso de la disciplina arqueológica dentro de estos estudios. Seguidamente exponemos diversos protocolos de exhumación de fosas comunes utilizados internacionalmente y finalmente hacemos un breve repaso de las técnicas más habituales usadas para identificar los cuerpos encontrados y el tipo de traumas que sufrieron, todo ello mientras hacemos hincapié en su carácter forense, es decir, demostrando que los estudios sobre los restos encontrados pueden constituir pruebas de crímenes contra la humanidad. Con este trabajo pretendemos hacer una valoración de cómo se ha articulado esta práctica en el estado español, además de hacer una reflexión del papel que juega el arqueólogo tanto con relación a su objeto de estudio como con relación a los problemas sociales que con su trabajo contribuye a afrontar. Todo ello sin olvidar que las exhumaciones de cuerpos de represaliados con metodología arqueológica forman parte de una gran amalgama de iniciativas científicas y sociales para reconstruir nuestro pasado mas reciente en favor de todos aquellos hombres y mujeres que sufrieron la derrota en la guerra y la represión posterior.

Palabras clave: Antropología Forense, Arqueología, Crímenes contra la Humanidad, Guerra Civil, Memoria.

Abstract: In this work we try to present our views on the role played by forensic archaeology in efforts to "recover the historic memory." First we explain the academic and social causes that arise the exhumation of graves of Civil War in context of and justify use of this discipline in archaeological studies. Then we discuss various protocols exhumation of mass graves used internationally and finally we will briefly review of the most common techniques used to identify the bodies found and the type trauma they suffered, all while we focus on forensic character of this studies showing that the remains found may constitute evidence crimes against humanity. Also, in this work we try to make an assessment of how this practice has been articulated in the Spanish state, in addition to a reflection of archaeologist role both in relation to its subject matter and in relation to social problems whose work helps to meet. All this without forgetting that exhumation of bodies of archaeological methodology repressed part of a great blend of scientific and social initiatives to rebuild our recently past in favour of all those men and women who suffered defeat in war and subsequent repression.

Key Words: Forensic Anthropology, Archaeology, Crimes against humanity, Civil War, Memory.

Contextualización

La arqueología forense y las investigaciones sobre la Guerra Civil.

La arqueología forense en el estado español debe ser contextualizada dentro de un conjunto de practicas arqueológicas más amplias con las que comparte la mayoría de sus objetivos, Estas practicas estudian los restos materiales producidos tanto por las actividades de los sectores sociales enfrentados durante la Guerra Civil y el posterior franquismo como por las acciones represivas que el régimen llevo a cabo contra las personas a las que consideraba "desafectas". Las unidades arqueológicas estudiadas suelen ser en general cuerpos de asesinados por el franquismo (en el caso de la arqueología forense), campos de concentración y cárceles franquistas, escenarios de batalla y otros contextos relacionados con el conflicto como puede ser el espacio de la guerrilla antifranquista o grafitis de la época (Ayan 2008), (Ballesta y Rodríguez, 2008).

Se trata de un tipo de arqueología de muy reciente implantación en el estado español y que tiene su origen fuera de los sectores académicos de investigación habituales. Aunque es cierto que a finales de los ochenta y los noventa si se realizaron investigaciones historiográficas destinadas a entender la naturaleza de la represión franquista y se elaboraron algunos balances de victimas, estas investigaciones nunca traspasaron el debate académico y por lo tanto no constituyeron un elemento para que la sociedad cuestionase críticamente su pasado mas reciente ni las versiones oficiales sobre la guerra civil ofrecidas primero por el régimen franquista y mas tarde por los sucesivos gobiernos democráticos. No ha sido hasta hace aproximadamente unos ocho años que el estudio de los vestigios materiales de la Guerra Civil y el franquismo han adquirido un renovado interés vinculados a las iniciativas de "recuperación de la memoria histórica".

MARCO SOCIPOLÍITICO

El denominador común de estas actuaciones arqueológicas es la voluntad de romper la visión hegemónica que existía en nuestra sociedad sobre las actividades que generaron los restos que se estudian, esclareciendo hechos traumáticos y largamente silenciados. Estas actuaciones arqueológicas son una parte mas de numerosas actuaciones llevadas a cabo por una amplia gama de organizaciones de la sociedad civil que tiene el objetivo de "recuperar la memoria histórica", objetivo algo difuso etimológicamente pero que puede ser sintetizado en romper el silencio sobre el conflicto que tuvo lugar entre unos sectores sociales que implantaron el fascismo para acabar con otros sectores que apostaban por unos paradigmas democráticos y revolucionarios restituyendo la voz de estos últimos, largamente negada y silenciada. Aunque las iniciativas llevadas a cabo son mucho más amplias que la investigación histórica, estos movimientos han contado siempre con la ayuda de especialistas en diversos campos (historia, arqueología, sicología, derecho…) que interactúan con las organizaciones conformando así una praxis en la que investigación y reivindicaron social confluyen creando representaciones históricas alternativas al discurso hegemónico que ofrecieron los poderes públicos sobre lo que fue la Guerra Civil y la represión posterior (Gassiot, 2008).

¿POR QUÉ ARQUEOLOGÍA?

La arqueología construye u organiza testimonios ocurridos en un momento y lugar dados a partir de los restos materiales en superficie o bajo tierra. Mediante los principios de asociación, superposición y recurrencia permite reconstruir los hechos que produjeron los elementos físicos estudiados. (Lumbreras, 2005). Aunque en un principio el método arqueológico fue diseñado para recabar información sobre sociedades muy alejadas de nosotros en el tiempo, en las ultimas décadas numerosas investigaciones han probado el potencial explicativo de la arqueología en cualquier época siendo aplicada a campos tan dispares como al estudio de los campos de batalla de las dos guerras mundiales del pasado siglo o como metodología auxiliar en investigaciones judiciales de asesinatos por citar únicamente dos ejemplos.

En el caso de los vestigios materiales a los que nos referimos en este articulo, los arqueólogos deben necesariamente

unirse a equipos mutidisciplinares conformados por historiadores, especialistas en fuentes orales, forenses, estudiando unos hechos que pueden ser conocidos a través de distintas fuentes de información siendo sus restos materiales una de ellas. El estudio arqueológico de estos restos puede aportar los siguientes elementos a la investigación:

Como método de investigación histórico permite contrastar o complementar hechos de los que se tiene constancia o indicios por las fuentes orales y/o escritas superando los sesgos subjetivos inherentes a la información oral y los problemas de la documentación escrita, que al estar pensada para ser publica contiene importantes sesgos especialmente cuando se refiere a hechos represivos llevados a cabo por estructuras de poder que quieren eliminar cualquier explicación de los hechos distinta a la oficial, además esta documentación suele ser eliminada cuando los actores que llevaron a cabo los hechos represivos quieren borrar el rastro de su actividad. Podemos decir pues que la arqueología ayuda a contratar versiones mediatizadas consciente o inconscientemente. Además, al trabajar sobre restos físicos, tangibles, posee un grado de evidencia muy alto y sus conclusiones resultan muy difíciles de rebatir con argumentos procedentes de otras vías. (Falquina et al., 2008)

La arqueología también genera patrimonio, permite asignar a los objetos sobre los que actúa un nuevo lugar en la sociedad actual (Gassiot, 2008), este patrimonio generado es de especialidad utilidad en un hecho tan traumático y que ha marcado tanto la sociedad actual como la Guerra Civil y el posterior franquismo, su posición como objeto contemporáneo al espectador le dota de un potencial informativo y de divulgación muy elevado, cualidades muy útiles cuando se quiere sacar a la luz un pasado silenciado durante décadas.

Finalmente, la arqueología forense, las actuaciones arqueológicas encaminadas a exhumar e identificar los restos de personas asesinadas extrajudicialmente por el régimen franquista determinando tanto la identidad de los cuerpos hallados como sus posibles causas de muerte y que fueron victimas de un asesinato extrajudical, la acumulación de estas evidencias permite probar la existencia de crímenes contra la humanidad cometidos durante ese periodo.

Exponiéndose a continuación la relación institucional entre los protocolos aplicados a nivel internacional y en el propio estado español, que promueven ciertos aspectos que se realizan en países como por ejemplo Perú, Argentina y la antigua Yugoslavia, pero que en el estado español carecen de aplicación por propia voluntad jurídica.

Comparativa de protocolos de exhumación de fosas comunes

PROTOCOLOS DE EXHUMACIÓN

Los protocolos que en la actualidad, se encuentran con una

mayor relación en los determinados procesos de excavación y posterior exhumación de los restos óseos de individuos desaparecidos; provienen de entidades internacionales que se reúnen a través de la Sociedad Internacional de Antropología Forense.

Estos muestran características muy generalizadas en cada uno de ellos, como son; aplicación de los conceptos legales de DDHH, exposición técnica forense de cabida mundial, representada claro está por las diferentes instituciones académicas de mayor calado internacional; y una relación laboral con los diferentes estados en lo que se realizan los trabajos.

La mayoría de las organizaciones o las personas que trabajan hoy día en el movimiento de la recuperación de la memoria histórica en nuestro país, trabaja con el seguimiento en cada uno de sus apartados de algún protocolo reconocido internacionalmente. Los protocolos más reconocidos son los siguientes:

- 1º Panorama organizativo sobre antropología y patología forense en España. Algunas propuesta para el estudio de fosas con restos humanos de la guerra civil española de 1936; Dr. Francisco Etxebarría Gabilondo (21, 22 y 23 de mayo de 2003).
- 2º Protocolo para la Exhumación de Fosas Comunes en el Perú (2000), EPAF.
- 3º Protocolo de Exhumaciones del Foro por la Memoria (Comisión Federal) [12/2002].
- 4º Manual sobre Prevención e Investigación eficaces de las Ejecuciones Extralegales, Arbitrarias o Sumarias. [ONU 1991].
- 5º Protocolo de Exhumaciones del Ministerio de la Presidencia de España (28/11/2008).
- 6º Manual de Procedimientos para investigaciones Antropológicas y Forenses en Guatemala (16/12/2003).

Entre estos se encuentran algunos realizados por entidades españolas, que acogen en la mayoría de los casos aportaciones de los internacionales, aunque sin embargo se muestran más simplificados y de una exposición didáctica más generalizada. El último en salir a la palestra es el que ha realizado el equipo técnico del Ministerio de la Presidencia del Gobierno español; nos encontramos ante un protocolo esquemático, fuera de cualquier exposición multidisciplinar y sin carga teórica ni práctica científica; se limita a redactar una secuencia de consejos y recomendaciones sobre cómo se debe de realizar la exhumación de una fosa común ilegal. Pero en ningún momento expone una metodología de campo práctica aplicable previo a comenzar la excavación, durante la excavación y posterior a ésta; es decir, que podemos recoger este protocolo como el más débil de todos los que se encuentran en la actualidad en pleno funcionamiento, teniendo en cuenta que existen protocolos como el realizado por la ONU en 1991, que todavía en ciertos aspectos tiene vigencia imprescindible.

Todos estos protocolos mantienen principios como anteriormente decíamos, cuasi idénticos; la multidisciplinariedad (Sanabria, 2008), es su base principal, entre ellos trabajan en casos conjuntamente ciencias que se relacionan para mejorar su aplicación práctica; sea en el campo como la Antropología Forense se nutre de la Arqueología, como al contrario; y la Arqueología comienza a observar las características fundamentales para poder identificar tanto individuos como propias evidencias forenses.

No cabe la posibilidad de enunciar algo contrario, ya que en el campo, las diferentes ciencias que participan en este entramado se necesitan mutuamente y sin ello, sería muy complicado poder conseguir los resultados y marcarse los objetivos principales.

La principal apuesta que en ello se encuentra, marca un hito en muchos países, no en todos, es decir, cuando en Latinoamérica se puede condenar a los ejecutores de tal crimen, gracias a la aportación de pruebas científicas facilitadas por antropólogos forenses y arqueólogos. No solo en Latinoamérica, sino también en la antigua Yugoslavia, hoy día gracias a la evidencia forense facilitada por los equipos técnicos, durante el proceso de excavación y exhumación de un enterramiento colectivo ilegal, ha llevado a altos cargos militares a sentarse ante la justicia internacional.

Con ello se plantea desde un contexto institucional, académico y jurídico, un reconocimiento a las víctimas y un cumplimiento de la legalidad vigente (Skinner, 2007). Aunque lo más significativo en todo este embrollo jurídico, institucional, etc.; es la reparación de los familiares de las víctimas, los cuales después de escuchar y ver firmar por esas mismas instituciones reparaciones económicas y sociales, lo único que observan sin consuelo es un reconocimiento institucional, del poder, en sí de la clase política gobernante, dejando fuera de juego a toda reivindicación política por parte de estos familiares, ni de los movimientos que se crean con ellos.

La situación que se presenta en el estado español, tras el intento fracasado del Juez Garzón de condenar a Franco y sus secuaces por crímenes de lesa humanidad; es de institución malherida, ya que desde el gobierno se había dado carta libre al Juez para realizar este tipo de enjuiciamiento; claro está con todos los reparos pertinentes.

La problemática real en España, es la no aplicación del concepto jurídico de *"Crimen de Lesa Humanidad"* para las víctimas del franquismo en España. Ya que si lo hiciese atentarían contra sí mismos, no olvidemos que España quedó atada y bien atada, desde el año 1975.

Dentro del marco de los protocolos, existen apartados propios para la identificación de las víctimas, ya que ese es uno de los principales objetivos a realizar; por eso se adhieren a estos protocolos exposiciones teóricas y prácticas de la disciplina antropológica con la que se explican cuáles son las evidencias más importantes de los restos óseos que facilitan la identificación.

Identificación personal.

ESTIMACIÓN DE SEXO

El tamaño de los huesos de mujeres se describe en una tasa de 92/100 en relación a los hombres, es decir que los huesos de individuos femeninos son en promedio de la población bajo estudio más pequeño que los restos óseos masculinos. En general los huesos de varones no solamente son más grandes, sino también más pesados y robustos con inserciones musculares más pronunciadas.

La determinación del sexo es más segura en adultos que en subadultos, porque las diferencias morfológicas resultan por la influencia de hormonas como el estrógeno o la testosterona, que fuertemente afectan a los huesos en la pubertad en adelante.

A causa de la variabilidad cronológica y geográfica entre y dentro las poblaciones, la determinación del sexo osteológico no es tan fácil como parece. Siempre existe un rango de congruencia o traslape de las características analizadas dentro de su variabilidad biológica.

En casos de esqueletos incompletos se consiguen los siguientes resultados de la clasificación (Krenzer, 2006), utilizando:

1. Huesos largos < 80%
2. Cráneo 80-92%
3. Pelvis 96%
4. Cráneo y pelvis 97%
5. ADN 99,9%.

PELVIS

En general, la pelvis femenina tiene una mayor extensión horizontalmente, mientras que verticalmente es más corta (Genovés 1964).

Buikstra & Ubelaker (1994) publicaron los estándares de recolección de datos en restos óseos para la determinación del sexo mediante la pelvis. [1]

La metodología es la siguiente: se multiplica el valor de importancia por el grado del sexo expresado. La graduación refleja la expresión hiper-femenina (-2) del criterio analizado hasta la expresión de apariencia hiper-masculina (+2). El cero (0) se aplica para restos indiferentes.

Cráneo

El cráneo no es la región del esqueleto cuyo sexo resulta más fácil de determinar, sobre todo si se encuentra roto o fragmentado. Se puede distinguir el cráneo masculino del femenino atendiendo a los siguientes detalles (Brothwell ,1987).

Por lo general es mayor y más pesado, con una capacidad craneana aproximada de 1.300 c.c. para mujeres y 1500 c.c. para hombres. Los rebordes de las inserciones musculares son más marcados. Y habrá que señalar, por último, que el cráneo masculino es mas redondeado en vista lateral, mientras que el femenino tiende a conservar una forma adolescente de apariencia grácil, con pares de eminencias en el frontal y parietal.

Igualmente Buikstra y Ubelaker (Builstra y Ubelaker, 1994) publicaron los estándares para la recolección de datos de los criterios específicos para la diferenciación en el cráneo.

Diferenciación sexual en los huesos largos. Funciones discriminantes.

- Importancia en restos incompletos, fragmentados o deteriorados, ya que, cuando un análisis morfognóstico del coxal o del cráneo no es posible, las mediciones del poscráneo brindan informaciones valiosas para la determinación del sexo.
- Importancia de los estudios locales.
  - Formulas regresivas
  - I. Alemán y col. (1997) Estudio efectuado sobre población mediterránea: "la cabeza del húmero y del fémur son las variables con más valor discriminante"

ESTIMACIÓN DE LA EDAD EN ADULTOS

Cambios morfológicos en la sínfisis púbica (Todd, 1920), la superficie auricular (Lovejoy, 1985) o en las costillas (Iscan et al., 1989).

La mayoría de criterios existentes para el diagnóstico de la edad en adultos tiene sus limitaciones y son casi inaplicables en individuos mayores de 50 años.

Tanto la sínfisis púbica como la superficie auricular del ilion configuran unos de los rasgos más usados para la estimación de edad, dado su alto grado de conservación.

Las costillas esternales por su posición y función constituyen un sitio particular excelente para la observación de la metamorfosis durante la vida del individuo. La unión costocondral se localiza en un lugar relativamente estable, poco sujeto a efectos de locomoción, embarazo, parto o peso de una persona. Iscan et al. (1989).

Para la observación se analiza las modificaciones (desgaste) de los siguientes criterios: Ondulación, porosidad, granulación y densidad. Esta metodología nos aporta intervalos aproximados de 5 años.

Edad dental:

Desgaste oclusal (Brothwell, 1987).

Por su presencia en el contexto arqueológico, los dientes proporcionan una manera excelente para estimar la edad en adultos.

---

[1] Otros autores (Buikstra y Ubelaker 1994, Ferembach et al. 1980, Herrmann et al. 1990, Mays 1998, Schwartz 1995, Steele y Bramblett 2000, Ubelaker 1999, White 2000)

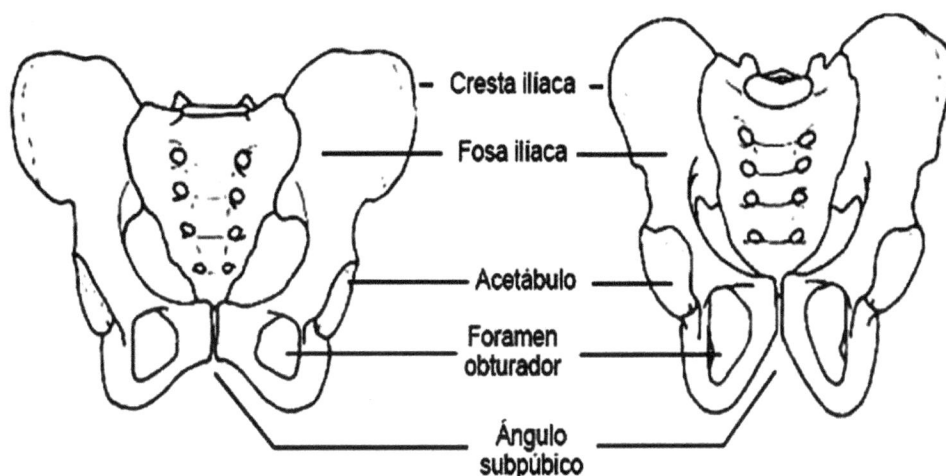

Figura 1: Características para el sexamiento de la pelvis (Herrmann et al. 1990).

Tabla 1: (Ferembach et al1980)

Variable	Femenina	Masculina	Peso*
Escotadura ciática mayor	Ancha y abierta, con forma de U. Ángulo alrededor 60°	Estrecha, con forma de V. En general, ángulo <30°	3
Surco preauricular	Siempre se encuentra	Generalmente ausente	3
Angulo subpúbico	Ángulo más abierto	Ángulo más cerrado	2
Arco compuesto	Doble curva entre la escotadura ciática y la superficie auricular del ilion	Curva única	2
Orificio obturado	Pequeño y triangular	Grande y ovoide	2
Hueso coxal en general	Bajo, ancho y con relieves musculares poco marcados	Alto, estrecho y con relieves musculares marcados	2
Rama isquiopubiana	Estrecho y con una cresta medial	Ancha y plana	2
Hueso ilion	Bajo y ancho.	Alto y con tendencia a la verticalidad.	1
Cresta iliaca	Forma de S suave	Forma de S pronunciada	1
Articulación sacro-ilíaca	Pequeña y oblicua	Grande	1
Acetábulo	Pequeño y situado antero-lateralmente	Grande y profundo Tendencia lateral	1

* Ferembach et al. (1980)

Tabla 2: Diagnóstico en subadultos, a partir del dimorfismo en el tamaño de los dientes. – Joan Viciano Badal (2008) Universidad de Granada y Universidad de Roma.

Variable	Femenino	Masculino	Peso
Glabela	Muy débil	Muy marcada	3
Apófisis mastoides	Menos desarrolladas	Muy desarrolladas	3
Occipital (Inion). Relieve nucal.	Redondeado, sin rugosidades.	Inserciones musculares bien marcadas. Protuberancia en el inion.	3
Arco cigomático	Muy bajo, grácil y liso	Alto, robusto y con la superficie irregular	3
Mandíbula	Aspecto grácil. Ángulo mandibular obtuso	Masiva, alta y robusta. Ángulo mandibular recto (cuadrangular)	3
Mentón mandibular	Pequeño y redondeado	Prominente y anguloso en vista frontal	2
Arcos superciliares	Mínimos o inexistentes	Fuertes	2
Eminencia Frontal / Parietal	Marcadas	Débiles	2
Frontal	Alto y abombado	Inclinado	1
Órbitas	Altas, redondeadas y con el borde superior afilado	Bajas, cuadrangulares y con el borde redondeado	1
Sistema dentario (canininos)	Menos voluminoso	Más voluminoso	1

El desgaste de los dientes depende fuertemente de la dieta y la forma de preparación de los alimentos de la población analizada. Además, reflejan formas típicas e individuales de masticación y dureza diferentes del esmalte en el perfil del desgaste.

Además, se utilizan los dientes como base para efectuar estudios avanzados genéticos.

Al lado de los métodos tradicionales como la observación del desgaste, que tiene la tendencia de subestimar la edad cronológica, se puede aplicar fácilmente la translucidez de la raíz dentaria.

Translucidez de la raíz (Lamendin, 1992)

Tomando en cuenta que el método se restingue a individuos adultos, con una edad mínima de 26 años, debido a la metamorfosis de la translucidez. Cerca del 95% del esmalte y del 80% de la dentina están compuestos por hidroxiapatita de calcio [Ca10 (PO4)6(OH)2], en comparación con el 70% del tejido óseo (Berkovitz, 1995 citado en Prieto, 2002) y su cambio químico no depende de factores externos.

Con base a ello se miden las siguientes distancias:

1. Altura de la raíz (HR): Distancia directa desde el ápex hasta la unión del cementoesmalte en la superficie vestibular (labial) y lingual.
2. Altura de la períodontosis (HPAR): Distancia directa

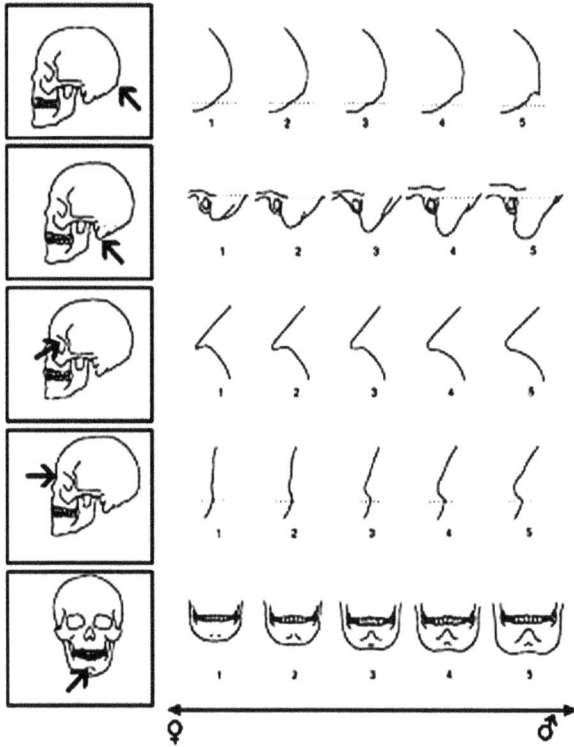

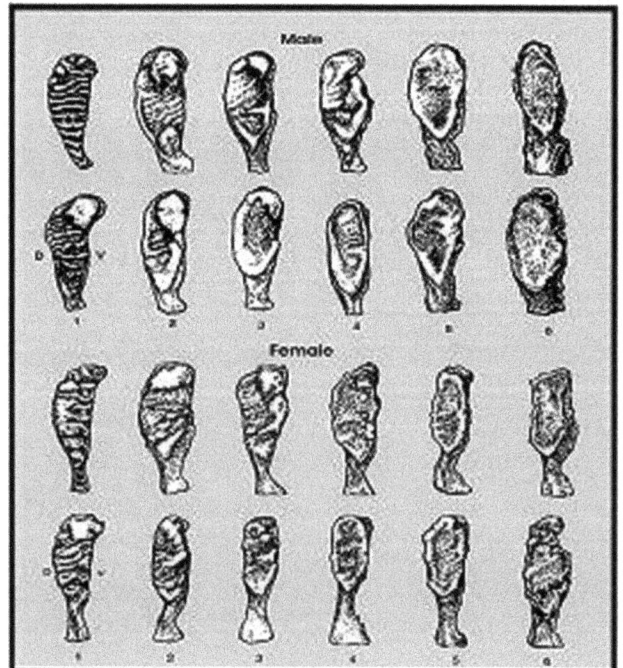

Figura 2:Expresión de las características cresta nucal, proceso mastoide, borde supraorbital, arcosupraorbital y prominencia del mentón (modificado, según Buikstra & Ubelaker 1994).

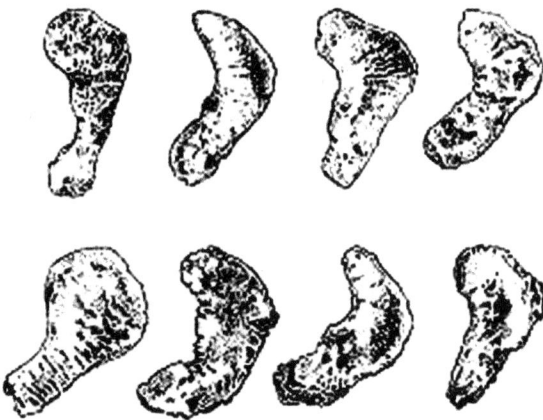

Figura 3: Metamorfosis de la faceta auricular del ilium (por Schwartz 1995). Cambios en la faceta auricular del pubis según el sistema de Todd (por Buikstra y Ubelaker 1994).

entre la unión del cementoesmalte y el nivel de la colocación del períodonto en las superficies vestibular y lingual.

3. Altura de la translucidez de la raíz (HTRAN). Distancia directa desde el ápex de la raíz hasta el punto de división entre la parte translucida y no-translucida.

P= Altura del periodonto/Altura de la raiz * 100 (HPAR/HR * 100)

T= Altura de la translucidse/Altura de la raiz 100 (HTRAN/HR * 100)

Edad dental= (0,18 * P) + (0,42 * T) +25,23

Suturas craneanas (Olivier, 1960)

En el cráneo, el antropólogo identifica distintos cambios relacionados con la edad de los individuos. Entre estos, los más valiosos son las obliteraciones de las suturas craneales (sutura sagital, coronal y lambda) esos inician a los 20 años hasta la vejez. Meindl & Lovejoy han considerado su utilidad en calidad de indicador independiente de edad, siempre y cuando se le combine sistemáticamente con otros elementos del diagnóstico.

OTROS CARACTERES DE IDENTIFICACIÓN PERSONAL

Estatura

Para ello recomendamos el uso de tablas y fórmulas del mismo origen de la población de estudio o una población cercana. Para individuos mediterráneos ver las tablas elaboradas a partir de individuos portugueses utilizando las longitudes totales del fémur y del húmero (Mendoza, 1999).

Patologías y fracturas curadas

La mayoría de las enfermedades descritas no tienen que ver con la causa de muerte, pero si, con el modo de vida de las personas fallecidas (Mays 2002 y White 2000).

Las anomalías más frecuentes que dejan su huella en el hueso son las afecciones de las articulaciones, denominada en la literatura anglosajona osteoartritis y los traumas óseos. El grado de desarrollo de osteoartritis en los cuerpos vertebrales es utilizado por algunos autores en calidad de estimación aproximada de la edad (Stewart, 1976, citado por Ubelaker, 1989).

Principalmente, sin tomar en cuenta el diagnóstico traumático, se distingue entre patologías congénitas y adquiridas; entre las últimas están las infecciosas, desórdenes metabólicos, circulatorios y neoplasmas (tumores).

Entre las lesiones por enfermedades infecciosas, que dejan huellas en los dientes o huesos como la caries, enfermedad periodontal, no específicas como periostitis u osteomielitis y específicas como la treponematosis, tuberculosis o lepra.

En este texto sólo referiremos las evidencias en los huesos para identificar la tuberculosis, ya que fue la enfermedad infecciosa más sufrida en este periodo histórico. Ésta afecta principalmente a las vértebras torácicas (5T), las costillas (superficie pleural y cabeza de las costillas), epífisis de huesos largos, manos y pies.

Y por último las lesiones por desnutrición y desorden metabólico también son identificables en el cráneo (cribra orbitalia), en los huesos largos (líneas de harris) y en los dientes (defectos del esmalte, que son conocidos como hipoplasias).

Traumatismos.

En general, se entiende trauma en el contexto forense como una lesión ósea que resulta como desequilibrio entre la estabilidad del hueso y las fuerzas (más externas que internas) que lo afectan. Entonces, trauma es una categoría patológica. También nos interesa, si el trauma ocurrió ante- peri- o post-mortem y si este causó la muerte. (Krenzer. 2006).

Ante-mortem: muestran signos de curación, remodelación ósea bien definida con bordes redondeados, llegando a mostrar un callo óseo.

Peri-mortem/Post-mortem: Son más difíciles de diagnosticar, ambas muestran falta de pruebas de curación, tienen bordes afilados. Generalmente las lesiones peri-mortem se propagan en un ángulo agudo oblicuo a la superficie del hueso (excepto los traumas por bala) y tienen un color similar a la superficie del hueso intacta.

Post-mortem se producen después de que el hueso haya perdido gran parte de su colágeno, tienden a propagarse en perpendicular a la superficie ósea y a menudo muestran una diferencia de color (mas blancos) en relación con la superficie ósea intacta (Walker, 2001).

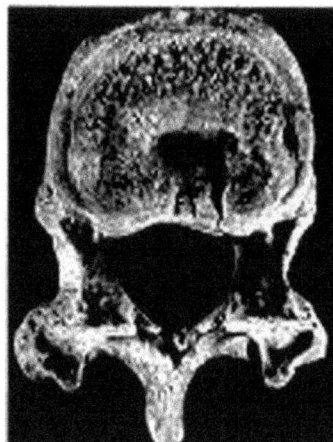

Figura 4: Vértebra con nódulo de Smorl.

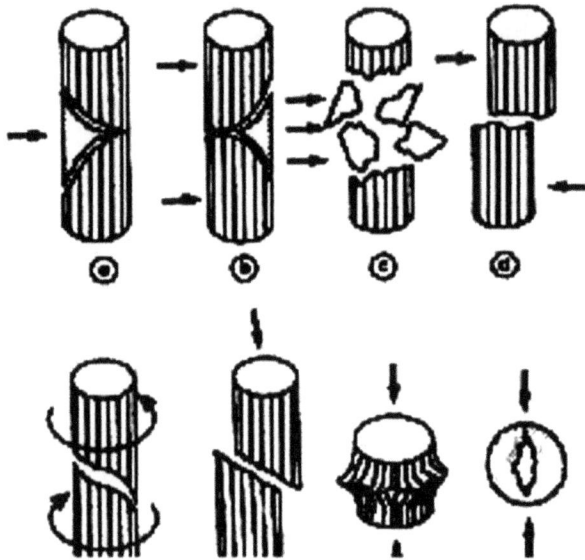

Figura 5: Formas diferentes de fracturas. Las flechas indican la dirección de la fuerza (por Herrmann et al., 1990).

Marcadores de lateralidad.

Para determinar la lateralidad en huesos secos se observan características de modificación en los brazos y las manos, porque especialmente el fuerte uso añade material óseo y modifica el contorno.

Por ejemplo, los diestros tienen en la mano izquierda huesos más pequeños, y los huesos de la mano del lado preferido muestran más frecuentemente lesiones erosivas como cambios óseo-artríticos u osteofitosis. Además, Reichel y colaboradores (Reichel, Runge y Bruchhaus, 1990) han observado mediante placas radiográficas, que la mayor densidad cortical se localiza en los brazos del lado preferido.

Por otro lado, las fracturas de parado en el brazo izquierdo, causado por la preferencia de parar golpes o caídas en este lado, son más frecuentes en comparación con el brazo derecho, que se utiliza para la manipulación.

En el análisis de la lateralidad se observan los siguientes criterios cualitativos y cuantitativos en la extremidad superior y la cintura escapular:

- Inserciones musculares
- Longitud de los huesos (húmero, radio, cúbito)
- Anchura distal del húmero
- Procesos óseo-artríticos en el codo (especialmente húmero)
- Expresión de la tuberosidad deltoidea
- Bisel en el borde dorsal de la fosa glenoidea
- Robusticidad y longitud de la clavícula

Marcas de estrés ocupacional.

La misma forma del hueso es una consecuencia lógica de su función; los huesos son adaptados según sus necesidades biomecánicas específicas. La musculatura forma el hueso y con una inserción muscular más fuerte el grosor cortical crece proporcionalmente.

A partir de los estudios de Ales Hrdlicka y las posteriores investigaciones sobre las adaptaciones mecánicas de los huesos y articulaciones con relación a la actividad física específica del individuo, empezaron los estudios de la formación de las huellas, cuyos resultados se iniciaron a aplicar a casos forenses en el contexto de la osteobiografía de los individuos no identificados. Para citar un ejemplo, en el contexto colombiano es importante su aplicación en la identificación de desaparecidos inhumados en fosas comunes, en donde activistas sindicales urbanos, de constitución grácil y adecuados tratamientos odontológicos, resultan al lado de campesinos robustos, de fuertes inserciones musculares a nivel de la cintura escapular y piernas, y con tratamientos odontológicos precarios y muy deficientes.

Objetos personales

Por último, no podemos olvidar los objetos personales que se encuentran asociados a los individuos, ya que nos brindan una información muy valiosa para la identificación personal.

Identificación de causas de muerte y tortura

Tipos de fracturas.

El tipo de fractura depende, en primer lugar, de la velocidad que puede ser dinámica o estática (Ej.: estrangulamiento; el antropólogo puede a veces determinar estrangulación por la deformación o fractura del hioides, que se osifica con la edad). Y en segundo lugar, de la dirección: tensión, compresión, torsión, flexión y cizallamiento.

Las fracturas pueden ser:

a) Completas (bisagra; conminuta) / Incompletas (en tallo verde).

b) Forma de mariposa / forma irregular.

c) Desplazamiento / Líneas de fractura. *Líneas radiales* (modelo irregular) o *concéntricas* (impacto de proyectil de alta velocidad, provocando curvaturas adentro y afuera, generalmente no se cruzan con las lineas preexistentes, suturas, porque ahí pierden energía).

Ejemplos de fracturas con patrones conocidos.

- Fractura de parada: producida por fuerzas de flexión y cizallamiento; ubicación en el tercio distal del cúbito, forma de mariposa (defensa).Por otro lado, las fracturas de parada en el brazo izquierdo, causado por la preferencia de parar golpes o caídas en este lado, son

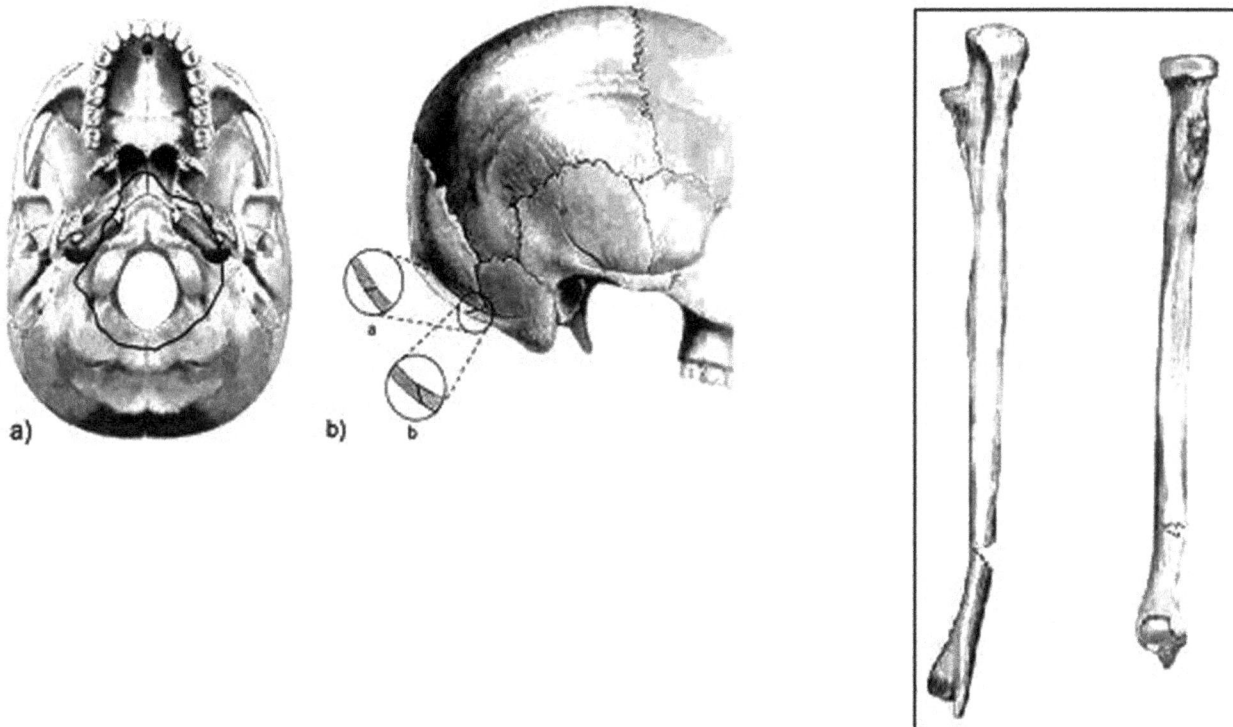

Figura 6: Fractura de anillo; Fractura de parada y Fractura de Colle. (Byers, 2002)

más frecuentes en comparación con el brazo derecho, que se utiliza para la manipulación.

- Fractura de Colle: producida por flexión; ubicación en el tercio distal del radio; forma irregular (caída).

- Patrones de fractura por instrumento afilado: fuerzas de cizallamiento y compresión; líneas de fractura radiantes iniciando en el punto de impacto; fractura de bisagra y forma de V con bordes planos. En decapitaciones hay que observar la base del cráneo, la mastoides, la mandíbula y las vértebras cervicales (atlas y axis).

- Patrones de fractura por instrumento obtuso: fuerzas de compresión, flexión y cizallaminto; hundimiento y líneas de fractura en forma de estriaciones paralelas a la dirección de la fuerza aplicada; producen fractura simple y conminuta. Generalmente, las costillas se quiebran de forma perpendicular a su eje longitudinal. En la pelvis las fracturas del pubis y de la cresta ilíaca son comunes y la fuerza obtusa provoca en la escápula la separación de los procesos (glenoideos, coronoides, coracoides).

- Fracturas de anillo, se localizan en la base del cráneo. Esta forma especial resulta cuando se empuja el cráneo contra la columna vertebral (compresión) o se arranca el cráneo de la columna (tensión). Se identifica la dirección de la fuerza por el biselado (embudo). En caso de biselados hacia dentro se estima que las partes (cráneo y columna) estaban apretadas contra sí mismas (compresión), mientras que el biselado hacia fuera indica que el cráneo era arrancado (tensión).

PROTOCOLO PARA LA DOCUMENTACIÓN DE TRAUMAS

El tratamiento y la descripción estandarizada de traumas deberían guiarse según la lista siguiente:

- Placas radiográficas
- Ubicación en el esqueleto y hueso
- Descripción de la forma del trauma
- Medición
- Tipo de trauma
- Ante / peri / posmortem
- Completa / incompleta / conminuta / tallo verde
- Líneas de fractura
- Radiantes / concéntricas
- Conclusiones
- Dirección
- Secuencia
- Trayectoria
- Posición del asaltante y de la víctima
- Órganos afectados
- Distinguir artefactos
- ¿Causa de muerte?

IMPACTO DE BALA.

En un trauma por proyectil la apertura mayor está ubicada en el lado de la salida del proyectil. Generalmente, los proyectiles provocan discontinuidades completas con desplazamientos y también líneas de fracturas. (Figura 7)

Generalmente se puede distinguir entre tres tipos de armas de fuego:

- . Pistola con balas
- . Fusil con balas en general los fusiles producen la velocidad más alta de las balas

ESCOPETA CON PERDIGONES

Con energía más fuerte se construyen líneas de fractura de diferentes formas en el cráneo: radiantes y concéntricas. Las líneas radiantes tienen su origen en el punto de impacto. A partir de este punto las líneas se distribuyen según el modelo de debilidad. Al encontrar forámenes, suturas u otras líneas, pierden su energía y paran normalmente.

Las líneas concéntricas resultan de presión intercraneal. En los huesos largos se puede distinguir entre líneas de fractura en forma de mariposa o irregulares. La forma típica de mariposa aparece, cuando la bala encuentra la diáfisis y son bilaterales en caso de perforación del centro del hueso.

El primer paso es la descripción de la herida incluyendo: localización (hueso, lado, dirección), tamaño (mediciones, se busca el diámetro mínimo), forma (descripción: redondo, oval, irregular), líneas de fractura (radiantes, concéntricas, forma de mariposa, irregular) y otras características relevantes (forma de embudo).

En base del tamaño de las aperturas de entrada se puede hacer una estimación del calibre de las balas y por eso también del arma.

La estimación de la velocidad solamente se puede describir en términos relativos como baja o alta. Las bajas velocidades son correlacionados con pistolas, mientras las de alta velocidad con fusiles o escopetas. Además, balas de alta velocidad producen fracturas radiantes, concéntricas y también producen pedazos (esquirlas) en el cráneo.

Con el análisis de la herida se puede llevar a cabo la estimación de la dirección de la bala. Los orificios redondeados indican el eje perpendicular del arma y heridas

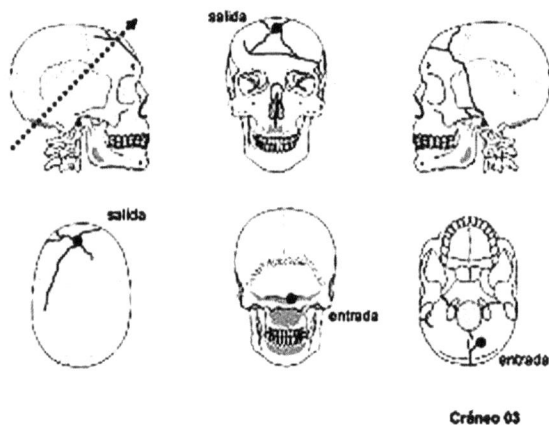

Figura 7: a) Impacto de salida del proyectil. b) Impacto de entrada. c) Trayectoria del proyectil. (Etxebarria, 2005).

ovales de la herida de entrada muestran una posición angulada. Cuando se encuentra ambas - las heridas de entrada y salida - se les puede unir con un palillo de madera para reconstruir la dirección.

Conclusión

En esta ponencia hemos expuesto brevemente el desarrollo de la arqueología forense en el estado español como herramienta para estudiar los cuerpos de las victimas de la represión franquista asesinados extrajudicialmente y depositados en fosas comunes, también hemos demostrado el potencial de estas investigaciones para revisar críticamente las versiones que hasta hace poco se ofrecían sobre la Guerra Civil, episodio que ha marcado drásticamente nuestro pasado mas reciente y en gran parte nuestro presente.

Asumimos también los propósitos de la llamada *arqueología social* desarrollada en los últimos treinta años especialmente en Latinoamérica que intenta hacer de la arqueología una herramienta para recuperar el pasado de sectores subalternos en las relaciones de poder y promover una visión critica del presente en el marco del desarrollo de luchas por los derechos sociales.

Estas propuestas parten del hecho que la Arqueología como disciplina generadora de representaciones de la realidad social nunca ha estado al margen de intereses políticos sean los arqueólogos conscientes o no de ello. Algunas corrientes de pensamiento arqueológico marxista y también posmoderno aceptan este hecho y plantean pues vías de actuación que permitan a los sujetos sociales subalternos al capitalismo dotarse de representaciones propias que les permitan dotarse de una autoridad que les facilite realizar actuaciones acordes con su posición dentro de las relaciones de explotación (Gassiot, 2008).

Sin embargo estas propuestas pueden resultar muy poco efectivas para cumplir sus objetivos sino se desarrollan en *praxis*, conjuntamente con los sectores sociales a los que pretende informar. Nos explicamos, la arqueología, como todas las disciplinas científicas, demasiadas veces conserva un cierto aire *ilustrado,* el investigador se sitúa como detonante de la acción social, pretende informar a una comunidad culturalmente menos avanzada la cual podrá mejorar su situación gracias al conocimiento que recibido, que sin embargo proviene de agentes que se encuentran fuera de su realidad. La realidad de las relaciones sociales han desmentido siempre esta forma de entender la difusión del conocimiento, aunque sigue siendo la mayoritaria en prácticamente todas las áreas de las ciencias sociales, impidiendo que los supuestos destinatarios de las investigaciones perciban los resultados de las investigaciones como una herramienta útil para mejorar sus condiciones de vida y su posición en la sociedad. Las investigaciones de contextos arqueológicos vinculados a la Guerra Civil no están exemptas de este riesgo, pueden trocarse en discusión básicamente académica de autoconsumo para investigadores sin que sirvan realmente para articular reivindicaciones sociales con el fin de superar los numerosos problemas de nuestro presente derivados en mayor o menor parte de los hechos que se investigan.

Conscientes de ello apostamos por un modelo de praxis (Gassiot y Palomar, 2000) que permita superar la contradicción entre teoría y acción social, este modelo apuesta por una integración en todas las fases de la investigación de técnicos y comunidad/movimientos sociales implicando los dos sectores por igual tanto en la creación del conocimiento histórico como en la gestión del mismo, en este sentido se debe dar una definición inicial conjunta de los problemas a tratar y una rentabilización de los objetivos donde la parte predominante sea la comunidad y los movimientos sociales pudiendo así usar los resultados para alimentar futuras acciones de reivindicación social teóricamente informadas eliminando la dicotomía entre teoría y practica, entre investigación y acción social, en definitiva, crear conocimiento que pueda ser útil integrado a las luchas contra la impunidad y por la profundización de los derechos democráticos.

Bibliografía

Ayán, X. 2008. El paisaje ausente. Por una arqueologia de la guerrilla antifranquista en Galicia", *Complutum* 19 (2), 213-237.

Aleman, I.. Botella, MC. Ruiz, J. 1997. Determinación del sexo en el esqueleto postcraneal. Estudio de una población mediterránea actual. *Archivo español de morfología*, 2, 69-79.

Ballesta, J. Rodríguez, A.2008. Camposancos: Una "imprenta" de los presos del franquismo, *Complutum* 19 (2), 197-213.

Bass, WM 1986: *Human osteology: A laboratory and field manual of the human skeleton.* Columbia, Missouri: Missouri Arch. Society, Special Public. No.2

Brothwell, Dr. 1987. *Desenterrando huesos*. México. Fondo de Cultura Económica,

Brothwell, DR. 1989. The relationship of tooth wear to aging". En MY Iscan (ed) *Agemakers in human skeleton.* CC. Thomas Publisher, Springfield, Illinois, 303-316.

Buikstraje, J. Ubelaker, Dh.(eds).1994. *Standards for data collection from human skeletal remains"*. Arkansas. Arkansas Archaeological Survey Research Series. 44.

Byers, 2001. *Introduction in forensic anthropology. A textbook.* Boston, Sydney, Tokio, Allyn and Bacon.

Falquina, A. Fermin, P. Gonzalez, R. Marín, C. Quintero, A. Rolland, J. (2008): Arqueologia de los destacamentos penales franquistas en el ferrocarril Madrid-Burgos: El caso de Bustarviejo", *Complutum*, 19 (2). 175-195.

Ferembach, D. Schwidetzky, I. Stoukal, M. 1980. *Recommendations for age and sex diagnosis of skeletons"*. *Journal of Human Evolution 9.* 517-549

Gassiot, E. 2008. Arqueologia de un silencio. Arqueologia forense de la Guerra Civil y del Franquismo, *Complutum*, 19 (2). 119-130.

Gassiot, E. 2005. Arqueologia Forense de la Guerra Civil: Justícia y memòria de la represión fascista. *Mientras Tanto 97.* 95-112.

Gassiot, E Palomar, B.2000. Arqueologia de la praxis: Información històrica de la acción social. El caso de la Unión de Cooperativas Agropecuarias de Miraflor, Nicaragua. *Complutum 11.* 87-99.

Genovés, S.1964. *Diferencias sexuales en el hueso coxal.* México. UNAM. Instituto. Nacional de. Antropología e Historia

Iscan, M. Loth , Sr. 1989. Osteological manifestations of age in the adult. En

Iscan, M. Kennedy, K,A,R.(eds) *Reconstruction of life from the skeleton.* New York. Wiley- Liss. 23-40.

KRENZER U. (2006): "Compendio de métodos antropológico-forense para la reconstrucción del perfil osteo-biológico".Guatemala. Centro de Análisis Forense y Ciéncias Aplicadas.

Lamendin, H. Bacciono, E. Humbert, JF. Tavernier, JC. Nossintchouk, Rm. Zerilli, A. 1992.A simple technique for age estimation in adult corpes: The two criteria dental method. *Journal of Forensic Sciences 37.* 1373-1379

Lovejoy, CO. Meindl, RS. Pryzbeck, TR, Mensforth, RP. 1985. Chronological metamorphosis of the auricular surface of the ilium. A New method for the determination of adult skeletal age at death". *American Journal Physical Anthropology 68(1).*15-28.

Lumbreras, L.G. 2005. *Arqueologia y Sociedad.* Lima. Intituto de Estudios Peruanos.

Olivier, G. 1960. *Pratique antropologique.* Paris. Vigot Freres.

Reichel H, Runge H y H Bruchhaus.1990. Zur Seitendifferenz des Mineralgehaltes und der Breite am Radius und ihre Bedeutung fuer die Händigkeitsbestimmung an Skelettmaterial. *Zeitschrift fuer Morphologie und Anthropologie 78.* 217-227

Sanabria,C. 2004. *Antropología Forense y la investigación médico legal de las muertes*, Bogotà. ACAF.

Stewart, TD. 1979. Essentials of forensic anthropology, especially as developed in the United States. Springfield, Illinois CC Thomas.

Todd, TW. 1920. Age changes in the pubic bone: The white male pubis. *American Journal of Physical Anthropology* 3: 427-470

CHAPTER 10

CÁRCEL DE CARABANCHEL. HISTORIA Y MOVIMIENTO VECINAL

CARABANCHEL JAIL. HISTORY AND LOCAL ACTION

Pascual Jiménez del Castillo
Verónica García Coca

Resumen: En los últimos tiempos la arqueología ha conocido un gran impulso dado bien por los medios de comunicación, por lo poderes políticos o por la misma sociedad. Pero no debe restringirse a la simple recogida, estudio e interpretación de los restos materiales documentados, sino que ha de servir también a la construcción de la memoria colectiva a todos los niveles[1]. Una arqueología comprometida puede llegar a realizar una función social capaz de generar una serie de discursos orientados conscientemente a la mejora de las condiciones de vida. Siguiendo este precepto pretendemos dar a conocer la evolución histórica y social de la Cárcel de Carabanchel desde el mismo momento de su planificación una vez concluida la contienda civil que asoló España desde 1936 – 1939 hasta el momento de su derribo así como su interrelación con el espacio y la sociedad que la rodea.

Palabras Clave: Carabanchel, Memoria, Represión, Movimiento social, Arqueología

Abstract: Archaeology has lately been vastly promoted by the mass media, the political power and even society. But it should not be reduced to the recovery, analysis and interpretation of the material culture, but also help to construct collective memory at every level. A committed archaeology can generate a series of discourses consciously oriented to the betterment of life conditions. Following this principle we will try to show the historical and social evolution of Carabanchel prison since its first planning right after the war that desolated Spain in 1936-1939, to the moment of its throw in 2009. We will analyse as well the relations between the prison and its surrounding space and society.

Keywords: Carabanchel, Memory, Repression, Social movement, Archaeology

Carabanchel y Aluche: barrios obreros.

Ya que se trata entre otros objetivos el de enfocar la pugna por la preservación del edificio de la Cárcel de Carabanchel desde varios puntos de vista, creemos necesario hacer una breve descripción de la realidad de los barrios que lo rodean para que se entienda mejor el ambiente en el que se desarrolló nuestro trabajo como arqueólogos. Carabanchel y Aluche son los barrios más cercanos a la cárcel. Se encuentran situados en el suroeste de Madrid y tienen una configuración social bastante similar, que hunde sus raíces en los procesos de inmigración de la segunda mitad del siglo XX (entre 1950 y 1970 Carabanchel por ejemplo triplicó su población, que pasó de cien mil a medio millón de habitantes). El urbanismo desaforado que acompañó a estos procesos de inmigración fue rápidamente configurando la fisonomía de esta zona, anteriormente rural. Los nuevos bloques alojaron mayoritariamente a inmigrantes naturales de Toledo, Ciudad Real, Jaén y Extremadura que provenían principalmente del entorno agrario. Era esta una población joven y popular, que terminará ocupándose en su mayoría como peones y operarios de industria. Aquellos inmigrantes que no tuvieron la suerte de encontrar un buen trabajo se asentaron en chabolas, configurando los típicos cinturones de miseria que rodeaban a las ciudades durante esos años. A finales de los años setenta los flujos migratorios decayeron y comenzó un período de madurez que dura hasta nuestros días y que nos permite reconocer en esta zona los típicos barrios obreros del extrarradio de Madrid.

El movimiento ciudadano

En este caldo de cultivo se desarrollaron diversos grupos sociales que dotaron a estas zonas de una vida vecinal muy dinámica y que se insertaban en el llamado "movimiento ciudadano", que surgió en los grandes núcleos urbanos a finales de la década de los sesenta y que se extendió rápidamente por toda España. Los problemas inherentes a los barrios de la periferia sirvieron de motor a los vecinos, que se agruparon en asociaciones que reivindicaban mejoras sociales principalmente. En Madrid, durante los primeros años de la década de los setenta, en barrios como Orcasitas, S. Blas, Aluche, Moratalaz, Pozo del Tío Raimundo, Carabanchel Alto y Bajo, Leganés, Entrevías, Puerto Chico y un largo etcétera, surgen agrupaciones que luchan por mejorar las difíciles condiciones de vida de sus vecinos, entre cuyos principales problemas se encontraba el aumento desmesurado de los precios o la falta de vivienda, agua, equipamientos de ocio y cultura, etc. El desarrollo de estos movimientos vecinales fue muy significativo y constituyó un fiel reflejo de la realidad social de estos barrios En la zona que nos ocupa, por ejemplo, se constituyó en los años 50 la "Fundación Hogar del Empleado" cuyo fin era construir viviendas sociales y cubrir las necesidades primarias de las personas desfavorecidas, principalmente inmigrantes recién llegados; en los 60 los inmigrantes extremeños se agruparon para crear la "Casa de Extremadura de Carabanchel"; en

---

[1]   González Ruibal, Alfredo "Arqueología y Memoria Histórica" en Patrimonio cultural de España. 2009

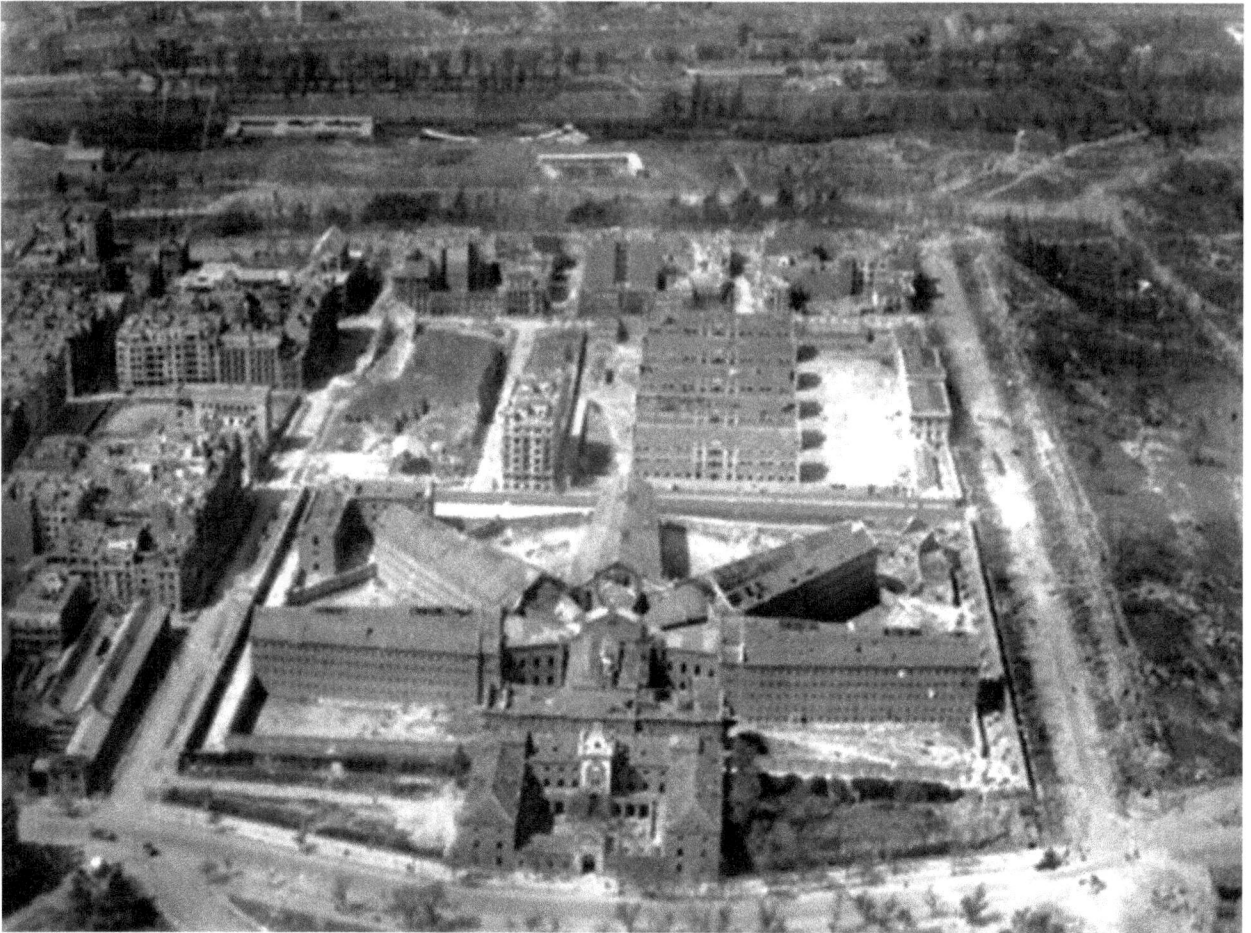

Ilustración 1 Vista aérea de la Cárcel Modelo. Plaza de la Moncloa, 1940

los años 80, marcados muy especialmente por la presencia de la heroína, surgió "La Esperanza", integrada por familiares de drogodependientes, etc. Entre todas estas agrupaciones vecinales a nosotros nos interesan por su grado de implicación en la lucha por la preservación de la cúpula central del edificio de la cárcel especialmente dos: la asociación de vecinos de Carabanchel Alto y la Asociación de Vecinos de Aluche, de las cuales trataremos particularmente más adelante.

La historia de la Cárcel de Carabanchel desde sus inicios hasta su cese

Al terminar la Guerra Civil, el nuevo gobierno presidido por Franco se encontró con que las prisiones existentes no podían soportar el gran número de presos que la guerra había generado. La prisión que hasta entonces se había utilizado se ubicaba en el espacio comprendido entre la plaza de Moncloa, el Paseo de Moret y las calles de Martín de los Heros y Romero Robleso. Era la conocida como Cárcel Modelo (ver ilustración 1) aunque también se la denominó Cárcel Celular al disponer los internos de su propia celda. Diseñada por Tomás Aranguren y Eduardo Adaro, fue inaugurada el 20 de diciembre de 1880, en ella se aplicó el modelo panóptico que caracterizó también a la Cárcel de Carabanchel y que desarrollaremos posteriormente. La

Cárcel Modelo había sido destruida casi en su totalidad en el enfrentamiento bélico.

Debido a la cercanía a la ciudad de esta antigua penitenciaría no se planteo la posibilidad de su reconstrucción (además esta cárcel tenía un gran simbolismo político al haber sido cárcel republicana).

La necesidad de construir una nueva cárcel era urgente y con ese motivo se constituyó una Comisión, el 15 de junio de 1939, formada por los arquitectos Vicente Agustín El Güero, José María de la Vega y Luis de la Peña Hickman, pertenecientes al servicio de prisiones. Esta Comisión localizó finalmente una parcela de aproximadamente 20 hectáreas, un tamaño considerable, que además cumplía las condiciones que se buscaban (entre las que destacaba el contar con el precio más bajo de los ofertados). Este terreno se ubicaba en el término municipal de Carabanchel Alto y entre las ventajas que ofrecía se encontraba su buena comunicación, ya que muy cerca de la de la misma discurría la Carretera de Aravaca (que conocemos hoy como Avenida de los Poblados) y un poco más al noreste la Carretera de Fuenlabrada (hoy Avenida de General Ricardos). El pueblo de Carabanchel Alto estaba relativamente cerca, lo bastante como para contratar trabajadores en caso de necesidad, pero también lo bastante lejos como para no generar

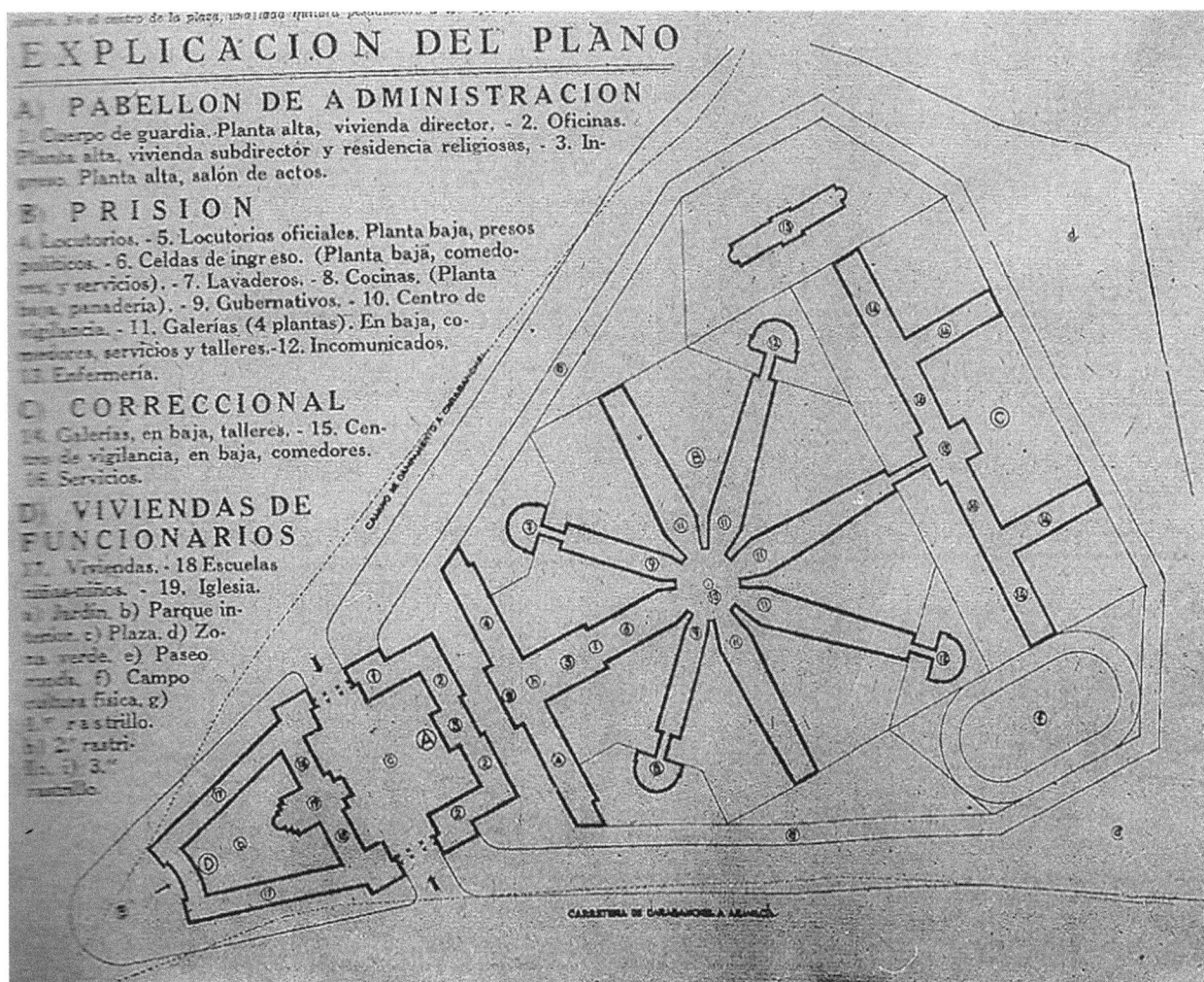

Ilustración 2 Complejo de la Prisión Provincial de Madrid, en Redención, 20 de abril de 1940.

problemas entre los presos y la población. Así, el 16 de enero de 1940 previo pago de 700.000 pesetas, el gobierno franquista compró la propiedad a José Messía y Stuart, duque de Tamames y de Galisteo y comenzaron las obras de construcción. Más de mil presos políticos republicanos condenados a trabajos forzados comenzaron la construcción de la nueva Prisión Modelo de Madrid (ver ilustración 2), destinada a convertirse en el mayor centro de detención y represión de los opositores al régimen dictatorial franquista.

La edificación del centro penal de Carabanchel se inició concretamente el 20 de abril de 1940 y fueron llevadas a cabo por unos 1.000 presos políticos que se vieron sometidos a trabajos forzados. Se realizó en tres fases: una inicial entre 1940 y 1944, en la que se edificó la primera fase y que fue inaugurada por el Ministro de justicia Eduardo Aunós el 22 de junio de 1944[2], desde este momento ya empezaron a ingresar los primeros reclusos; la segunda fase se levo a cabo entre 1945 y 1955, en la que se concluyeron otras tres galerías y la cúpula y finalmente una tercera a partir de 1956, que dejó el conjunto casi finalizado a falta de edificar la mitad de una de las galerías.

Durante todo el proceso de construcción de la Cárcel de Carabanchel se empleó a presos políticos como mano de obra barata en lo que constituye el recuerdo de una de las prácticas más lamentables de la edificación en España. Esta práctica fue ideada por el bando sublevado en 1937 y posteriormente en 1938 asumió dichas competencias el Patronato Central de Redención de Penas por el Trabajo. Dicho organismo fue creado para *"acometer la ingente labor de arrancar de los presos y de sus familiares el veneno de las ideas y el odio de la antipatria"*. El ideólogo que propuso la utilización de presos como mano de obra fue el padre jesuita José Antonio Pérez del Pulgar quien defendía que *"no es posible, sin tomar precauciones, devolver a la sociedad, o como si dijéramos, a la circulación social, elementos dañados, pervertidos, envenenados política y moralmente, porque su reingreso en la comunidad libre y normal de los españoles, sin más ni más, representaría un peligro de corrupción y contagio para todos, a la par que el fracaso histórico de la victoria alcanzada a costa de tanto sacrificio"*. Pero bajo una aparente argumentación moral se escondía un interés puramente económico, puesto que si se echan cuentas sobre la diferencia entre lo que el Patronato recibía por el trabajo de los presos utilizados por las constructoras privadas y lo que entregaba para la

---

[2] Quien declaró a la revista *Redención* que la *"cárcel era un modelo en las de su clase, con capacidad para 2.000 reclusos"*.

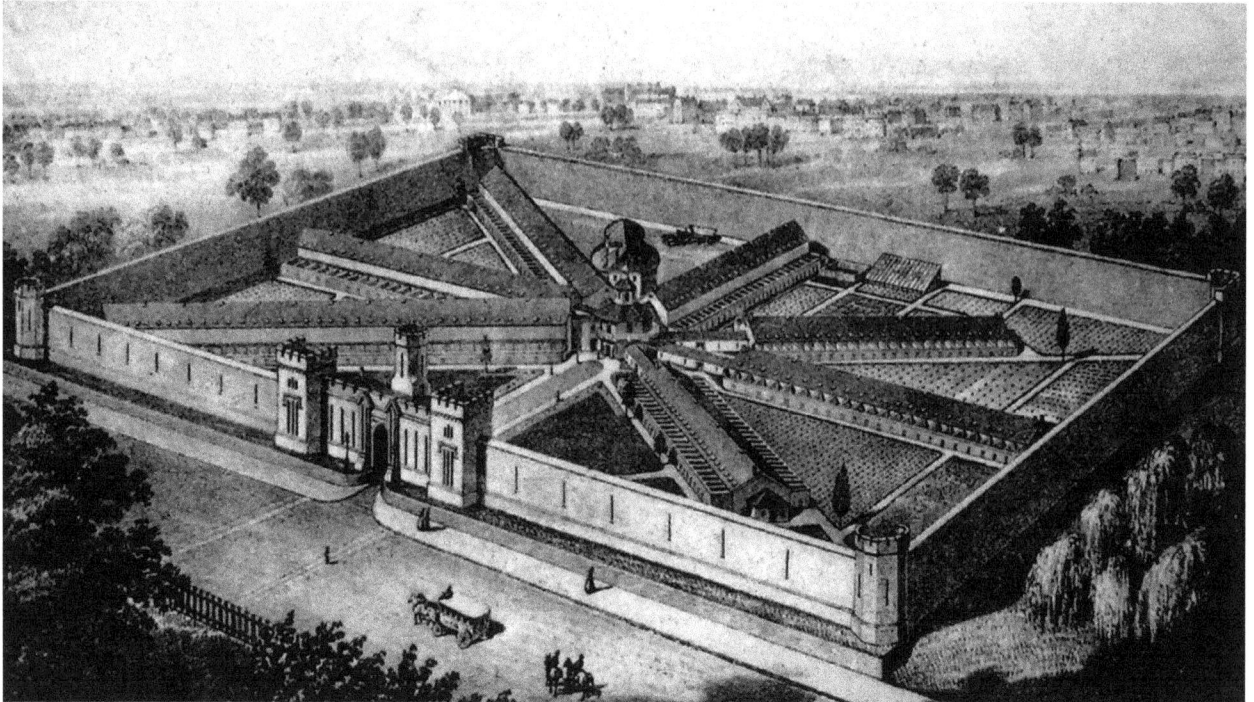

Ilustración 3 Prisión Cherry Hill. Pennsylvania

manutención de los mismos, se obtiene la cantidad de 1.500 millones de pesetas de beneficios en 10 años[3], resolviendo al tiempo el problema de la masificación de las cárceles. En la Cárcel de Carabanchel se llegaron a emplear 1000 reclusos que proporcionaban mano de obra a precios irrisorios.

A medida que se avanzaban los trabajos se iba modificando el proyecto original adecuándolo a las necesidades del momento: hospital psiquiátrico, escuela de estudios penitenciarios, hospital general penitenciario, reformatorio... Pese a que la Cárcel de Carabanchel representa un hito en la arquitectura penitenciaria española por sus grandes dimensiones (162.524 m²), siempre existieron problemas de masificación y aglomeración llegando a producirse casos de hacinamiento.

En los primeros años la cárcel fue el destino de miles de opositores al régimen franquista. La mayoría eran presos de índole política: antiguos combatientes, maquis, guerrilleros, sindicalistas, estudiantes, políticos, etc; pero también se encarceló a todos aquellos que se salían de la rígida norma social impuesta, como por ejemplo homosexuales y mendigos. Durante los años de la dictadura no cesaron de entrar todo tipo de personas, cada una con su propia historia, en su mayoría una tragedia, y algunas de ellas jamás volvieron a salir. Con la muerte del dictador y la etapa de la Transición se decretó una amnistía general a partir del Real Decreto Ley 30 de julio de 1976, junto con dos decretos de indultos[4] . En torno a esas fechas la Coordinadora de Presos en Lucha (COPEL), que se fundó en la Cárcel de Carabanchel comenzó una campaña de lucha

y protestas que acabó con un motín el 18 de Julio de 1977 respaldado por otras cinco penitenciarias y que concluyó el día 22 obligando al gobierno a promulgar la Ley General Penitenciaria encaminada a mejorar las condiciones de vida de los presos. El establecimiento de la "amnistía general" que significó la puesta en libertad de los presos de Carabanchel y la prisión cambió de signo.

En 1991 se hizo pública la intención de las autoridades de cerrar la Cárcel de Carabanchel, que infringía ya por aquel entonces muchas de las exigencias básicas de la nueva Ley Penitenciaria. Siete años más tarde, concretamente el 11 de septiembre de 1998, se publicó la Real Orden que declaraba su cese. La prisión fue clausurada y abandonada durante diez largos años, en los cuales el edificio languideció convirtiéndose en un foco de suciedad. Poco a poco fue siendo ocupada por familias enteras que buscaban refugio en los antiguos pabellones y que se ganaban la vida vendiendo los tesoros de hierro y chatarra que aún guardaba la prisión. Los graffiteros hicieron de esta gigantesca ruina un muro de expresión, creando composiciones de un gran valor. Lamentablemente, también los drogadictos encontraron aquí su hueco...

Todo este panorama sería más normal en un edificio en ruinas si en su interior no se hubiera albergado asimismo la comisaría de Policía de Latina, un centro de menores y el Cies.

Tras conocerse esta noticia comenzó a nacer un movimiento vecinal que reclamaba un uso social para los terrenos de la antigua cárcel. Este movimiento, que surgió con la idea principal de reclamar la creación de un hospital, fue adquiriendo con los años una entidad mayor y reforzándose

---

[3]   CUÉ, Carlos E., "El Congreso aprueba honrar a los "esclavos" de la dictadura franquista", *El País,* 25 de octubre 2002, p. 28.
[4]   1975 y 1977

Ilustración 4 Cárcel Modelo de Barcelona (Presó Model)

con nuevas reivindicaciones, entre las que sobresalía la conservación del panóptico que articulaba el edificio para que sirviera como un "centro y museo de la memoria, de la paz, de la convivencia y de los Derechos Humanos".

La Cárcel de Carabanchel: Influencias, Plasmación Ideología y Construcción.

Desde la perspectiva de su composición, la penitenciaría de Carabanchel se basa en el sistema estrellado que surgió en el s. XIX resultado de la evolución del Panóptico ideado por el filósofo Jeremy Bentham a finales del s. XVIII, para quien una cárcel perfecta se basaba en la idea del control de los presos desde un punto central en el que los vigilantes podrían observar el penal sin ser vistos, plasmando así la concreción de sus ideas utilitaristas. El Panóptico[5] se basaba principalmente en dos ideas: el castigo y la educación, para Bentham una prisión era: *"[...] es una mansión en que se priva a ciertos individuos de la libertad de que han abusado, con el fin de prevenir nuevos delitos, y contener a los otros con el terror del ejemplo; y es además una casa de corrección en que se debe tratar de reformar las costumbres de las personas reclusas, para que cuando vuelvan a la libertad no sea esto una desgracia para la sociedad ni para ellas mismas"*. El filósofo inglés pretendía dar respuesta a los principales problemas de crear una cárcel con unos bajos costes de construcción y donde un reducido número de personas velara por el cuidado de una amplia comunidad. Donde además se reforme la conducta

de los hombres y se les liquide su inclinación delictiva, se pretendía también que el trato humano dado a los presos no implicara un gasto excesivo. Su ideario de cárcel conllevaba a que lo reos sirvieran de ejemplo a los hombres libre y les alejara de las conductas delictivas. Como podremos observar posteriormente veremos que todo el ideario y los planteamientos del filósofo inglés quedarán recogidos en la Cárcel de Carabanchel

La primera penitenciaria que tomo esta idea como base fundamental de su edificación fue la prisión de Cherry Hill en Pennsylvania (ver ilustración 3), diseñada por John Haviland y edificada entre 1821 hasta 1829. Dicha penitenciaria se levantó sobre unos terrenos bastante alejados del centro urbano lo que para aquellos tiempos suponía una autentica novedad. La construcción del edificio supuso un hito histórico, constaba de un edifico radial con siete galerías inspirándose en la *Maison de Force de Gante*. Su interior fue concebido de forma racionalista con un aspecto de castillo gótico que contrastaba con su aterradora fachada exterior convirtiéndose en el paradigma de cárcel de planta radial. Junto a la Cárcel Modelo de Barcelona (ver ilustración 4), penitenciario concluido a principios del siglo XX y que también se inspiró en el modelo de Cherry Hill pero con seis galerías y circunscripta a un par de manzanas del Plan Cerdá, son estos los principales modelos de los que bebe el proyecto de la Cárcel de Carabanchel que sirvió de patrón para el proyecto original, aunque se introdujeron mejoras técnicas y constructivas. En el aspecto de la Cárcel de Carabanchel prima sobre todo la sobriedad y austeridad,

---

[5]   Literalmente "Toda - Visión"

Ilustración 5 Vista de la cúpula de la Cárcel de Carabanchel.

elementos estilísticos que habría que entender dentro de un contexto en el que se proyectó el edifico, ya que entre el enfrentamiento de los bandos republicano y el nacionalista llegó incluso a las manifestaciones artísticas y frente a los movimientos modernos, se contrapuso la arquitectura tradicional y regionalista.

Quizás el elemento constructivo más significativo y representativo de esta monumental obra sea su descomunal y desaparecida cúpula (ver ilustración 5), llegando a constituirse como una de las cúpulas con mayor envergadura de la ciudad de Madrid. Ubicada en el espacio central, se elevaba a una altura de 25 metros respecto al suelo y sobre un anillo circular de 32 metros de diámetro. Estas titánicas dimensiones equiparan a la cúpula de la cárcel de Carabanchel con la cúpula de San Francisco el Grande, superando en mucho al resto de construcciones de época de posguerra[6].

La singularidad de la cúpula reside en que es una de las pocas construidas en hormigón armado en España en el período de posguerra. La edificación de la cúpula del penal de Carabanchel conllevó la creación de un sistema especial de cimbrado, la explicación que justifica el que no se utilizará el tradicional sistema de construcción hay que buscarlo en la situación en que se encontraba el país al concluir la guerra. Existía una escasez de materiales,

una insuficiencia en los medios técnicos y sobretodo por la penuria y condiciones de vida de la población. Por ello se ideó un sistema de construcción que permitiera el ahorro de elementos materiales o aprovechamiento máximo de los medios técnicos.

Junto al panóptico (ver ilustración 6) y la gran cúpula existen otras características que profundizaban más las particularidades de la Cárcel de Carabanchel respecto a la arquitectura de la época en España, nos referimos a la estructura de hormigón armado que se deja a la vista en diferentes partes del complejo así como la presencia de grandes pilares de hormigón que asoman en las fachadas de las galerías o la utilización de vigas en las cubierta de las galerías interiores y en la cúpula intermedia de la galería de acceso. En lo que viene a ser una rareza en la tipología arquitectónica oficial de los años cuarenta.

Otro de los aspectos técnicos que inciden en la particularidad de la Cárcel de Carabanchel es la frecuente utilización de la cubierta plana rompiendo así la tradicional utilización de la cubierta a dos aguas que se había usado para este tipo de construcciones. En la realización de las fachadas del penitenciario madrileño no se realizó ningún tipo de concesiones al ornamento además de la utilización de trazados rectos en los cargaderos de las ventanas incidiendo con ello en la utilización de un lenguaje moderno y rompiendo con la tipología tradicional de la arquitectura penitenciaria ya que en cárceles como la Modelo de Barcelona o Valencia fue frecuente el uso de recursos

---

[6] Como por ejemplo las del Escolástico de Carabanchel (12 m.), Iglesia de San Agustín (de forma elíptica con ejes de 19.2 m. y 24 m.), Catedral de la Almudena (20 m.), el planetario (17.5 m.) o cine Imax (30 m.)

Ilustración 6 Panóptico de la Cárcel de Carabanchel (fuente El País)

ornamentales. Respecto a los espacios interiores de la Cárcel de Carabanchel hemos de referirnos a la utilización del pavés gracias al cual quedan iluminados los interiores del edificio. Destaca también como elemento particular la construcción de diferentes escaleras que retoman el estilo de la generación del 25, estilo que predominó en la arquitectura española anterior a la Guerra Civil.

Entorno Histórico De La Cárcel de Carabanchel.

Los terrenos sobre los que se extiende la cárcel de Carabanchel se corresponden con parte de una Quinta del siglo XIV. Tanto en la misma zona como en los alrededores donde se edificó el penal han sacado a la luz desde siempre diferentes yacimientos arqueológicos que se han venido documentado y excavando (con mayor o menor acierto) desde mediados del siglo XIX, algo de lo que nos ocuparemos con posterioridad.

En los terrenos aledaños al penal se ubica el antiguo cementerio de Carabanchel y junto a éste la iglesia medieval de Nª Señora de la Antigua, se trata de una iglesia mudéjar que se data en el siglo XIII, que a su vez se asienta sobre los restos de una ermita conocida gracias a las fuentes como Ermita de la Magdalena. El edificio fue objeto de diferentes restauraciones fruto de ello fue la documentación de restos prerromanos así como estructuras del siglo I y de época románica.

La documentación de vestigios y patrimonio histórico-arqueológico es una constante asociada a estos terrenos aledaños a la Cárcel, tal es así que aún se tiene conocimiento de cómo en las fosas que se realizan para las inhumaciones, aparecen monedas, cerámicas, restos metálicos… todo ello documentado a menos de dos metros de profundidad. La agresión que sufre dicho patrimonio es una constante y también se extiende a otras zonas cercanas, así hay que entender entre otros ejemplos la destrucción en 1969 del Palacio renacentista y barroco de la Quinta para la edificación de un gran complejo de viviendas. La pérdida de la riqueza histórica y patrimonial de la zona ha sido una tónica general que ha ido vinculada como una especie de estigma.

La Arqueología y La Cárcel de Carabanchel.

Desde comienzos del s.XIX el pueblo de Carabanchel ha tenido la oportunidad de asomarse a su más temprana historia que sin embargo, desgraciadamente, a día de hoy aún continúa velada.

En el año 1819 tuvo lugar un acontecimiento que daría lugar a un interés que los investigadores han mantenido durante casi dos siglos: durante unas obras de preparación del terreno que la Casa de Montijo adquirió al Conde de Miranda (los terrenos en los que hoy se sitúan el cementerio parroquial y la Cárcel de Carabanchel) surgió entre la tierra un mosaico romano, que llamaba la atención tanto por su peculiaridad como por su excelente estado de conservación. Este mosaico, conservado hoy en el Museo de San Isidro de Madrid, es la primera y la más concluyente de las pruebas que avalan la existencia de restos romanos de relevancia en este lugar, pero no la única. Durante los años posteriores, numerosos hallazgos salieron a la luz reforzando la importancia de este enclave durante la Antigüedad.

Tanto es el interés que generó y que aún genera este hallazgo, que historiadores y arqueólogos han afirmado durante generaciones que podría justificar el origen de la propia ciudad de Madrid. Los primeros en apuntar esta hipótesis fueron Amador de los Ríos y Rada y Delgado (1860), que llegaron a esta conclusión tras estudiar los vestigios hallados en la zona, entre los que se encontraba una estatuilla de la diosa Minerva de bronce que se llevó al Museo Arqueológico Nacional (Rada y Delgado; 1875). Algo más de veinte años después unos operarios encontraron, durante la excavación de nuevas tumbas en el cementerio, numerosos fragmentos de bronce entre los que destacaban una cabeza de asno de bronce coronada por hiedra y unas serpientes enroscadas. En 1903, los hallazgos de Carabanchel llaman la atención del académico de la Historia José María Florit, que recoge entre los vecinos numerosos testimonios orales que hablan del descubrimiento de monedas y objetos antiguos de épocas diferentes, lo que le lleva a realizar excavaciones en el lugar, en las que halla "multitud de restos", entre los que señala fíbulas metálicas, cerámicas y elementos constructivos de gran calidad. Además observa, en el corte de la trinchera del tren (reutilizada hoy por la Línea 5 del Metro), numerosos restos antiguos y materiales arquitectónicos. A raíz de sus investigaciones el académico fija los límites del yacimiento, que abarcarían el terreno comprendido entre lo que es actualmente la Av. de Nuestra Señora de Fátima y la vía del metro, y desde el Parque de las Cruces hasta el Hospital Militar Gómez Ulla.

Vista la importancia de los restos documentados, también Florit llega a plantearse si no estará aquí el origen de la Villa y Corte.

Mientras tanto, la excavación de nuevas fosas en el cementerio continuaba aportando nuevos materiales: vasos de bronce, bajorrelieves, pesas de telar… La relevancia de estos materiales llamó la atención de nuevos investigadores. En 1920 Obermaier visita el yacimiento junto a Fuidio, lo que permite inferir la importancia que este revestía ya en aquella época. Poco después Fuidio, junto a Vitoria y Pérez de Barradas, realizan en 1932 una prospección del terreno en la que se recuperaron abundantes fragmentos de Terra Sigilata, cerámica negra, vidrio, metal y elementos constructivos como estuco y mosaicos reinciden en la idea de que en esta zona está el origen de Madrid, es decir, que este asentamiento podría identificarse con la antigua ciudad de Miaccum.

Tras el paréntesis que supuso la Guerra Civil, nuevos artículos se ocupan del yacimiento. En 1955, Viloria se une a la corriente que defiende la ubicación de Miaccum en Carabanchel y publica una lista de los materiales encontrados en el yacimiento, que sorprende por su importancia y su pluralidad. En 1979 el yacimiento apareció reflejado en el catálogo de la exposición del Museo Municipal sobre la Historia de Madrid y en 1981 la importancia del yacimiento vuelve a ponerse de relieve en un artículo publicado por Jorge Juan Fernández. Un año después Carmen Priego y Salvador Quero, arqueólogos del Museo Municipal, subrayan de nuevo la importancia del yacimiento, aconsejando su excavación intensiva y su conservación.

Incomprensiblemente hasta el año 1995 no vuelven a dedicarse artículos o estudios al yacimiento. Sin embargo, en este año salen a la luz dos nuevas referencias: la primera a cargo de Sánchez y Faucha, analiza algunos objetos romanos y mudéjares hallados en el interior y alrededor de la Ermita de Santa María la Antigua.

En el año 2002 Caballero, Faucha, Fernández y Sánchez publican nuevos materiales, recogidos en superficie durante prospecciones realizadas en el año 1999, hallando monedas y cerámicas prerromanas, romanas, medievales, modernas y contemporáneas. Este artículo recoge además testimonios orales que hablan de la presencia de elementos arquitectónicos importantes hallados en el interior de la Cárcel, durante unas obras en el año 1965. En el 2003 salió a la luz el informe de restauración de la Ermita de la Antigua, en que se incluían los resultados de las excavaciones llevadas a cabo en la propia Ermita y en sus alrededores. Por último, en 2005, se llevó a cabo una excavación de

urgencia en la zona del Parque Eugenia de Montijo, que sacó a la luz estancias pavimentadas y abundante material romano.

Pese al interés que ha despertado el yacimiento a lo largo del tiempo y aunque en muchas ocasiones se han proyectado intervenciones arqueológicas, jamás se ha realizado una intervención sistemática que permitiera un conocimiento en profundidad del mismo. Desde 1932 numerosos investigadores han abogado por la realización de un estudio sistemático del yacimiento que nunca se ha llevado a cabo, sin que se puedan comprender los motivos. Priego y Quero, ambos técnicos del Museo Municipal en 1982, reclamaron incluso la creación de un museo *in situ* que recogiera los materiales hallados, sin que su propuesta, bien fundamentada, fuera tenida en consideración. De hecho parece haber sucedido todo lo contrario. Sistemáticamente, el yacimiento ha sufrido un constante abandono y dejadez por parte de la administración, llegando al punto de realizar obras sin ningún tipo de supervisión arqueológica en fechas tan próximas como 1994, cuando el Ayuntamiento de Madrid construyó dos aparcamientos subterráneos, provocando así la pérdida irreparable de muchos datos.

Sin embargo, el abandono de la Cárcel de Carabanchel ha propiciado una nueva oportunidad para la recuperación del yacimiento. De hecho, la presencia en la zona de este singular edificio, crea un inmejorable panorama en el que el pasado más remoto y la historia más reciente de nuestro país parecen fundirse para generar, en el mismo lugar, un espacio cultural con unas condiciones idóneas. Como arqueólogos tendemos a valorar los restos materiales que nos lega la historia como testimonios inestimables que permiten iluminar aspectos del pasado. En este espacio singular que ocupan hoy la Prisión, el Cementerio y el Parque Eugenia de Montijo se localizan restos arqueológicos significativos de casi todas las etapas de la historia de la región: desde los hallazgos cerámicos adscritos a épocas prehistóricas hasta la Prisión Provincial, pasando por los restos romanos y medievales. Creemos que se hace necesario la creación de un centro histórico-cultural que permita entre otras cosas la revitalización cultural de la zona (a día de hoy bastante escasa) Dicho centro histórico – cultural bien podría haberse insertado dentro de la estructura que forma la Cárcel de Carabanchel creando un conjunto histórico – arqueológico que hiciera del barrio de Carabanchel un referente cultural en la ciudad, además de ayudar con ello a devolverle parte de la dignidad que perdió en épocas anteriores, donde el barrio tan sólo fue sinónimo de represión y no de inquietud histórica, cultural e intelectual como este proyecto tenía la posibilidad de hacer.

Conclusiones.

Ya desde los años cincuenta y sesenta del siglo XX en adelante el sector de la construcción es el denominador común en la realidad urbana madrileña que tiene como objetivo principal dotar a la ciudad de infraestructuras que a su vez actúan como dinamizadores de la economía puesto que supone la inversión de ingentes cantidades de capital.

Ilustración 7 Concentración Vecinal en la Cárcel de Carabanchel

Junto a todo ello y participando de la vorágine constructora participan diferentes intereses de las entidades financieras, de las empresas constructoras y de partidos políticos. En esta situación, la labor de la arqueología queda reducida a un simple trámite que sirva para que se impongan los intereses de los poderosos. Creemos que la mentalidad en cuestiones de patrimonio ha evolucionado hasta entender que la articulación urbana y el desarrollo de las ciudades no tiene porque destruir las huellas que nuestros antepasados dejaron en la tierra, y que es posible una coexistencia que permita la conservación de nuestro legado cultural (ciudades como Mérida, Cartagena, Barcelona, Córdoba, Tarragona y un largo etc. son claros ejemplos).

En el caso de la Cárcel de Carabanchel ya desde los primeros años noventa, el movimiento vecinal, encabezado por la asociación de vecinos de Carabanchel Alto y la Asociación de Vecinos de Aluche (ver ilustración 7), fijo como objetivo el que los terrenos donde se asentaba la penitenciaria fueran destinados a la construcción de equipamientos sociales concretándose posteriormente en la demanda de un hospital público (cansados de sufrir una atención sanitaria precaria debido a la saturación y distancia en que se encontraban el Hospital Clínico y el 12 de Octubre); una residencia para la tercera edad (ya que Aluche y Carabanchel son los distritos con mayor población por encima de sesenta y cinco años en la capital); una facultad de medicina (que serviría para cubrir las plazas del nuevo hospital y a su vez paliar el déficit de especialistas que sufre la región); y un gran centro cultural (vinculado a la Paz, los derechos humanos y la memoria histórica) en el que se incluirían un centro de congresos y exposiciones, una biblioteca con un archivo histórico, un conservatorio, escuela de idiomas y Museo de la Memoria.

La mayoría de estas demandas fueron recogidas en el programa electoral de las elecciones municipales del candidato socialista Miguel Sebastián, a la sazón Ministro de Industria, y a quien el movimiento vecinal envió una

carta solicitándole que no olvidara sus compromisos electorales. El movimiento vecinal no cejó en sus demandas por eso realizó toda una serie de medidas encaminadas a la paralización del derribo de la cárcel: presentó solicitud de declaración de Bien de Interés Culturas de la cúpula de antigua prisión, se entregó una carta dirigida al Presidente del Gobierno José Luis Rodríguez Zapatero en la que se le exponía las diferentes problemáticas, el Defensor del Pueblo intentó mediar en la situación enviando una carta al Ministro Rubalcaba en la que mostraba su apoyo a la creación de un centro para la paz y la memoria, el colegio de Arquitectos elaboró una serie de informes que avalaban el perfecto estado de conservación de la cúpula y diferentes estructuras de la cárcel demostrando así que la rehabilitación y reutilización del conjunto era posible…

Pese a todo la primera consecuencia de la firma de los acuerdos entre el Ministerio de Interior y el Ayuntamiento de Madrid era la demolición total del edificio. El 21 de octubre a la una de la madrugada comienza el derribo de la cárcel, pese a que se trabajó a marchas forzadas por derribar los muros, galerías y demás estructuras lo antes posible… Instituciones Penitenciarias desmintió a los medios que se estuviera trabajando en la zona. PSOE y PP rechazaron, tanto en el Congreso de los Diputados como en la Asamblea de Madrid, toda propuesta realizada sobre la conservación de la cúpula. Finalmente todos los esfuerzos realizados por la Plataforma vecinal y las diferentes asociaciones acaban desvaneciéndose junto con la caída de la cúpula. Dicha caída supuso un acto de ignomia y vergüenza para la memoria vecinal ya que la cúpula fue derribada con nocturnidad y alevosía. Una vez destruida las obras se paralizan durante 5 días mostrando claramente cual era la intención del gobierno: derribado el principal foco de demanda cesarían las protestas.

Parece pues incomprensible la pretensión de acabar con cualquier testigo que recuerde la Cárcel de Carabanchel, que constituye el símbolo más relevante de la lucha política contra la dictadura además de haberse convertido, con el paso de los años, en un referente para los habitantes de los barrios cercanos. Pese a todo la lucha no ha concluido y las asociaciones vecinales no han dejado de incidir en su reivindicaciones que frente al silencio de las administraciones competentes así como de los partidos políticos quienes en su momento utilizaron el movimiento vecinal, como ya hemos visto, con fines electoralistas como finalmente se demostró, los vecinos alzan su voz, continúan reuniéndose, convocan manifestaciones, protestas... todo con el único objetivo de que se le devuelva a sus barrios la dignidad que durante tanto tiempo los poderosos se han encargado de machacar de forma sistemática. A la conclusión de este artículo los vecinos inciden en sus demandas apremiando a los responsables para que el solar que queda en lo que antes ocupaba la Cárcel de Carabanchel se levanten hospitales, bibliotecas, residencias... todo con la esperanza de que esa misma Cárcel, que tanto tiempo estigmatizó la zona, con su caída pueda devolverles algo que por derecho les pertenece.

Bibliografía.

BATE, L. F. (1998): El proceso de investigación en arqueología. Crítica, Barcelona.

BLANDIN, B. (2002): La construcción du social par les objects. Presses Universitaires de France, París.

BOURDIEU, P. (2002): "Los investigadores y el movimientos social" en P. Bourdieu: Pensamiento y acción. Libros del Zorzal, Buenos Aires: 151-156.

CASTRO, P.V. y otros (1996): "Teoría de las prácticas sociales", Complutum Extra, 6 (II): 35-48.

CRIADO BOADO, F. (1993): "Límites y posibilidades de la Arqueología del Paisaje" en SPAL, 2: 10-49.

FERNÁNDEZ, Jorge Juan. Materiales inéditos. En Revista A.B.A.M Ayto. Madrid n° 941 1981.

FERNÁNDEZ MARTÍNEZ, V.M. (2006): "El conflicto entre verdad y valor en las arqueologías críticas", Complutum, 17. (En prensa.)

FLORIT. Carabanchel, población romana. Alrededor del Mundo, n° 213, 3-7-1903

FOUCAULT, M. (2005 [1975]): Vigilar y castigar. Nacimiento de la prisión. Siglo XXI, Madrid.

FUIDIO, F. Carpetania romana. Madrid 1934, pp 87-91.

LASSO DE LA VEGA ZAMORA, Miguel. Libro Quintas de recreo II: Los Carabancheles. 2007.

NAVASCUÉS Y PALACIOS, Pedro Jose. Ermita Nª Sª Antigua 1961.

PÁRAMO BARRANCO, Anastasio. *Expediente 1919/15 29 abril.*

GONZÁLEZ RUIBAL, Alfredo *"Arqueología y Memoria Histórica"* en Patrimonio cultural de España. 2009

SÁNCHEZ MOLLEDO J. Mª Libro Carabanchel. Un distrito con historia. pp.17-40. 1998: Indicación de múltiples referencias bibliográficas

VILORIA ROSADO, V. *Archivo español Arqueología XXVIII, pp.135-142.* 1955

VV. AA *"Restos de población romana Carabanchel"* en Bº. Academia Historia Tomo L, pp 252-255.

VV. AA. *Libro Recuerdos de Carabanchel. Diversos autores .Ayto Madrid* 2003.

CHAPTER 11

LA MEMORIA DEL CONFLICTO Y EL CONFLICTO CON LA MEMORIA. EL PAPEL DE LA FOTOGRAFÍA AMATEUR

THE MEMORY OF CONFLICT AND THE CONFLICT WITH MEMORY. THE ROLE OF AMATEUR PHOTOGRAPHY

Beatriz del Mazo Fernández

Resumen: La Guerra Civil española fue el primer acontecimiento histórico en recibir una amplia cobertura informativa por parte de corresponsales de diferentes partes del mundo. Producto de esta actividad son las numerosas fotografías que, setenta años después, se han convertido en verdaderos iconos de la contienda. Desde este artículo, en cambio, queremos llamar la atención sobre otro tipo de fotografía que, aunque de más difícil recuperación, es una fuente ineludible de nuestra memoria. Se trata de la fotografía no profesional.

La aproximación a esta problemática vamos a realizarla desde un punto de vista teórico, analizando los elementos y caracteres que convierten a la imagen fija en una fuente inestimable para reconstruir nuestra Historia más reciente. El acercamiento a esta temática se inicia con un análisis de las características que erigen a la fotografía como documento, así como las diferentes interpretaciones que ha sufrido a lo largo del tiempo y que han afectado a su valoración. En un segundo apartado reflexionaremos en torno al concepto memoria en la fotografía amateur, para a continuación realizar un recorrido histórico en torno a la relación entre memoria y fotografía.

Una vez analizadas las características que erigen a la fotografía no profesional en fuente de la memoria incidiremos en el tándem "conflicto de la memoria - memoria del conflicto" a través del estudio de la petición de fotografías privadas para la realización de exposiciones y publicación de catálogos que documenten gráficamente nuestra historia reciente.

Palabras clave: Fotografía, documento, Guerra Civil, Los Legados de la Tierra, Toledo

Abstract: The Spanish Civil War was the first historical event that received a massive informative coverage by correspondents from different places in the world. Products of this activity are the numerous photos that, seventy years later, have become real icons of the war. However, with this article the focus will be on a different kind of photography that, although is more difficult to compile, is an important element of our memory. Amateur photography.

This topic will be approached from a theoretical point of view; analysing elements and characters that make these images an invaluable source to reconstruct our most recent history. The approach to this topic will start with an analysis of the characteristics that make photography a document, as well as the different interpretations that have been made and affected its valuation. In the second part of this work we will debate the concept of memory in amateur photography to continue showing the relations between memory and photography.

Once analyzed the basis that stand amateur photography as a source of memory, we will focus on the tandem "conflict of memory – memory of conflict" through the study of the collecting of private photos for exhibitions and catalogues to document our recent history.

Keywords: Photography, document, Civil War, The Legacy of the Earth, Toledo

Introducción

No es una afirmación arriesgada presuponer que parte los lectores tendrán presente la Guerra Civil en casa. Con esto no me estoy refiriendo a la literatura que se ha escrito sobre el tema y, ni siquiera, a los recuerdos y comentarios que hemos oído al respecto. Y no, no hace falta tener una fuerte orientación política. El recuerdo del conflicto puede que se almacene en un formato más discreto pero no menos elocuente. Nos estamos refiriendo a las fotografías. Quizás guardadas en cajones, en cajas o álbumes las imágenes relacionadas con la guerra se acumulan como herencia de nuestros padres o abuelos. Hablan de uniformes, lugares, batallas, instrucción y sufrimiento y pueden constituir, más allá del recordatorio de una vivencia personal y familiar, el retrato de una época que a menudo queremos olvidar, pero que sólo reivindicando su memoria puede traer justicia a todos los implicados en la contienda.

Desde este artículo queremos llamar la atención sobre este soporte, poco estudiado pero muy locuaz, que debería completar la imagen que tenemos de la guerra de aquellos fotógrafos de primer nivel que estuvieron en España y de otros archivos que custodian fondos fotográficos. Que la dificultad de su estudio nos las relegue en el olvido, que valoremos en su justa medida todo lo que nos pueden aportar.

La fotografía como documento

El vocablo "documento" procede de la versión romance de la palabra *documentum,* que a su vez deriva del verbo *docere*, que significa enseñar o instruir. Así que, en origen, el documento se define como el que enseña o instruye sobre algo. Puesto que la imagen fotográfica es un medio de transmisión y distribución de la información y, como tal, es capaz de aportar información de diversa índole creemos fundamentada su adscripción al grupo de las fuentes documentales (Kurtz 1994).

En este punto, queremos recoger las palabras de Nuria Amat (1975: 229-234) cuando hace referencia al cambio que se ha ido produciendo en la definición de esta palabra: "La naturaleza del documento ha ido modificándose poco a poco, incluyendo catálogos, normas, patentes, fotografías, etc.».

Existe un amplio repertorio de autores que comparten esta opinión. Entre ellos, F. del Valle Gastaminza (1999: 13-14) destaca la capacidad de la imagen para transmitir, conservar y visualizar actividades políticas, sociales, científicas o culturales; mientras que Calvo y Mañá (1994), desde un punto de vista más antropológico, muestran interés hacia su capacidad para ofrecernos información acerca de los individuos, los grupos sociales y los contextos culturales donde surgen. En palabras de Casajús (2005: 215-229), su valor documental y testimonial, su capacidad de comunicación y persuasión, así como su presencia en multitud de áreas de conocimiento y en la vida cotidiana, son realidades incuestionables que la hacen merecedora de ser objeto de investigación. Por estos motivos algunos autores han llegado a definirla como un elemento vital a la hora de hacer Historia (Díaz Barrado 1996: 147-151).

Según Kurtz (1994) las posibilidades de la fotografía como documento histórico derivan de tres factores. El primero de ellos es su alto valor representacional. Éste hace referencia a la naturaleza gráfica de fidedignidad que poseen las fotos y que nos permite establecer una relación entre la fotografía y el objeto, a pesar de que no podamos hablar de objetividad. Se convierten por tanto en importantes soportes de memoria gráfica. En segundo lugar, tienen implicaciones estructurales en distintas áreas. Debemos recordar que con la aparición de la fotografía y su difusión a nivel mundial, se establece un referente común de todos los lugares, cosas y personas, incluyendo a aquellas que por su lejanía e inaccesibilidad habían quedado reducidas al mundo de la fantasía. El mundo, por lo tanto, se irá haciendo más real, más accesible y más uniforme. En último lugar, cabe destacar su interés histórico. El desarrollo de su técnica y sus aplicaciones es un modelo histórico en sí, ya que cubre un amplio espectro de acontecimientos con implicaciones, directas e indirectas, en la sociedad.

La fotografía, por tanto, ha generado uno de los lenguajes visuales más importantes de la historia contemporánea. Se trata de un lenguaje universal en que predomina la gran capacidad que tiene para describir, narrar, persuadir... y al que además debemos otorgar un gran valor documental, ya que es testigo y memoria tanto de los pequeños como de los grandes acontecimientos, de lo público y buena parte de lo privado, así como de las distintos sistemas de vida o pensamiento. Todo ello sin dejar de lado su componente estético. Es por eso que cuando hablamos de la fotografía como fuente de documentación siempre debemos tener presente la ambivalencia de este medio, puesto que puede y debe ser considerado como forma de representación y como forma de expresión. Tal y como afirma Sánchez Vigil (2001: 256), "arte y documento son dos valores inherentes a la fotografía".

En este punto conviene recordar que, a pesar de que siempre han sido conocidas las posibilidades de manipulación de la fotografía, así como el uso manipulador que han hecho los regímenes políticos de ella, o el que intuimos pueden hacer la publicidad así como los medios de comunicación, lo cierto es que hasta que no ha llegado la era de la fotografía digital el público no ha tomado conciencia de las posibilidades de alteración que tiene este medio. Sin embargo, y a pesar de ello, aún convive esta conciencia con el uso de la foto como prueba objetiva de la realidad. El caso es que "la cuestión no es si la fotografía miente o no, sino más bien, si la pretensión del fotógrafo es la de mentir o no" (Muñoz Pellicer 2001-2002: 151-166). Ya que en ese caso la fotografía siempre podrá ayudarlo.

A lo largo de los más de 150 años de fotografía, ésta ha sido interpretada de diferentes maneras que a grandes rasgos, pueden ser resumidas en tres (Muñoz Pellicer 2001-2002: 151-166).

La fotografía como medio de reproducción realista

En el momento en el que surge la técnica fotográfica, ésta sufre la comparación con el resto de medios de reproducción bidimensional existentes en el momento (pintura, dibujo...) y, podemos decir que sale victoriosa de este balance, declarándose como el medio más perfecto (e insuperable) para reproducir la realidad. De hecho, esta utilización de la fotografía como medio para captar una imagen especular hizo que sobre todo se valorasen aquellas que tuvieran más analogía con lo representado.

Además, se extiende la idea de que la operación resulta ajena a la intervención del operador. De esta manera se forja la idea de que la imagen fotográfica es un medio de reproducción objetivo y veraz. Es, en su más pura esencia, la fotografía como documento, que confiere veracidad a lo que reproduce.

Sin embargo, encontramos una serie de deficiencias que imposibilitan ese verismo fotográfico. Las dificultades técnicas son especialmente significativas en los momentos iniciales y hacen referencia, por ejemplo, a la exigencia de una perfecta quietud para que los objetos o personas no salieran movidos debido a los largos tiempos de exposición. Por otro lado, las facilidades técnicas también suponen un obstáculo para el verismo debido a que permiten modificar la imagen alejándola del referente real. Tanto a nivel objetivo (ampliaciones, fotomontajes...), como subjetivo o connotativo (elementos nítidos o borrosos en la escena, tonalidades predominantemente claras u oscuras...). Otro aspecto a tener en cuenta es el subjetivismo del propio fotógrafo. Además de controlar el proceso mecánico hay que tener en cuenta que posee una opinión con respecto a su entorno. Puesto que es consciente de que va a realizar una elección, la imagen fotográfica se convierte en una visión selectiva. Es tendenciosa tanto por el contenido como por el apoyo técnico.

Tal y como afirma González Alcantud (1999: 38), la fotografía es un producto meramente simbólico y menos sujeto a la copia de la realidad de lo que se pudiera pensar.

Este concepto de copia mimética de la realidad nació con la propia técnica y se desarrolló a lo largo de buena parte del siglo XX. Es la definición que acompañará a las imágenes de monumentos de países lejanos, costumbres, climas y animales que permitirán a los hombres y mujeres, en estos primeros momentos, conocer el resto del mundo. Su prolongación en el s. XX variará mucho de unos países a otros, según el desarrollo que tuviera la fotografía en cada uno de ellos.

A pesar de esta concepción especular de la fotografía, no hubo una correspondencia con una conciencia de su valor documental. De hecho podemos decir que en el siglo XIX sólo unos cuantos profesionales fueron conscientes de este hecho. Un claro y conocido ejemplo de ello es que la mayor parte de los fotógrafos, incluso los de principios del siglo XX, tanto galeristas como vinculados con la prensa, no conservaron sus fondos, y los pocos que lo hicieron sólo pensaron en la comercialización (atención al cliente en la demanda de copias), no en su conservación y utilización (Sánchez Vigil 2001: 255-267; Marzal 2007: 156-158).

LA FOTOGRAFÍA COMO MEDIO PARA TRANSFORMAR LA REALIDAD

Esta línea de pensamiento en torno a la imagen fotográfica surge poco después de su invención, de manera que convive durante decenios con la anterior categoría. Desde esta visión parten las primeras aproximaciones hacia la expresión artística a través de la fotografía. Los primeros en iniciar esta concepción son los pictorialistas, que comienzan aplicando criterios de pintura. Sin embargo, no debemos pensar que rehuyeron el aspecto documental, ya que algunos pusieron un especial interés en destacar a personas u objetos, sin perder creatividad. Este es el caso de Joaquim Gomis, Aurelio Grassa o José Ortiz Echagüe (Sánchez Vigil 2001: 255-257).

Tras dejar atrás los criterios de la pintura, en una segunda fase que abarca los primeros decenios del siglo XX, se empiezan a usar los criterios intrínsecos del medio fotográfico. Es el caso del movimiento americano conocido como Photo-secesión.

Con la aparición de las revistas ilustradas de tirada masiva se convertirán en vehículos capaces de transmitir opiniones. Sánchez Vigil (2001: 255-267) llega a afirmar que la prensa ilustrada acentuó una división, generando una línea fronteriza entre creadores y documentalistas. Es el momento de explosión de la información, que se expande con gran rapidez y aparente fiabilidad, pero en el que las imágenes irán adquiriendo un tinte tendencioso. Esto conllevará que pierda interés la imagen "copia de la realidad", frente a otro

tipo de obras en las que prima mostrar con ellas la propia subjetividad. Desde la II Guerra Mundial una parte de la función documental de la fotografía se transforma en una función estética, debido a su mayor influencia en el mundo del arte.

En el debate entre fotografía como arte y como documento participaron la mayor parte de los artistas de principios del siglo XX. De ellos, la mayor parte la reconoció como obra de arte, y sólo unos pocos entraron en otro tipo de consideraciones. En España, el valor documental de la fotografía ya fue tratado por Antonio Cánovas del Castillo en una conferencia pronunciada en el Ateneo de Madrid en 1906. Justificó su opinión exponiendo que las particularidades del mundo sólo podían conocerse mediante la fotografía y acompañó su exposición con diapositivas de paisajes y monumentos del mundo (Sánchez Vigil 2001: 255-267).

LA FOTOGRAFÍA COMO HUELLA DE LA REALIDAD

La última aproximación al estudio de la fotografía ha sido la que la valora como medio de comunicación o lenguaje. Esto supone apreciar sus características internas más allá de sus posibilidades de uso. La imagen pasa de estar relacionada directamente con la realidad a estarlo con un referente que debió existir en algún momento, al margen de su desaparición posterior o no. Se la valora, por tanto, como huella, así como por su capacidad de "cortar" tiempo y espacio. El hecho de que la fotografía no pueda verse de manera simplista como mímesis de la realidad no significa que en ella no exista una relación de contigüidad entre imagen y referente (Marzal 2007: 161-164).

El "rastro de la realidad", como lo denomina Serge Tisseron (2000, en Casajús 2005: 226), percibido por el fotógrafo, se expresa en una imagen fotográfica, en la que su forma y contenido son complementarios y dependientes entre sí. El efecto de realidad serían aquellos efectos conducentes a crear la impresión de la realidad, que tratan de provocar una identificación entre la representación audiovisual y la realidad. Además, esta imagen está inscrita en un contexto. Teniendo en cuenta todos estos factores, para analizar una foto habrá que tener en cuenta los elementos y conceptos que caracterizan el lenguaje fotográfico (forma), aislada primero y en contexto después, para después hablar de los contenidos.

Entre los autores principales de esta corriente hay que destacar a Barthes, Sontag o Dubois.

Es de destacar el hecho de que a pesar de esta última evolución teórica en el estudio de las imágenes, la opinión no especializada aún, o hasta hace muy pocos años, sigue anclada en las dos primeras concepciones que mencionamos.

Sirva de ejemplo el estudio de Byers (1964) y Sekula (1975) (en Schwartz 1989: 119-154) que constatan el hecho de que los americanos que ven fotos se aproximan a ellas desde dos perspectivas. En la primera de ellas, la conciben como trabajos de arte; mientras que, desde otro punto de vista, son entendidas como recordatorios, es decir, que reproducen fielmente la realidad. Ambas perspectivas fallan al considerar el papel del espectador y el del fotógrafo en el proceso de la construcción de significado, ya que éste es construido de forma activa y no pasiva. Así la tendencia a tratarlas como evidencias objetivas ignora los procesos de creación e interpretación de la imagen.

Otro estudio que ha puesto de manifiesto este problema atañe más específicamente a la temática de los álbumes familiares. Musello (1980, en Schwartz 1989: 119-154) constató en un estudio con familias euroamericanas que pensaban en las fotos sobre todo como recuerdos de eventos reales, dejando de lado el papel o intenciones que pudiera tener el fotógrafo.

A toda esta ecuación aún nos queda por sumar un último componente que es el receptor u observador en sí mismo. La imagen no tiene un significado unívoco sino que debido, a su capacidad de sugerir, pueden existir tantas ideas como receptores se asomen a la imagen. Por este motivo el documentalista deberá leer la imagen (documento) con criterios de corte universal, sin límites interpretativos, de manera que sea capaz de extraer la mayor información posible.

En la actualidad, a pesar de que existe un cierto consenso a la hora de afirmar que, para el historiador, el registro visual es una fuente directa y sin intermediarios de acercamiento al conocimiento del fenómeno cultural (Lara López 2005: 11), lo cierto es que en la mayor parte de las ocasiones las fotografías tienen un papel más ilustrativo que real. Si pensamos en ellas como un sistema de signos, deberían tener la misma importancia que los textos escritos y, por lo tanto, mantener una relación igualitaria en la que pudieran trabajar como compañeros (Brisset 1999), pero lo cierto es que en raras ocasiones asistimos a esa paridad.

Ahora bien, ¿por qué no se las trata en condiciones de igualdad con respecto al texto? No existe una respuesta clara a esta pregunta, tal y cómo pone de manifiesto el que aún no exista una solución. Dentro de la multiplicidad de factores que pueden influir sería necesario ahondar en dos, uno relacionado con nuestra educación y otro intrínseco a la naturaleza de la fotografía misma. Si pensamos en la educación española podemos apreciar lo residual que resulta la enseñanza respecto a los documentos visuales. La imagen tiene un lenguaje de signos propios al que no estamos acostumbrados a enfrentarnos más allá de la apreciación de su estética. Incluso algunos autores, como María Antonia García de León (en Lara López 2005: 8), se atreven a afirmar que los investigadores, en el terreno de las Ciencias Sociales, se topan con una serie de prejuicios de la Academia, debido a que ésta otorga "una carta de naturaleza de ilegitimidad de lo visual".

Pero no todos los problemas son achacables a la educación. La particularidad del hecho fotográfico encierra otra de las claves de esta problemática. La riqueza documental de este tipo de formatos deriva de su carácter polisémico y esta misma característica es la que se convierte en la principal fuente de problemas. Si analizamos una imagen desde el momento mismo de su creación vemos que intervienen distintos factores humanos. De un lado, encontramos al fotógrafo, que toma una serie de decisiones al respecto, como pueden ser el encuadre, iluminación… y, de otro, al fotografiado que también tiene ciertos poderes de decisión, especialmente en la elección de la manera en la que quiere pasar a la posteridad. A esta ecuación debemos añadir un tercer elemento: el espectador, entendido como aquél que interpreta la imagen dependiendo de sus conocimientos o formación. Para completar la relación de factores implicados en la producción fotográfica, aún nos quedaría por nombrar el "doble eje temporal", que se define por los dos tipos de lectura a la que puede ser sometida una imagen: una en el momento de su producción y otra la que se realiza con posterioridad, en este caso, cuando nos enfrentamos a su análisis (Brisset 1999).

Si a estos aspectos le sumamos las deficiencias derivadas de su propia naturaleza: eliminación de toda la información táctil, sonora, olfativa; reducción de la tridimensionalidad de la realidad a dos dimensiones; detención del movimiento; alteración o cambio del color original… (Campo y Vidal 2006: 275), vemos que lo que nos queda es un producto parcial y meramente simbólico de lo que es la realidad que, además, está sujeto a la subjetividad del investigador a la hora de la elección del tema y de su manera de interpretar el registro.

Conocer estas premisas no basta cuando se pretende pasar de lo icónico a lo textual, es necesario contar con una serie de competencias. Puesto que el lenguaje visual tiene unas características especiales, necesitaremos de unos conocimientos que faciliten su correcta interpretación y comprensión (del Valle Gastaminza 1999: 113-132; Lara López 2005: 1-28). Entre ellas cabe destacar: Competencia iconográfica (que permite identificar las formas y asociarlas con el mundo real), Competencia narrativa (permite establecer secuencias narrativas, a partir de experiencias visuales con las figuras y objetos que aparecen en la imagen; los pies de foto o la información complementaria contribuyen a esta competencia), Competencia estética (consiste en la atribución de un sentido estético; el lector analiza los valores compositivos basándose en sus experiencias simbólicas y estéticas), Competencia enciclopédica (basándose en su memoria visual y cultural el lector identifica personajes y situaciones, contextos y connotaciones), Competencia lingüístico-comunicativa (el lector atribuye una proposición a la imagen, basándose en su competencia lingüística, que podrá confrontar y coincidir o no con el pie de foto) y, finalmente, Competencia modal (el lector interpreta el espacio y el tiempo de la foto y sitúa correctamente las coordenadas básicas del documento).

Tal y como deja entrever esta relación de capacidades, todas y cada una de ellas están fuertemente vinculadas con la persona que interpreta la fotografía. Esto quiere decir que el elemento humano es fundamental porque de su memoria visual, emotividad, experiencia, ideología… dependerá una lectura más o menos profunda y provechosa.

La memoria en la fotografía

LA RELACIÓN ENTRE RECUERDOS Y FOTOGRAFÍA

La invención del lenguaje fue el primer sistema que consiguió liberar la mente humana de la necesidad de almacenar la memoria social. Con el lenguaje los recuerdos podían pasar de una persona a otras y a través de intermediarios a otras que no estuvieran directamente en contacto con la primera.

Este sistema de transmisión ha permitido que se preserven memorias sociales a través de poemas, leyendas o historias, que se transfieran de una generación a la siguiente. Años después, la invención de la escritura hace que, incluso, sea posible prescindir del contacto oral. Por primera vez, no es necesario que se produzca una comunicación directa entre el emisor y los receptores, pudiendo llegar incluso a no coincidir en el tiempo.

Hoy en día la preservación de la memoria social depende de otros muchos factores. En este sentido hay que mencionar el papel que juega la cultura material: las placas, monumentos de guerra o conmemorativos, sellos, monedas o billetes. De hecho, en su diseño podemos apreciar la intención de que, a través de ellas, las generaciones futuras puedan tener acceso a su pasado, es decir, que capturan nuestras memorias para preservarlas para la posteridad.

A estos elementos hay que sumar la labor de los medios visuales: la cámara de fotos, las películas o la televisión. Podemos decir, por tanto, que los álbumes de familia así como los archivos televisivos constituyen uno de los sitios modernos en los que se conserva la memoria social.

A estas invenciones se ha venido a sumar la capacidad de registrar el audio asociado a imágenes visuales. Es el primer intento de registrar de forma simultánea los sonidos y las imágenes de nuestro pasado (Zerubadel 1996: 291-293). Pero centrémonos en el caso de las fotografías.

La asociación de recuerdos y fotografías es muy fuerte y, de hecho, en algunos momentos ambos conceptos han llegado a usarse unidos, véase por ejemplo el caso de la palabra inglesa *album of memories*.

Los miembros de una familia y de una sociedad experimentan una gran cantidad de recuerdos en común y, son ellos los que constituyen el lazo de unión entre los diferentes miembros. Una de las características de estas memorias es que son comparadas, ajustadas e incluso cambiadas en el seno de los diferentes colectivos. Es decir, que son creadas como definición social de las situaciones del pasado y se constituyen en verdaderas evidencias del proceso de negociación de cómo ven su pasado. Esto conlleva que la experiencia subjetiva de cada miembro se convierta en objetiva en referencia a un objeto común como puede ser la memoria visual.

RELACIÓN DE LA CÁMARA CON LA TRANSFORMACIÓN DE LA HISTORIA Y LA MEMORIA EN LOS ÚLTIMOS 150 AÑOS

La relación histórica entre la invención de la cámara fotográfica y la sociedad del último siglo y medio han sigo expuestas de forma muy clara por McQuire (1998). Por este motivo, no queremos dejar de recordar aquí el aporte que ha realizado en torno a esta materia. El desarrollo de la Historia ha estado dominado por la manera en que podía recordarse el pasado. En este sentido, es transcendental la evolución de los sistemas de "fijación" de la memoria. Entre ellos, la fotografía ha jugado un papel muy importante en la producción y legitimación de la historia.

Las imágenes producidas por la cámara se han convertido en fuentes y recursos históricos trascendentales que han transformado la historia, afectando al modo en que la evidencia histórica puede ser producida, movilizada y legitimada. Si remontamos nuestra mirada al siglo XIX, podemos apreciar un sentimiento de confianza en el futuro. Se crea, entonces, una nueva conciencia del tiempo en el que predomina el deseo de dejar atrás el pasado para crear el futuro.

Esta nueva concepción se reflejó en un profundo cambio en la manera en que el pasado era recordado, afectando de forma particular a la pérdida de importancia de la tradición oral. Las fábricas eran demasiado ruidosas para hablar y las jornadas tan agotadoras que no dejaban tiempo a la comunicación. Además, cada vez más, la memoria pasa al periódico, la película o la novela.

En compensación, la cultura industrial generó unas "máquinas de memoria" diferentes. En el siglo XIX, asistimos al nacimiento de disciplinas académicas e instituciones oficiales que se centraban en el pasado o al aumento de los grandes museos públicos en donde la idea de progreso juega un importante papel, puesto que se presentaba como el pináculo de la Historia.

No es un accidente que la fotografía se desarrollara primero y más rápido en estos centros. La cámara depende de la cultura industrial, no sólo para producir el aparato técnico sino también para producir sus condiciones sociales de existencia. La cámara responde perfectamente a esa demanda de la sociedad que se encontraba inmersa en rápidas transformaciones industriales. Les ofreció un talismán de memoria que conservaba un pasado que, en esos momentos, se encontraba amenazado por la aceleración del tiempo. Con su rapidez, relativo bajo precio, infinita reproductibilidad y el aura de la neutralidad, la fotografía se vio como respuesta al problema del pasado.

Así, se llevan a cabo proyectos para inmortalizar las sociedades que se estaban perdiendo en pleno cambio, como los modos de vida tradicionales y regionales o el mundo colonial.

Sin embargo, la concepción de la fotografía como un elemento neutral ha ido cediendo paso a la consciencia de la irreductible implicación del observador en la escena observada. Podemos decir que se ha puesto en tela de juicio esta transparencia perdiéndose el sueño positivista de la memoria. De hecho, según S. Sontag, la fotografía no es una ayuda para la memoria sino que es un mecanismo de orden distinto y más amenazante, es una invención de la memoria o su reemplazamiento.

Debemos tener en cuenta que la permanencia o no de los recuerdos depende de los otros. Es decir, que los vivos son los que deben asumir la responsabilidad de las "vidas" de los muertos. Pero la memoria necesariamente implica selección, orden, narración y perspectiva. El significado histórico es frágil y los sucesos tienen tendencia a transformarse debido tanto a olvidos y exclusiones como al poder y la transmisión de valores y formas de ver el mundo de las culturas dominantes.

La cámara ofrece un punto estratégico entre la historia objetiva y la subjetiva, no sólo porque genera nuevas prácticas de memoria, sino porque también muchas veces ha sido usada como metáfora capaz de representar un cierto ideal histórico. Su doble identidad la sitúa en su ambivalencia crítica, ha conformado el modelo de memoria que se constituyó en el corazón del historicismo del siglo XIX, a la par que ha empujado al paradigma hacia un destino que permanece incierto.

La memoria objetiva demanda la producción del pasado tal y como era, sin alteración. Requiere de un medio que pueda representar el original sin desviación. La subjetiva, en cambio, designa a la representación que partiendo desde un punto de vista original lo distorsiona de alguna manera, llegando a veces incluso a falsificar la verdad (McQuire 1998: 164-180).

Estos movimientos contradictorios nos conducen a la ambivalencia contemporánea de la cámara como un dispositivo de memoria. Por una parte, ha ayudado a la historia pero, por otra, ha sido un elemento de corrupción.

Lo que las foto-tecnologías han revelado en esta centuria no son sólo unos nuevos horizontes de conocimiento, sino también la fragilidad de cada hecho y la mutabilidad de la verdad de cada imagen. Donde la cámara una vez extendió la creencia en la posibilidad de construir un discurso puramente factual sobre el pasado, ahora promueve una resistencia sobre esta posibilidad. Una fotografía, al igual que un hecho, puede ser interpretada desde distintos puntos de vista, tiene su duración, contexto y configuración en el tiempo y en el espacio.

Paralelamente al intenso cuestionamiento de la transparencia de la imagen fotográfica, la visión del conocimiento histórico como un proceso de acumulación también se encuentra bajo revisión.

A pesar de la profusión de tecnologías que han expandido

la capacidad de recordar eventos y construir archivos, tanto la memoria colectiva como personal han entrado en un periodo de extrema incertidumbre en el presente. Existe, por tanto, una discrepancia entre el aumento de las instituciones dedicadas a coleccionar y preservar el pasado y lo que parece ser una reducción de la conciencia histórica en el presente.

Hoy en día cada acto de recuerdo ha adquirido una nueva profundidad e intensidad. Las obras fotográficas parecen presagiar el olvido histórico, lo traen más cerca. Ya no tenemos miedo de que lo que no se recoge se pierda, sino que somos conscientes de que muchas cosas a pesar de que hayan sido recogidas y registradas, de alguna manera también están perdidas. La gran cantidad de imágenes que existen hoy en día demuestran la ansiedad que afecta a la memoria en el presente. Las visiones nostálgicas del pasado como el tiempo de la inocencia perdida han proliferado a la luz de las disfunciones sociales y la destrucción del medio ambiente que reducen el encanto del progreso. Con frecuencia lo que preservan las fotos, películas o vídeos es la sensación irremediable de pérdida.

Condicionados por la rápida desaparición del pasado, la modernidad ha desarrollado tecnologías de la memoria como el museo, la cámara o el ordenador que tienen la tarea de conseguir un recuerdo permanente. Pero más allá de invertir en apariencias exactas o en la autenticidad de objetos específicos, transforman su significado.

No es casualidad que la expansión de la tecnología y el aumento del dominio de la cámara en el archivo histórico corresponda a una nueva crisis de la historia. La historia ha sido perturbada por cuestiones contemporáneas tales como la legitimación de sus narrativas originales, la sistematización de los modos de investigación y la formación de su temporalidad definida. El orden natural del pasado ha sido perturbado por la dispersión de fuentes y el exceso de información característica de la era televisiva y esta diáspora ha contribuido a una emergente conciencia de que no hay un modo natural de ordenar el pasado. Lo que llamamos Historia nunca es homogénea, es conservada y salvada pero también está formada por procesos selectivos de amnesia, ilegibilidad, represión, olvidos y pérdidas. La Historia es biodegradable (McQuire 1998: 164-177)

Podemos llegar a afirmar incluso que la cámara ha contribuido al minado del modelo de Historia universal multiplicando las fuentes históricas potenciales, desestabilizando la balanza entre eventos particulares y teorías generales... De manera que también resulta de interés para las corrientes feministas, post-coloniales o post-modernistas (McQuire 1998: 107-180).

LOS ESTUDIOS DE LA MEMORIA Y LA FAMILIA COMO NÚCLEO DE LOS RECUERDOS.

La memoria es una realidad muy difícil de aprehender, y por este motivo G. Namer (1987) propone que debe ser abordada a partir de lo que es observable de forma concreta, por las prácticas de la memoria. Es en este punto en el que entra en juego la fotografía de familia ya que, debido a su capacidad para evocar recuerdos, funciona como una práctica real de la memoria dentro del grupo familiar. Se convierte así en una herramienta para la aprehensión de la memoria (Dornier-Agbodjan 2004: 123-132).

El padre vertebrador de la sociología de la memoria, M. Halbwachs (1925), la define como la labor de reconstrucción que se apoya en el presente con el objetivo de recuperar el pasado. Los puntos de referencia estables que existen en el presente son lo que él denomina "marcos sociales de la memoria". Puesto que la fotografía detiene y fija un determinado momento y lugar del mundo, podemos decir que obedece a este primer criterio de estabilidad por excelencia.

A continuación repasaremos brevemente los marcos sociales de la memoria.

El primero de ellos es el lenguaje. La memoria depende en gran medida de la palabra al igual que le sucede a la fotografía. L. y L. Petit (1996: 229) han puesto de manifiesto la estrecha dependencia que existe entre el retrato de familia y la necesidad de la palabra, haciendo hincapié en que el lenguaje aporta sentido al contenido visual de la imagen. En cierto sentido, podemos afirmar que es el lenguaje el que hace que la imagen se muestre por entero. Todas las fotografías pueden generar un discurso pero en el caso de los álbumes podemos hablar de un discurso individual que se incluye dentro del global, que es la historia de la familia. Como afirma Dornier-Agbodjan (2004: 125) debido a su carácter de "irresistible provocadora de comentarios, la foto de familia sirve verdaderamente de cebo para el lenguaje".

El segundo de los marcos es el tiempo. F. Zonabend en *La mémoire longue* (1980) señala que, a través del sistema cíclico, la memoria colectiva encuentra una cierta permanencia que le permite construir su propia duración. En ella el pasado perdura idéntico a sí mismo y, por lo tanto, resulta inalterable.

La memoria, por supuesto, tiene su límite y, además, el tiempo varía de una sociedad a otra pero, según M. Halbwachs, en el caso de que los grupos desaparezcan siempre contaremos con indicios suficientes como para poder reconstruirlo.

Los acontecimientos familiares (bautizos, comuniones, bodas…) pautarían el tiempo familiar. Puesto que estos acontecimientos aparecen representados en la mayor parte de los álbumes familiares, éstas imágenes se convierten en puntos de referencia y, por lo tanto, en "ritos de memoria". Sin embargo, la obra de la que estamos tratando fue publicada en 1925 y queda obsoleta en algunos aspectos, ya que la familia ha evolucionado a lo largo de este siglo. Hoy en día, no debemos dejar de lado el hecho de que estamos asistiendo a una desritualización de la familia y, por lo tanto, se hace necesario encontrar nuevos "marcos temporales" que faciliten la permanencia de la memoria.

El tercer y último marco del que nos habla M. Halbwachs es el marco espacial. Al igual que sucede con el tiempo es fundamental para la instrucción de la memoria ya que forma parte inherente de la vida del grupo tanto en el plano material como en el de las representaciones, esto es, el pensamiento social. De la misma manera que cada sociedad divide el tiempo de distinta forma, también hay distintas concepciones del espacio.

Es la imagen del espacio la que debido a su estabilidad nos genera la ilusión de que éste no cambia a lo largo del tiempo y así logramos hallar el pasado en el presente. El espacio fotográfico, por otra parte, consigue evocarnos todos aquellos lugares contiguos que no fueron fotografiados, es lo que se ha denominado "campo oculto" fotográfico. Este elemento resulta fundamental ya que es el que da sentido al espacio que aparece en la imagen, por este motivo lo que está presente en una fotografía es tan elocuente como lo que permanece oculto.

En el caso de las fotografías de carácter familiar además de estos tres marcos que acabamos de comentar debemos tener en cuenta que su estabilidad queda manifestada a través de otros aspectos. Si atendemos a la temática, podemos ver cómo tienden a mostrar siempre los mismos acontecimientos. De año en año se repiten las mismas escenas, que a través de un ritmo cíclico evocan la cohesión del grupo. En el caso de la localización de las imágenes se aprecia también un cierto estatismo. En efecto, si fijamos nuestra atención en las fotografías de cronología más antigua vemos cómo es frecuente que en el transcurso de varias generaciones sigan ocupando las mismas casas e incluso los mismos muebles.

Todas estas características hacen que las fotografías familiares sean verdaderos elementos estables y que, por lo tanto, funcionen de forma adecuada como soportes de la memoria.

Además de las aportaciones que se realizan desde el campo de la sociología, hay otras aproximaciones al problema de la memoria.

La gran mayoría de los estudios actuales sobre esta materia proceden de psicólogos cognitivos interesados en saber cómo los seres humanos pueden recordar eventos del pasado. Se centran, por tanto, en los aspectos fisiológicos del proceso de recordar en el cerebro humano. No están preocupados por las particularidades individuales sino que nos abordan como conjunto.

En el otro extremo, nos encontramos a los psicólogos propiamente dichos. Éstos, a diferencia del grupo anterior, priman lo individual frente al contexto colectivo.

Fruto de todas estas investigaciones podemos afirmar que hay una serie de patrones universales en la organización, almacenamiento y acceso a las experiencias del pasado. Al mismo tiempo, está claro que cada persona tiene sus propios recuerdos, algunos son fruto de sus experiencias exclusivamente personales mientras que otros son comunes a mucha gente. Es el caso, por ejemplo, de fenómenos de masas como pueden ser el fútbol o los grupos de música. Y todo ello sin dejar de lado la influencia que ejerce el entorno social pues afecta a la manera en la que recordamos nuestro pasado.

Dentro de los recuerdos que podríamos llamar "comunes" hay que distinguir los de carácter impersonal, entendidos como los que no hemos adquirido personalmente. Aquí se incluyen los recuerdos que tuvieran nuestras comunidades antes de que nosotros estuviéramos, que tomamos como parte de nuestro propio pasado. Es el caso de la Guerra Civil española. Esta fusión entre nuestra biografía y la historia del grupo al que pertenecemos es una parte de nuestra identidad. De hecho, la familiarización de los nuevos miembros con su pasado constituye un esfuerzo muy grande de la comunidad para incorporarlos. Es el caso, por ejemplo, de estudiar la historia nacional como forma de promover la identidad del estado moderno.

De la misma manera, en algunos casos, el hecho de vivir en comunidad implica olvidar el pasado. Es el caso de los niños que fueron abandonados y que apenas tienen recuerdos de familia.

En su estudio, M. Halbwachs también otorga un valor privilegiado a la memoria colectiva debido a que, en realidad, nunca estamos solos. Así, toda memoria es inseparable de la sociedad y, por tanto, ésta es omnipresente.

Pero el contexto social de los recuerdos no sólo puede distinguirse en los fenómenos más universales sino que podemos apreciarlo incluso en nuestros propios recuerdos de infancia. Hay ciertos momentos de nuestro pasado que somos incapaces de recordar y es en este punto en el que entran en juego la gente que nos rodea, ellos pueden ayudarnos a recordar eventos y gentes, de manera que a través de recolecciones de historias podamos elaborar un puzzle sobre nuestra niñez. Podemos decir que, ellos lo recuerdan por nosotros.

El entorno social, no sólo afecta a la posibilidad de recordar o perder ciertos acontecimientos o personas sino que también se constituye en una especie de filtro, que inevitablemente distorsiona el proceso de interpretación. Afectaría, por ejemplo, al "tono" en el que recordamos los hechos.

Podemos decir, por tanto, que las recolecciones de datos que poseemos son sólo reinterpretaciones de la manera en que fueron experimentadas y recordadas dentro del núcleo de la familia. La familia se convierte así en un elemento fundamental en la socialización nemotécnica. Pero el proceso nemotécnico va más allá de la familia y continúa en otras esferas de nuestra vida como son el trabajo, el grupo religioso… En opinión de Zerubadel (1996: 283-299), son estos terrenos intermedios entre lo puramente personal y lo universal los que han sido menos investigados.

De todo lo anteriormente expuesto se deduce que el acto de recordar es algo más que un acto personal y espontáneo. Está regulado por una serie de reglas sociales que nos dicen qué debemos recordar u olvidar y hasta dónde llegan nuestros recuerdos. En este caso, la extensión de los recuerdos está íntimamente relacionada con el entorno social. Por ejemplo, una familia tradicionalista que tiende a recordar el pasado tiende a recordar eventos más antiguos que una que no lo es.

En lo que respecta, de forma más particular a la memoria familiar, suscribimos la opinión de M. Halbwachs cuando afirma que es a través de los recuerdos de familia como se expresa el propio grupo familiar. Los recuerdos transmiten su historia, pero también lo que constituye su propia identidad, sus defectos, cualidades…

Desde esta perspectiva, la función de la memoria colectiva enlaza con la que P. Bourdieu (1965) atribuía a la fotografía de familia: afirmar la continuidad y la unidad del grupo, reforzando así su integración.

En efecto, el linaje tiene una fuerte presencia en las fotografías de familia. Podemos pensar, por ejemplo, en la cantidad de personas que aparecen en las imágenes. De forma general, se suelen presentar a los individuos de dos en dos o en grupos más numerosos, mientras que los retratos individuales son más raros. Esto demuestra que el objetivo no es sólo el de capturar el acontecimiento sino sobre todo exponer la unidad familiar.

Teniendo en cuenta todas estas premisas podemos decir que las fotografías de familia respaldan la vida del grupo familiar, siendo testimonio de los lazos de sangre y reforzando esa pertenencia. Se presentan como servidoras de la memoria colectiva y, por este motivo, su principal función consiste en ser un recuerdo, una provocación de la memoria. Si habíamos comentado con anterioridad lo difícil que resulta la aprehensión de la memoria, debemos decir que al trabajar con los álbumes de familia contamos con la ventaja de que son elementos muy populares, comunes a todos los ambientes y, por este motivo, nos facilitan la comprensión de este término tan abstracto.

La memoria del conflicto y el conflicto con la memoria

Una vez analizado el potencial de la fotografía como fuente documental y memoria de nuestro tiempo vamos a adentrarnos en la categoría del conflicto a través de la fotografía no profesional custodiada en el ámbito familiar. Para ello abordaremos un caso concreto que ejemplifica cómo la memoria de la Guerra Civil puede generar aún hoy una serie de conflictos personales y sociales de tal entidad como para se prefiera mantener dentro de ámbito familiar.

LOS LEGADOS DE LA TIERRA

Los Legados de la Tierra es un programa de ayudas de la Junta de Comunidades de Castilla- La Mancha que tiene por objeto cofinanciar proyectos de exposiciones fotográficas a Corporaciones Locales y Mancomunidades, generalmente con la publicación de sus correspondientes catálogos, ofreciendo asimismo asesoramiento y apoyo técnico a aquellos proyectos que se preocupan por la recuperación, conservación y difusión del Patrimonio Fotográfico (Martín 2004-2005: 53). Este proyecto fue diseñado en 1982 por el Servicio del Libro, Archivos y Bibliotecas de la Conserjería de Cultura y desde entonces ha sido convocado anualmente con gran éxito.

En las muestras se han recogido fondos propiedad de las Corporaciones Locales así como fotografías pertenecientes a los habitantes de cada municipio. Como resultado de estas exposiciones se ha publicado una larga serie de catálogos que están contribuyendo a salvaguardar y difundir esta importante faceta del patrimonio castellano-manchego (http://ccta.jccm.es/dglab/Legados).

La importancia de esta convocatoria radica en la conservación de la historia e identidad de los pueblos castellano-manchegos. No en vano, en el último medio siglo, Castilla- La Mancha ha sufrido una serie de importantes cambios que han determinado la transformación y el abandono de muchos hábitos y costumbres así como de otros muchos factores como pueden ser las arquitecturas rurales, fiestas, ritos, oficios, folclore o gastronomía. En este panorama de cambios vertiginosos en los que se difuminan nuestras raíces la fotografía es un recurso valiosísimo para evocar un pasado reciente absolutamente diverso y de una complicada recomposición desde el cambiante presente que vivimos. (Martín 2004- 2005: 53- 54).

Entre los aspectos que conlleva la convocatoria centraremos nuestra atención en los catálogos ya que suponen la materialización de un trabajo de recopilación y documentación de mayor duración que la exposición fotográfica. En referencia a su estructura podemos identificar un patrón común. Se inician con una pequeña introducción, seguida del catálogo de las imágenes para cerrarse con la mención de agradecimiento a personas y entidades que han cedido las fotografías. En cuanto al catálogo de las imágenes debemos señalar que presentan generalmente una estructura temática en apartados: los personajes, el entramado urbano, las faenas del campo y los trabajos en general, las fiestas religiosas y profanas, juegos y deportes, carnavales y disfraces, la amistad, la boda, las familias, el servicio militar, la niñez, la juventud o la escuela (Martín 2004-2005: 54)

La Guerra Civil en Los Legados de la Tierra. Los catálogos de la provincia de Toledo (Figura 1):

Haciendo especial hincapié en la temática de las imágenes de la provincia de Toledo hemos podido identificar una serie de categorías relacionadas con la vida familiar y social de los pueblos (bautizos, comuniones, servicio militar, matrimonios), el trabajo agrícola, el ocio (deportes, fiestas), la religión, la estructura urbana (edificios, fuentes, paisajes) o acontecimientos históricos como la emigración.

Sin embargo, rápidamente llama nuestra atención una carencia fundamental ¿dónde se encuentran las imágenes relacionadas con la Guerra Civil?. En nuestra opinión esta carencia es especialmente significativa si la relacionamos con lo que hemos denominado el "conflicto con la memoria". Elaborar la memoria gráfica de un pueblo, si trabajáramos de forma objetiva y aséptica, debería dar como resultado una colección en la que se abordaran todos los aspectos identitarios e históricos del pueblo sin excluir los más dolorosos o vergonzosos. Sin embargo, la relación entre la Historia y nuestras circunstancias personales y familiares, la importancia del recuerdo y el peso de la memoria no inclinan la balanza hacia la objetividad sino que ponen en primer plano todas estas circunstancias, de manera que el aporte de los ciudadanos a la exposición y catálogo siempre será el fruto de una selección teniendo muy presente todos estos factores.

Así, en nuestra opinión, la ausencia de fotografías de la guerra puede achacarse aún hoy al dolor de la contienda, al sentimiento de vergüenza por lo sucedido o el temor de levantar sufrimientos y rencores sepultados por el paso de los años. El dolor es tan profundo y arraigado que prefiere omitirse esa etapa para incidir en otros elementos históricos e identitarios que no presenten un carácter problemático.

Bibliografía

Amat, N. (1975): Informe sobre la documentación. *IV Congreso Nacional de Archivos y V Congreso Nacional de Bibliotecas, Ponencias, Comunicaciones y Crónicas. Boletín de ANABAD*, enero-junio: 229-234.

Bourdieu, P. (2003): *Un arte medio. Ensayo sobre los usos sociales de la fotografía.* Gustavo Gili, Barcelona. [Edición original de 1965].

Brisset, D. E. (1999): Acerca de la fotografía etnográfica. *Gaceta de Antropología*, 15. (http://www.ugr.es/~pwlac/G15_11DemetrioE_Brisset_Martin.pdf).

Calvo Calvo, L. y Mañà Oller, J. (1994): El valor antropológico de la imagen. ¿Hacia el "homo photographicus"?. *Fotografía, antropología y colonialismo (1845-2006)* (J. Naranjo, ed.), Gustavo Gili, Barcelona: 205-212.

Campo, P.; Vidal, A. (2006): La imagen como colección etnográfica en la realidad iberoamericana. *Etnoarqueología de la Prehistoria: más allá de la analogía.* CSIC, Madrid: 273-284.

Casajús, C. (2005): Una propuesta para el estudio de la fotohistoria: el método iconográfico. *Doxa Comunicación*, 3: 215-229.

Casajús, C. (2005): Una propuesta para el estudio de la fotohistoria: el método iconográfico. *Doxa Comunicación*, 3: 215-229.

Díaz Barrado, M. P. (1996): La fotografía en los nuevos soportes para la información. *Ayer,* 24: 147-171.

Dornier-Agbodjan, S. (2004): Fotografías de familia para hablar de la memoria. *Historia, Antropología y Fuentes Orales"*, 2 (32): 123-132.

Halbwachs, M. (2004): *Los marcos sociales de la memoria.*

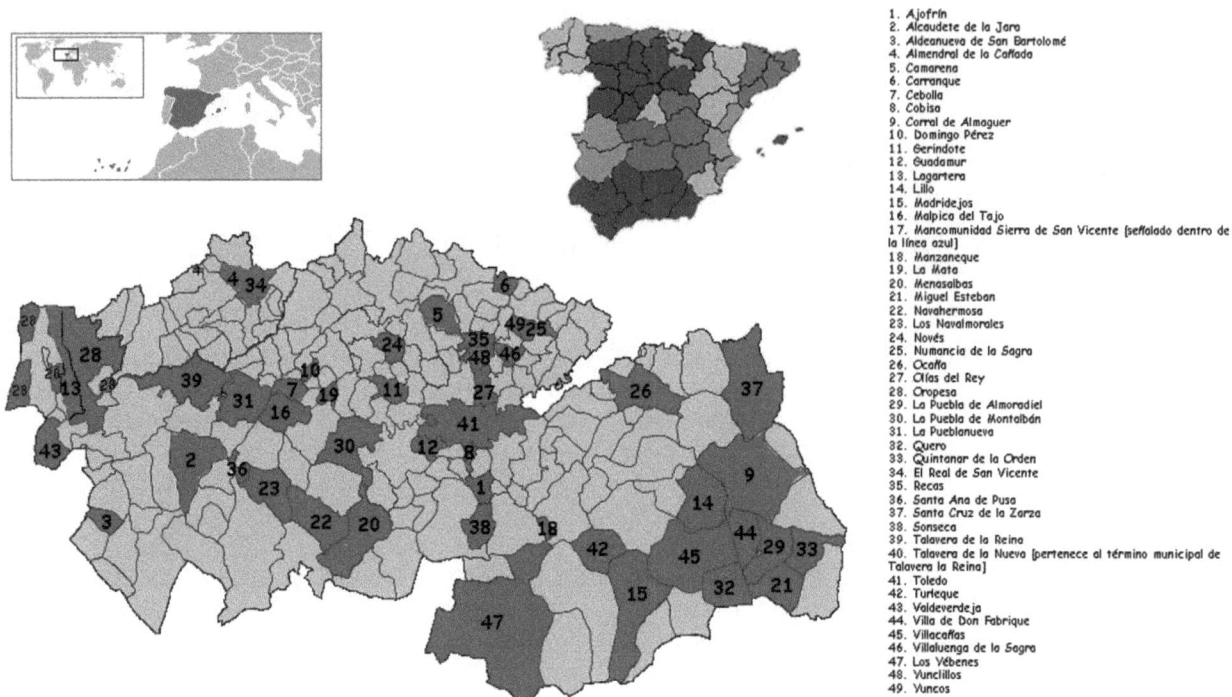

1. Ajofrín
2. Alcaudete de la Jara
3. Aldeanueva de San Bartolomé
4. Almendral de la Cañada
5. Camarena
6. Carranque
7. Cebolla
8. Cobisa
9. Corral de Almaguer
10. Domingo Pérez
11. Gerindote
12. Guadamur
13. Lagartera
14. Lillo
15. Madridejos
16. Malpica del Tajo
17. Mancomunidad Sierra de San Vicente (señalado dentro de la línea azul)
18. Manzaneque
19. La Mata
20. Menasalbas
21. Miguel Esteban
22. Navahermosa
23. Los Navalmorales
24. Novés
25. Numancia de la Sagra
26. Ocaña
27. Olías del Rey
28. Oropesa
29. La Puebla de Almoradiel
30. La Puebla de Montalbán
31. La Pueblanueva
32. Quero
33. Quintanar de la Orden
34. El Real de San Vicente
35. Recas
36. Santa Ana de Pusa
37. Santa Cruz de la Zarza
38. Sonseca
39. Talavera de la Reina
40. Talavera de la Nueva (pertenece al término municipal de Talavera la Reina)
41. Toledo
42. Turleque
43. Valdeverdeja
44. Villa de Don Fabrique
45. Villacañas
46. Villaluenga de la Sagra
47. Los Yébenes
48. Yunclillos
49. Yuncos

1. Mapa de la provincia de Toledo en el que se indican las poblaciones que han publicado un catálogo fotográfico en el marco de la convocatoria Los Legados de la Tierra

Anthropos, Universidad de la Concepción, Facultad de Ciencias Económicas y Sociales de la Universidad Central de Venezuela, Barcelona, Concepción, Chile y Caracas. [Primera edición de 1925].

Kurtz, G. F. (1994): La fotografía: recurso didáctico para la historia. Desarrollo entendimiento y práctica. *Cuadernos de Ciencias Sociales,* 3. (http://www.terra.es/personal/gfkurtz/andorr/Andhome.html)

Lara López, E. L. (2005): La fotografía como documento histórico- artístico y etnográfico: una epistemología. *Revista de Antropología Experimental,* 5 (http://www.ujaen.es/huesped/rae/articulos2005/lara2005.pdf).

Martín Palominio y Benito, Pilar (2004-2005): "Los Legados de la Tierra: recuperar la memoria colectiva a través de la fotografía". *Añil*, n° 28: 52-54

Marzal Felici, J. (2007): *Cómo se lee una fotografía. Interpretaciones de la mirada.* Cátedra, Madrid.

McQuire, S. (1998): *Visions of modernity. Representation, memory, time and space in the age of camera.* SAGE Publications, Londres.

Muñoz Pellicer, M. A. (2001- 2002): Sobre la fotografía como lenguaje. *Comunicación y estudios universitarios,* 11: 151-166. González Alcantud, J. A. (1999): La fotoantropología, el registro gráfico y sus sombras teóricas. *Revista de Antropología Social,* 8: 37-55.

Namer, G. (1997): *Mémoire et société.* Méridiens et Klincksieck, París.

Orden de 11/12/2009, de la Secretaría General Técnica, por la que se establecen las bases reguladoras y se convoca el programa: Los Legados de la Tierra, de ayudas a entidades locales para el desarrollo de exposiciones fotográficas para el año 2010. [2009/18978]

Petit, L.; Petit L. (1996): Du portrait de famille ou de la nécessité du verbe. *L' Etnographie*, 120 (2): 229-237.

Sánchez Vigil, J. M. (2001): La fotografía como documento en el siglo XXI. *Documentación de las Ciencias de la Información,* 24: 255-267.

Schwartz, D. (1989): Visual Ethnography: using photography in qualitative research. *Qualitative Sociology*, 12 (2): 119-154.

Valle Gastaminza, F. del (dir.) (1999): *Manual de documentación fotográfica.* Editorial Síntesis, Madrid.

Zerubavel, E. (1996): Social memories. Steps to a Sociology of the past. *Qualitative Sociology*, 19 (3): 283-299.

Zonabend, F. (1980): *La mémoire longue.* PUF, París.

www.ingramcontent.com/pod-product-compliance
Lightning Source LLC
Chambersburg PA
CBHW061007030426
42334CB00033B/3393